U0899298

圣境预言书

The Celestine Prophecy

[美] 詹姆斯·莱德菲尔德　著

李永平　译

光明日报出版社

图书在版编目（CIP）数据

圣境预言书 / (美) 詹姆斯·莱德菲尔德著；李永平译. -- 北京：光明日报出版社，2017.2（2023.9重印）

书名原文: The Celestine Prophecy

ISBN 978-7-5194-1961-5

Ⅰ.①圣… Ⅱ.①詹… ②李… Ⅲ.①长篇小说－美国－现代 Ⅳ.①I712.45

中国版本图书馆CIP数据核字（2016）第228152号

版权登记号：01-2015-1986

圣境预言书
SHENGJING YUYANSHU

著　　者：〔美〕詹姆斯·莱德菲尔德　　译　　者：李永平

策　　划：双螺旋文化
责任编辑：黄海龙　许　怡　　责任校对：傅泉泽
特约编辑：唐　浒　赵　静　　责任印制：曹　诤
装帧设计：Edge_Design　　特约技术编辑：张雅琴　黄鲁西

出版发行：光明日报出版社
地　　址：北京市西城区永安路106号，100050
电　　话：010-63169890（咨询），010-63131930（邮购）
　　　　　010-63497501，63370061（团购）
传　　真：010-63131930
网　　址：http://book.gmw.cn
邮　　箱：gmrbcbs@gmw.cn
法律顾问：北京市兰台律师事务所龚柳方律师

印　　刷：固安兰星球彩色印刷有限公司
装　　订：固安兰星球彩色印刷有限公司
本书如有破损、缺页、装订错误，请与本社联系调换，电话：010-63131930

开　　本：145mm×210mm
字　　数：230千字　　印　　张：11.625
版　　次：2017年2月第1版　　印　　次：2023年9月第3次印刷
书　　号：ISBN 978-7-5194-1961-5

定　　价：35.00元

目 录

contents

圣 境 预 言 书

作者序 / Ⅰ

译者序 航向人间的千禧年 李永平 / Ⅲ

决定性的多数 / 001

漫长的现在 / 023

能的奥秘 / 053

权力争夺 / 093

来自秘境的信息 / 127

清理过去的一生 / 173

投入进化的洪流中 / 215

人际伦理 / 259

兴起中的文化 / 317

作者序

最近半个世纪以来，一种新的意识已进入人类的心灵，而这个新的知觉，毫无疑问是超越物质的、是精神的。如果你正在阅读这本书，也许这就表示你已经察觉到人类意识的转变——你内心中已经感受到的。

这一切的根源，在于我们提高警觉，领悟我们的生命是如何向前迈进。我们开始注意到，人生中的那些机缘巧合、在节骨眼上突然冒出的贵人，会出其不意地把我们的生命推展到一个崭新的、重要的方向。也许，比起任何时代的任何民族，我们更能凭着直觉悟解这些神秘机缘的深层意义。

我们现在知道，人生其实是精神的一种开展，而那样的开展是个人的、非常迷人的，不是现有的科学或哲学甚至宗教所能完全解释的。而且我们还知道一件事：一旦我们确实领悟人类意识中发生的这些转变，并且决定投身进入这个充满文化意义的过程中，加强它在我们生命里的作用，那么，人类社会必将产生巨变，开启全新的生活方式，不但落实我们最美好的传统，而且创造一个我们历代祖先一直在追寻的文化。

本书描述的事件，主旨就在于促进这个新的认知。如果我的故事感动了你，让你对人生有所体悟，就请你转告其他人。因为我觉得，我们对人类精神生活的新知觉应该利用这种方式加以推广——不再求助于充满噱头的促销，也不再诉诸于一时的风尚，而是通过人与人之间的接纳。希望这种积极的心理感染，能让本书的信息在人世间传播开来。

译者序

航向人间的千禧年

李　永　平

秘鲁蛮荒热带雨林中的一座古文明废墟，发现了一本古老的秘籍。消息一出，世界各地的冒险家、寻宝家、学者专家和形形色色的好事之徒纷纷赶来，展开一场秘籍争夺战。秘鲁政府为了保护这件价值连城的国家文物，防止它落入外人手中，不惜兴师动众，派出大批军警把守全国各处关卡，严阵以待。天主教会也因这部手稿陷入分裂，位高权重的秘鲁枢机主教西巴斯钦亲自出马，指挥手下的教士四处搜寻秘籍的下落，不惜一切代价，务求捷足先登，以防它所蕴含的“天机”外泄。秘鲁全国各阶层有力人士一时都卷入这场漩涡中。

乍读起来，这段情节还挺像一部西方版的中国武侠小说：秘籍出现江湖，掀起一阵腥风血雨。事实上，这本书的原文书名 The Celestine Prophecy 之下还有一个副标题 An Adventure

（一个冒险故事），而冒险故事在西方文化中的地位仿佛中国的侠义文学。对这类文学传统有兴趣的读者，大可将这本书当做集浪漫追寻、恩怨传奇、侠义情仇、权力游戏于一书的小说来读。只是，在这部“侠义传奇”中各路人马追逐的目标——秘鲁丛林中发现的那本秘籍，所记载的却不是一门绝世武功，而是一则天机——一个足以颠覆基督教两千年传统，以致秘鲁教会不得不全力封杀的“异端”预言。

这部比《圣经·新约》还要古老的手稿预测：当人类社会迈入公元第三个千年期（2001年到3000年）时，地球上将出现一个崭新的精神文化，彻底改变我们的生活形态和生存意义。届时，真正的“千禧年”就会来临，是人类经过一番大彻大悟之后，群策群力，在进化的基础上建立一个以“能”（energy，一种亘古长存、弥漫天地万物，维系整个宇宙的运作、主导人类身心进化的神秘物质）为中心的世界新文明的新秩序。

这个预言非同小可，一来固然是因为它敢于挑战基督教两千年权威，推翻《圣经·启示录》对末世的预告；二来对一般中国读者来说，这点格外有趣——它包含九个“觉悟”，牵涉到人生的九项重大课题。书中探讨人类进化的整个历史，触及现代西方文明的各个重要层面：宗教传统和哲学思潮、人际心理和伦理、量子物理学的发展、进化论和当今最热门的生态学。我不知道作者詹姆士·莱德菲尔德是何许人，但根据书上的作者小传所提供的资料，他似乎不是钻研某一门学问的学者专家。读完全书，他给我们留下的印象是：他是一个关心人类命运而想象力异常丰富、阅读范围非常广泛的人——书中揭示的预言，不仅涵盖20世纪各种主要知识，而且引用了一些颇为隐僻的西方经典，诸如文艺复兴时期法国占星预言家诺斯楚达穆士的著述。但真正让我们折服的，反倒不是作者的渊博，而是他那非凡的整合能力。他有本事将古往今来五花八门的学问融会贯通，揉揉捏捏，搓成一个条理清晰、层次分明的体系，把错综复杂的文化精神问题，整理成人人都能领会的“精神常识”。于是，我们看见他在书中通过各个人物之口，亲切自然，深入浅出地，有如三五好友聚首聊天一般，畅谈人生中种种奇妙的“机缘”、宇宙中神秘运作的“能”、人际关系中诡谲多变的“控制戏”等，从容不迫娓娓道来，让我们听得兴味盎然，毫不吃力，因而格外听得进去。而且，他又能利用最吸引人的方式，讲一则紧张刺激、充满悬疑的浪漫冒险故事，把一个原本极为严肃的主题——人类的精神命运——活灵活现地展示在读者眼前。结果我们看到他所描绘的未来人类新世界，缤纷，亮眼，鲜活得有如文艺复兴时代的一幅风景图；而阅读他书中的预言也就变成一种乐事，不会造成心理负担。以预言为主题的书能写得这么有趣，也算难能可贵了。

这样的作者称得上书坛“奇人”，令我们心仪，也引起我们无限的遐想。

但是，我和大多数读者一样，对他这本书涉及的种种学问都不十分内行——他涉猎的范围实在太广了——因此无从判断他的“预言”究竟有几分值得相信：哪些是可能实现的，哪些有言过其实之嫌，哪些则纯粹是危言耸听。不过，至少在阅读的过程中，他讲的那些道理会让我们时时停顿下来，合上书本，仔细想一想我们自身的处境，看一看周遭扰扰攘攘的世界，到底什么地方出了差错，而问题的本质又是什么。人的生存也许还有一些根本的奥秘，可很遗憾，并不是正统科学和传统宗教所能完全解释。难道我们到这个世界来走一遭，目的只是“坐以待毙”——等死而已？难道人类绝无可能跨越生死的鸿沟？难道除了生老病死，人生就没有另一种境界，让我们觉得活着并不是海明威所说的“肮脏笑话”？这些疑惑和迷惘，都是这本书的信息引发我们思索的问题。作者通过他那独特的、蔑视传统思考模式的态度和观点，也试图给这些问题一个答案。

纵使读完全书后，你仍然觉得作者所说的道理纯粹是一派胡言，你也不会一无所获，平白浪费你三个晚上的时间。因为你读到了一部非常精彩的冒险小说，比电视上放映的一些好莱坞大片好看得多。

作者很会设计故事架构。他把书中预言的人类心灵进化和新世界的产生分成九个阶段，每一阶段蕴藏一个天机——他所谓的“觉悟”，也就是对生存本质的一种深刻的、破除既有成见的洞察和领会。全书也因此分成九章。贯穿这九个觉悟，串联这九章形成一个完整的有机体的，就是那个精彩的冒险故事：一个美国小伙子因缘际会，只身进入危机四伏的秘鲁丛林，寻找一本对人类前途有惊人揭示的古老手稿。于是，就像阅读一则亘古的寓言，身为读者的我们跟随我们的心灵兄弟——那个美国小伙子——展开一段寻找秘籍之旅。这趟漫长的追寻，会把我们带上南美洲荒凉壮丽的安第斯山脉，接着引领我们来到亚马孙河畔的丛林，进入湮没在荒烟蔓草中的玛雅文明废墟。历经重重险阻、受过层层考验之后，我们终于抵达秘籍埋藏的地点，看到了我们追寻的目标。

追寻的过程中，一路上，在神秘的机缘安排下，“觉悟”一个接一个次第显现于我们眼前。每接触到一个觉悟，我们的心灵就会产生一次深邃的回响，我们对人生的洞察随着加深一层。等到全部九个觉悟都依次被我们找到时，我们眼前就会豁然开朗，有如启示录一般，出现一幅崭新、绮丽而又令人心悸的景象——那就是作者要我们相信的人类的未来。

这本号称冒险故事的书，其实也是作者邀请我们陪伴他走一趟的精神之旅。

决定性的多数

圣 境 预 言 书

我把车子开到餐馆前停好，然后靠在椅背上想了一会儿。我知道，莎琳已经在餐馆里头，等着跟我说话。但为什么呢？六年来，我一直没有她的消息。如今我正在森林里过一个星期的隐居生活，她为什么会突然出现呢？

我钻出货车，走向餐馆。身后，西方天际一抹落日余晖，把整个湿漉漉的停车场映照得一片金黄，有如琥珀一般。一个钟头前下过一场短暂的雷雨，把地面上的东西都打湿了，这会儿，夏日的黄昏感觉格外凉爽清新。苍茫的暮霭给大地增添了几分超现实的色彩。半圆的月亮高挂天空。

我边走边回忆着莎琳的音容身影。她还是那么漂亮、热情吗？时间会给她带来什么改变？而我又该如何看待她提到的那份手稿——这个在南美洲出土、她迫不及待想让我知道的古物？

“我在机场过境两个小时，”她在电话中告诉我，“我们一块吃晚餐好吗？这部手稿的内容，你肯定会喜欢——它是你最喜欢的那种奥秘。”

我最喜欢的那种奥秘？此话怎讲？

餐馆挤满了客人，有几对夫妻在等待空位。我找到一个女服务生，她告诉我，莎琳已经来了，正坐在主餐厅上方的高台上。

我走上阶梯，看见一群人围着其中一张桌子。在场的还有两个警察。突然，警察转身，从我身边冲下阶梯。人群纷纷散去，我看到了刚才大家围观的那个人——是一个女的，依旧坐在桌旁——莎琳！

我连忙向她走去："莎琳，怎么回事？出了什么事情吗？"

她装出一副恼怒的模样，把头向后一昂，站起身，随即展露出她的招牌笑容。我发现她的发型稍微改变了些，但那张面孔还是跟我记忆中的一模一样：细致的五官、宽阔的嘴，两只眼睛又大又蓝。

“说给你听，你也许不会相信。”她拥抱了我一下，像个老朋友，“几分钟前，我去上洗手间，回来时发现有人偷走了我的公文包。”

“里面装着什么？”

“都是一些不重要的东西，几本书和杂志，我带在路上看的。真是怪事。邻桌的客人告诉我，有个人走进来，拿起我的公文包就走出去了。他们向警察描述那个人的相貌，警察答应搜索附近一带地方。”

“也许我应该去帮他们找找看。”

“不必，不必。忘了这件事吧。我时间不多，想跟你好好聊一聊。”

我点点头。莎琳要我一起入座。一个服务生走过来，于是我们打开菜单，各自点了菜。接着我们花十几分钟时间寒暄了一番。我轻描淡写地提起自我放逐到森林中隐居的事，但莎琳却不允许我含糊其辞。她倾身向前，又向我展露她的招牌笑容。

“说实话，你近况到底如何？”她问道。

我看了看她的眼睛，发现她正用急切的眼光看着我。“你急着想知道事情的真相，对不对？”

“我的个性一向很急。”她说。

“好吧，告诉你实话，我现在住在湖边，想让自己悠闲一下。我工作太累了，想改变生活方式。”

“我记得你提起过那个湖。我以为你和你姊妹已经把它给卖掉了。”

“还没卖掉，但房地税实在让我们吃不消。那块地太靠近市区，房地税年年调高。”

她点点头：“你下一步打算怎么办？”

“我还不晓得。希望做点不同的事情。”

她意味深长地看了我一眼：“听你这么说，你就跟其他人一样感到惶惑不安。”

“我想是吧。”我说，“你为什么问这个？”

“手稿上提到这点。”

我们互相凝视着，沉默了一会儿。

“告诉我这部手稿到底是怎么回事。”我说。

她把身子靠到椅背上，仿佛在考虑如何开口，然后又抬起头来看着我。“记得我在电话中提到，几年前我辞掉了报社的工作，加入一个研究机构，替联合国调查各地的文化和人口改变。我最近的任务是在秘鲁。那阵子，我在利玛大学做研究，常听到谣言说一部古老的手稿已经被发现，只是没有人知道详细的情形，连考古系和人类学系的人也不知道。我询问政府官员，他们都矢口否认有这回事。有个人告诉我，为了某种原因，政府极力禁止这部手稿流传出去。但他听到的也是第二手消息。”莎琳继续说，“你知道我的个性，天生好奇。研究工作完成后，我决定多留几天，直到有一天我在利玛郊外一家咖啡馆吃午餐，发现有一个教士在打量我。他观察我几分钟后，就走过来对我说，那天早上，他听人说我正在到处打探这部手稿的下落。他不愿说出自己的姓名，但他答应回答我的所有问题。”

她迟疑了一会儿，眼睛依旧盯着我：“他说，这部手稿大约是在公元前 600 年完成的。它预言人类社会将发生巨大的转变。”

“什么时候开始转变？”

“在 20 世纪的最后几十年。”

“现在？”

“对，现在。”

“是哪一种转变呢？”我问道。

她显得有点忸怩不安，最后才急促地说：“那个教士告诉我，那是人类意识的一种再生，过程非常缓慢。它本质上不是宗教的，但却是精神的。对地球上的人类生命、对我们生存的意义，我们现在渐渐有了新的发现。根据这位教士的说法，这个新知识将剧烈地改变人类的文化。”

她又停顿了一下，然后说：“教士告诉我，这部手稿分成好几个部分或篇章，每一章包含一个对人生的觉悟。手稿预言，在我们这个时代，人类将开始依次达成这些觉悟——一个觉悟接一个觉悟——渐渐从目前的生存状态过渡到一个纯粹的精神文化。”

我摇摇头，扬起眉毛嘲笑地睨着她：“你真的相信这一套吗？”

“哦，我想……”

“看看这儿的人吧！”我打断她的话，指了指坐在楼下大厅用餐的人群，“这是现实世界。你在这样的世界看得出任何改变吗？”

我刚说完，餐厅另一端靠墙的一张桌子就爆发出了吵架声，我虽听不清楚他们吵什么，但那声音却大得让整个餐厅的客人都静默了下来。最初我还以为发生了另一起抢劫案，仔细一听，才知道是一场口角。一个看起来三十几岁的妇人站起身，气咻咻地瞪着坐在她对面的一位男士。

“不！”她扯起嗓门叫嚷，“问题出在我们的关系变质了，跟我当初期望的完全不同！你明白吗？跟我期望的完全不同！”她定了定心神，把餐巾扔到桌面上，走出餐馆。

莎琳和我面面相觑。想不到就在我们谈论楼下餐厅的人群时，就爆发了这一场争吵。过了一会儿，莎琳朝那位独自枯坐的男士点点头说：“现实世界正在改变中。”

“怎样改变？”我依旧感到茫然。

“转变从第一个觉悟开始，而根据那位教士的说法，最初这个觉悟会在我们不知不觉中浮现，它的征象是一种深沉的惶惑不安的感觉。”

“惶惑不安？”

“对。”

“那我们在追寻什么呢？”

“这就是关键所在！最初我们并不确定。根据手稿的预言，我们开始发现另一种形式的经验……生命中的某些时刻，让我们感到和以往有所不同，比较热烈，比较激奋。但是，我们并不明了这桩经验是什么，也不晓得如何使它持久。当它结束时，我们又会回到单调平淡的生活，感到不满足，感到惶惑不安。”

“你认为，这种惶惑不安是那位妇人发脾气的真正原因？”

“对。这位妇人和我们所有人一样，都在人生中追寻更大的满足，不能忍受任何阻碍我们的东西。最近几十年流行的‘惟我独尊’的态度，背后隐藏的就是这种不安的追寻。它影响到每一个人，从华尔街大亨到街头小混混。”莎琳凝视着我，继续说，

"我们和别人交往时，总是太苛求，因此很难维持彼此的情谊。"

莎琳这番话，使我想起自己近几年来的两段恋情。这两段情开始时都轰轰烈烈，但不到一年就烟消云散。我又抬头看看莎琳，她正耐心地等待我开口。

"我们的男女关系到底什么地方出了问题？"我问。

"针对这个问题，我跟那位教士讨论了很久。"莎琳回答，"他说，男女建立关系时，如果双方都过分苛求，都期望对方生活在他或她的世界里，要求对方随时陪伴在身边，一块参加他或她选择的活动，那么，一场自尊之战难免就会发生。"

她这番话说到了我的心坎上。我跟对方的交往最后都变质成权力斗争。我和对方都发现，我们在生活作息上无法配合。我们的生活步调过于快速。我们没有工夫协调彼此的分歧——在一起时该做什么、该去哪儿玩、该培养哪种兴趣——我们总是为这些事争吵不休。到头来，谁该当家作主就成了难解的习题。

"由于这种权力斗争，"莎琳继续说，"手稿预言，我们将很难和同一个人维持长久的关系。"

"这个预言听起来没什么了不起嘛！"我说。

"我也是这么对那位教士说，"莎琳答道，"他要我记住，尽管近来社会的弊端大都可以追溯到这种不安和追寻，但这个现象是一时的，终会消失。总有一天，我们会明了我们究竟在追寻什么——这另一种经验，更能满足我们的经验，到底是什么？一旦我们彻底了解它的本质，就能达成第一个觉悟。"

我们点的菜送来了。于是我们停下几分钟，让侍者为我们倒酒，顺便尝尝对方点的菜。莎琳把手伸过桌面，从我盘中拿一小块点心放进口中，一面品尝，一面皱起鼻子咯咯笑了起来。

“好吧，”我说，“我们追寻的这个经验到底是什么？什么是第一个觉悟？”

她迟疑了一会儿，仿佛不知如何开始。

“这很难解释。”她说，“那位教士是这么说的：当我们察觉到人生中的‘机缘’时，第一个觉悟就出现了。”

她把身子倾向前来：“对你想做的事情，你是不是曾经有过预感或直觉？譬如说，你想改变生活方向，却不知道如何实现。然后，当你快要忘记这件事，而把注意力集中在其他事情上的时候，你突然遇到一个人，或读到一本书，或来到某个地方，让你一下子碰到了你一直期待的机会。你有过这样的经验吗？”

“喏，”她继续说，“根据那位教士的说法，这种机缘出现的频率愈来愈高，使我们感到它不仅仅是偶然的巧合。它像是命中注定的，仿佛有个无法解释的力量在引导我们的生命。这种经验在我们心中激起神秘和兴奋的感觉，使我们充满活力。教士告诉我，这就是我们已经窥见的经验，如今我们时时刻刻都会遭逢到这样的经验。愈来愈多的人相信，这个神秘现象是真实的，具有某种含意，显示在日常生活的表象下有某种活动在进行。这种认知就是第一个觉悟。”

莎琳用期待的眼光看着我，但我没开腔。

“你还不明白吗？”她问道，“第一个觉悟，就是用新的眼光，看待环绕着地球上每个生命固有的奥秘。我们正在体验这种神秘的机缘，纵使我们还不理解，我们却知道这个经验是真实的。我们仿佛又回到孩提时代，感觉到生命中还有另一面等待我们去探索，人生的背后还有另一种活动在进行。”

莎琳的身子愈倾愈前，边说边打手势。

“你真相信这一套，对不对？”我问她。

“我记得，”她板起脸孔说，“你以前也喜欢谈论这一类经验。”

她这句话仿佛一拳擂在我心口。她说得没错。在我生命中的某个阶段，我确实曾经有过这样的机缘，当时我还试着从心理学的角度探索它的意义。后来我的想法渐渐改变了。不知怎的，我开始觉得，这种认知既不成熟也不切实际，从此便不再理会这类经验。

我瞅着莎琳，开始为自己辩解：“那时，我可能正在阅读东方哲学或基督教神秘主义的书。你应该还记得吧。不管怎样，你所说的第一个觉悟，早就有很多书在讨论了。你那一套又有什么不同？察觉到神秘现象存在，就能够转变文化吗？”

莎琳低下头来，瞅着桌面，半晌才抬起头来看我。

“你别误解，”她说，“确实，这种认知以前的人早就提到过，而且在书中讨论过。事实上，那位教士还特别强调，第一个觉悟并不是新的东西。他说，从古到今，一直有人察觉到这些神秘机缘存在，而这种认知是推动许多伟大哲学思想和宗教运动的力量。但是，以往和现在有个不同点，那就是数量。根据教士的说法，文化转变之所以发生在今天，是因为同时具有这种认知的人数量愈来愈多。”

“他到底指的是什么？”我问。

“他告诉我，手稿预言，在20世纪的60年代，意识到这类神秘机缘存在的人会开始急速增加。他说，这种成长会持续到下个世纪初，到了那个时候，这种人就会达到一定的数量——我管这个数量叫决定性的多数。”莎琳继续说，“手稿预言，一旦决定性的多数出现了，我们的整个文化就会开始认真看待这类机缘巧合。我们会集体探究，在这个星球上，人类的生活背后究竟有什么神秘的力量在运作。当这个问题同时被大量的人提出后，其他几个觉悟就会进入我们的意识中——因为根据手稿，一旦有足够数量的人对现代的人生提出严正的质疑，我们就会开始寻找答案。然后，我们就会达成其他的觉悟……一个觉悟接着一个觉悟。”

莎琳停下来吃点东西。

“这么说，一旦我们达成了所有觉悟，文化就会转变啰？”我问道。

“那位教士是这么说的。”

我一边瞅着她，一边思索着“决定性的多数”这个观念，然后说：“对一部完成于公元前600年的手稿来说，这听起来倒是挺有深度的观念嘛。”

“我也是这样想，”莎琳回答，“我自己也提出同样的质疑，但那位教士向我保证，翻译这部手稿的第一批学者都确定它不是后人伪造的。主要原因是，手稿是用闪族语系中的阿拉姆语（Aramaic）写成的，和《圣经·旧约》的大部分文字相同。”

“阿拉姆语出现在南美洲？它怎么会在公元前600年传到那儿去呢？”

“那位教士也不知道。”

“他的教会赞同这部手稿的预言吗？”我问道。

“不，”她说，“他告诉我，大部分神职人员都拼命打压这部手稿，所以他才不敢说出自己的姓名。显然，光是谈论这部手稿，也会给他带来很大的麻烦。”

“他有没有告诉你为什么教会的大部分人都反对让这部手稿流传出去？”

“告诉我了。”莎琳说，“因为它威胁到他们宗教教义的完整性。”

“怎么威胁呢？”

“我也不太清楚。那位教士没说得很详细，好像是因为手稿中提到的其他几个觉悟，歪曲了他们教会的传统教义，把教会的长老给吓坏了——他们都比较保守。”

“原来如此。”

“不过，那位教士倒是告诉我，他不认为手稿的预言会伤害教会的教义。它只不过将这些教义加以阐明罢了。他深深觉得，如果教会领导人肯像前人那样，把人生当做一个奥秘来看待，好好省察手稿中提到的其他几个觉悟。那么，他们就会明了，他说的是事实。”

“他有没有告诉你手稿中提到几个觉悟？”

“没有。但他提到第二个觉悟。他告诉我，第二个觉悟是对近代人类历史作更正确的诠释，进一步阐明人类文化转变的过程。”

“对于这点，他有没有说得很清楚？”

“没有，时间太仓促了。他告诉我，他得赶去处理一些事情。我们约好当天下午在他家见面。我准时赴约，他却不在家。我等了三个小时，他一直没有露面。最后我只好离开了，因为我要赶着搭飞机回美国。”

“你是说，从此你就没有机会再跟他谈话？”

“对。以后我没再见到他。”

“秘鲁政府也一直没有证实这部手稿存在吗？”

“没有。”

“这件事发生在多久以前？”

“大约一个半月以前。”

好一会儿，我们没有说话，只管低头用餐。莎琳终于抬起头来问我说：“你的看法呢？”

“我不知道。”我说。一方面，我不相信人类真的会改变；另一方面，我却感到惊讶，发出这种预言的手稿居然可能真的存在。

“他有没有让你看手稿的副本或什么的？”我问。

“没有。我只做了一些笔记。”

我们又陷入沉默中。

“知道吗？”她说，“我原以为手稿的预言会引起你很大的兴趣。”

我看了看她：“我想，我需要一些证据，证明这部手稿所说的都是真的。”

她又开朗地笑了起来。

“怎么啦？”我问。

“我也是这么说的呀。”

“对谁说？那位教士？”

“对。”

“他怎么回答？”

“他说，经验就是证据。”

“此话怎讲？”

“他的意思是，我们的经验证实手稿所说的是事实。只要我们肯认真地探索内心的感受，认真地想想，在人类历史的这个阶段，我们的生活是怎么过的，就会发现，这部手稿的预言并不是空穴来风。它是有根据、有道理的。”她犹豫了半晌，问道，“你觉得它有道理吗？”

我思索了一会儿。它的预言有道理吗？这年头每个人都像我一样惶惑不安吗？如果是的，那么，这种不安感从何而来？是来自简单的觉悟——三十年来渐渐形成的简单认知？人生中还有一些事情是我们不知道、没经历过的？

“我不知道该怎么回答，”最后我说，“我想，我需要一些时间好好思考一下。”

我踱到餐馆旁的花园，站在一张杉木凳后面，面对喷水池。右边，我看得见机场上闪烁不停的灯光，听得见一架准备起飞的喷气客机引擎发出的咆哮声。

“这些花儿好美啊！”我身后响起莎琳的声音。回头一看，只见她沿着小径朝我走了过来，边走边观赏休憩区旁栽种的一排排牵牛花和秋海棠。她在我身旁站住了。往事顿时涌上我的心头。多年前，我们都住在弗吉尼亚州的夏洛茨维尔，常在傍晚时分见面聊天。我们的谈话大多环绕着学术理论和心理成长。我们气味相投，总是聊得很开心，我们的交往一直停留在精神的层面。

“有机会再见到你，我实在太高兴了。”她说。

“我晓得。”我回答，“一看到你，我就想起许多往事。”

“奇怪，这些年我们为什么不保持联络呢？”她问道。

她的询问又把我带进往事中。我想起最后一次和莎琳见面的情景。她站在我的汽车旁向我道别。那时我的脑子里装满新知识，准备回到家乡，辅导那些遭受严重虐待的儿童。我以为我能帮助他们克服强烈的后遗症，让他们的生命继续成长。然而，日子一天天过去，我的辅导方法并没有收到成效。我不得不承认自己的无知。人类要如何从自己的过去解脱出来？对我来说，这到现在仍是个谜。

如今回想过去这六年，我觉得那些经验是值得的。但我也渴望改变生活方式。问题是，去哪儿呢？从事什么工作呢？莎琳帮助我探索童年精神创伤的本质，在我的理论形成后，我就很少再想到她。如今她就站在我身边，又回到我生命中，而且我们聊起天来还是和以往一样兴奋。

“我想，我太专注于工作了。”我说。

“我还不是一样。”她说，“报社的工作很忙，我马不停蹄地采访新闻，没工夫打听你的下落。除了工作以外，我把所有事情都忘了。”

我说：“知道吗，莎琳，我竟然忘了我们在一起聊天时总是很开心。我们的谈话总是那么自然、无拘无束。”

她的眼神和笑容告诉我，她同意我的说法。

“我知道，”她说，“每次跟你聊天，我都感到非常爽快。”

我正想回答她，她却忽然瞪起眼睛，望向餐馆的大门。她的脸一下子变得很苍白，充满焦虑。

“怎么回事？”我转头望望餐馆的大门。有几个人正走向停车场，边走边悠闲地聊着，看不出任何不寻常的迹象。我回过头来，看看莎琳。她还是一脸惊慌的神情。

“到底看见了什么啦？”我又问道。

“那儿，第一排车子旁边——你看见那个穿着灰色衬衫的男人了吗？”

我又望向停车场。另一群人走出餐馆门口。

“哪个人？”我问道。

“我想他已经走了。”莎琳凝神望了一会儿，然后瞅着我说，“邻桌的客人说，偷我公文包的人头发稀疏，留着胡子，穿灰色衬衫。我想，我刚看到他站在车子旁边……观察我们。”

我心头一跳，也开始担忧起来。我告诉莎琳我马上回来，然后走到停车场去查看，却没看到莎琳描述的那个人。我不敢走得太远。

我回到花园那张木凳旁，莎琳挨近我身边，悄声说：“你觉得，会不会因为这个人怀疑手稿的副本在我手里，才拿走我的公文包？他是不是想把它要回去？”

“我不知道，”我说，“我们还是通知警察吧，把你看到的告诉他们。我觉得，他们也应该查一查跟你同坐一班飞机的乘客。”

我们走进餐馆，打电话报警。警察赶到后，我们把发生的事情告诉他们。警察花了二十分钟查看每一辆车子，然后解释说，他们不能再多花时间了，不过他们答应核查莎琳那班飞机上的所有乘客。

警察走后，莎琳和我又孤零零地站在喷水池旁。

“在我看到那个人之前，我们在谈什么？”她问道。

“在谈我们两人的事。”我回答完后又问，“莎琳，你为什么会想到找我谈手稿的事？”

莎琳看了看我，眼神有点迷惘："我在秘鲁听那位教士讲手稿的事，边听，心里不知怎的边想着你。"

"是吗？"

"当时我也不怎么把它当一回事，"她继续说，"但是后来回到弗吉尼亚州，每次想到手稿的事，我就会想起你。好几次我想打电话找你，但每次都因为别的事没打成。这次我到迈阿密出公差，上了飞机后才发现，我会在这儿过境停留一段时间。下了飞机，我就找出你的电话号码。你在录音机上说，有急事才能打电话到湖边去找你。但我想我打去找你，你应该不会怪我的。"

我瞅着她，好一会儿不知该说什么。"当然，"我终于说了，"我很高兴你打电话找我。"

莎琳看了看手表："时候不早了，我得赶回机场去。"

"我开车送你。"

我们来到机场大厅，走向登机门。我边走边留意是否有不寻常的迹象。我们抵达时，乘客已经上飞机，而我们见过的一个警察正在查看每一个乘客。我们走到他身边。他告诉我们，他已经查看过准备登机的所有乘客，但没有一个符合那个窃贼的外貌特征。

我们向他道谢。警察走后，莎琳回过身来对我笑了一笑。"我想我该走啦！这是我的电话号码，这回可别忘了联络哦。"

"听好吧。"我说，"你千万要小心，如果发现有任何事情不对劲，马上报警！"

“别担心我，我不会有事的。”

我们互相凝视了一会儿。

“手稿的事，你打算怎么处理？”我问道。

“不知道。也许听听新闻广播，看会不会有它的消息。”

“要是它被查禁呢？”

她又开朗地笑了起来：“我就知道，你会被它吸引的。我告诉过你，你会喜欢它。现在你打算怎么办呢？”

我耸耸肩膀：“也许先去打听一下，看看能不能找到更多关于它的数据。”

“好。要是有新的发现，请通知我。”

我们又互道珍重，然后她就走开了。我望着她的背影。她回过头来一次，挥挥手，然后整个人消失在登机廊尾端。我走出机场，开着我的货车回到湖边，中途只停下来加油。

回到家里，我走到装上纱窗的门廊，在一张摇椅上坐了下来。傍晚到处响起蟋蟀和雨蛙的鸣叫。远处，我听得见鸥鸟的叫声。湖对面，月亮已经沉落到西方，在湖面上洒下一片水波粼粼的清光，朝着我荡漾过来。

今天黄昏莎琳讲述的手稿的事挺有趣的。但我对“文化转变”这种观念仍然持怀疑的态度。像许多同辈中人一样，我曾迷恋过 20 世纪 60 年代和 70 年代的社会理想主义，也曾陶醉在 80 年代对精神生活的追求中。然而，想认清真正发生的事并不容易。有什么新信息能够改变整个人类社会？手稿的预言听起来太过理想主义、太不切实际。毕竟，人类在这个星球上已经存活了很长的一段时间。为什么我们会在历史的末期突然对人生产生觉悟？好几分钟之久，我凝望着湖水，然后关掉电灯，回到卧室去阅读。

第二天早晨，我在梦中突然醒了过来。梦境历历在目。醒来后我躺在床上一两分钟，瞪着卧室的天花板，仔细回味这场梦。梦中我穿过一座森林，仿佛在寻找一件东西。这座辽阔的森林美丽得出奇。

在追寻的过程中，好几次我发现自己完全迷了路，不知何去何从。说也奇怪，在这种节骨眼上，每回总会有一个人突然出现，给我指点迷津。我一直不知道自己到底在寻找什么，但做完这场梦后我竟觉得无比振奋，整个人充满信心。

我坐在床上，看见一道阳光从窗口洒进房间里来。阳光中飘浮着微尘，闪闪发亮。我走到窗前，拉开帘子。好个艳阳天！天空一片蔚蓝。微风一个劲儿地轻轻摇晃着树木。在这个清晨时分，湖面波光潋滟，晨风吹在游泳的人湿润的皮肤上，想必会有刺痛的感觉。

我走出屋子，跳入水中，游到湖中央，翻转过身子，仰望着周遭那一座座熟悉的山峦。这个湖是我祖父年轻时发现的，坐落在三座山脉会合处的深谷，景致清幽绝伦。

一百年前，祖父就开始在这一带山中走动。他是个特立独行的人，年纪小小就当了探险家。他生长的地方，那时还是片荒野，到处出没着美洲豹、野猪和居住在北山简陋小屋里的克里克族印第安人。当时他就发誓，总有一天他会定居在这个古木参天、七条涧水蜿蜒穿梭的幽谷。后来他果然实现了梦想，在湖边建造了一间木屋，早晚带着小孙子在林间漫步。我并不太能理解祖父对这座山谷的深沉感情，但我一直设法保存这块土地，虽然文明步步侵犯，最后包围了它。

从湖中央望去，我看得见北山山巅兀然矗立着的一块大石。前一天，我仿照祖父生前的习惯，爬上这块悬空的石头，在辽阔的视野、大自然的气息和树梢流窜的风中寻找片刻的安宁。我坐在山巅上，俯瞰着底下山谷中的湖和葱茏的树叶，一时间只觉得内心宁静，仿佛大自然的精灵扫除了我心中的烦忧。几个钟头后，我在餐馆跟莎琳见了面，听她讲述手稿的事。

我游回岸边，爬上屋子前的木造码头。我知道，这一切太不可思议了。瞧，我隐遁在这群山之中的幽谷，对自己的人生感到彻底失望，莎琳却突然冒了出来，告诉我是什么原因造成我的惶惑不安。她居然还引述一部古老的手稿，而这部手稿保证，将揭开人生的奥秘。

然而，我也知道莎琳的出现正是手稿所说的那种机缘——它太不可思议了，不可能只是偶然的巧合。这份古老文件的预言会成真吗？尽管我们以讥诮的态度看待这一切，是不是有愈来愈多人意识到这种机缘存在，而“决定性的多数”正在逐渐形成？今天的人类，是不是有能力理解这种现象，透过它认清人生背后隐藏的目的？

我想知道，这个新的认知会是什么？手稿中提到的其他几个觉悟，会不会像那位教士所说的，向我们揭露这个新的认知？

我现在面临抉择。由于这部手稿的出现，我感觉到我的人生有了一个新的方向，我的生活有了一个新的兴趣。问题是，我现在该怎么做？我可以留在这儿，也可以出门去探寻这部手稿的下落。我考虑到风险。是谁偷走莎琳的公文包？是那些奉命制止手稿流传的人吗？我要怎么查出来？

我仔细衡量可能的风险，最后决定往好的方面想，不做无谓的担忧。我会谨慎行事，步步为营。我走进屋里，翻开黄页分类电话簿，打电话给广告登得最大的那家旅行社。对方说，他可以安排到秘鲁的行程。而且凑巧有人取消行程，包括机票和在秘鲁首都利玛一家旅馆预定的房间，他可以折价转让给我，只要我能在三个小时之内出发。

三个小时之内？

漫长的现在

圣 境 预 言 书

我匆匆收拾行囊，驾车直奔高速公路。赶到机场时，刚好来得及领取机票，登上飞往秘鲁的班机。我走进机舱后部靠窗的座位，整个人顿时瘫了下来。

我想好好打个盹儿，于是把两腿一伸，合上眼睛，但说什么也没办法让自己松懈下来。对这趟旅程，我突然感到犹疑不安。毫无准备就出门远行，不是挺疯狂的吗？到了秘鲁，我该去什么地方？找谁探听手稿的事？

我在湖边感受到的那份自信，一下子变成了疑虑。所谓第一个觉悟、文化的转变，不过是脱离现实的妄想而已。现在想起来，手稿中所说的第二个觉悟，也一样虚幻不实。新的历史观如何能加强我们对所谓机缘的认知，如何能使它永远存留在人类的意识中？

我把两腿伸得更直，深深吸了一口气。看来这将是一趟徒劳无功的旅程：匆匆飞去秘鲁，打个转就回来。

飞机启动，滑行到跑道上。我合上眼睛。当这架巨无霸喷气客机加速到起飞速度时，它昂然直入云霄。我微微感到有点晕眩，直到飞机抵达飞行高度，我才松了一口气，慢慢陷入梦乡。三四十分钟后，一阵摇荡把我惊醒。我决定去上洗手间。

经过休息区时，我看见一个戴圆眼镜的高个子站在窗旁跟空服员说话。他瞄了我一眼，又继续他的谈话。他头发呈深棕色，看来约莫四十五岁。乍看之下，我以为遇到了熟人，但仔细端详他的五官后，我断定以前从没见过他。走过他身边时，我听到了部分谈话。

"谢了！"那位男士说，"我本来在想，既然你常到秘鲁去，也许曾经听别人提起那部手稿。"然后他便转身走向机舱前部的座位。

我顿时呆住了。他说的就是那部手稿吗？我走进洗手间，心里盘算着该怎么做，一时之间好生犹豫，最后决定不理会这件事。也许他提到的是别的什么文件。

我回到座位上，又合起眼睛，庆幸自己没把他的话当一回事，没去向他追问详情。然而，坐在机舱里，我心里却回味着在湖边所感受到的那股激奋。若是这个人真的知道手稿的下落，那对我不是一条很有用的线索吗？我若不去问他，永远都不会知道答案。

我在心中又盘算了一会儿，最后终于站起身来，走向机舱前部的座位，在走道中段找到了他。他身后正巧有一个空位。我走回机舱后部，告诉空服员我要换位子，然后把我的行李搬到那个座位去。过了几分钟，我拍拍那人的肩膀。

“对不起，”我说，“我刚听你提到一部手稿。你指的是在秘鲁发现的那部吗？”

他显得很惊讶，随即露出戒备的神色。“对，就是那部。”他迟疑地说。

我报上姓名，然后解释说，我有个朋友最近去过秘鲁，回来告诉我有这么一部手稿存在。他松了一口气，自我介绍说，他是纽约大学历史系助理教授韦恩·杜普森。

谈话的当儿，我发现邻座那位男士露出了恼怒的神色。他正舒舒服服靠着椅背，想好好睡个觉。

“你见过这部手稿吗？”我问这位教授。

“见过部分，”他说，“你呢？”

“没见过，但我的朋友把手稿提到的第一个觉悟告诉了我。”

邻座那位男士换了个坐姿。

杜普森看了看他：“先生，对不起，我们打扰你睡觉了。能不能麻烦你跟我换个位子？”

“好吧，”那位男士说，“这样大家都方便。”

我们全都站到走道上，然后我先钻进靠窗的座位，让杜普森坐在我身旁。

“告诉我，你对第一个觉悟知道多少？”杜普森问道。

我踌躇了一会，心中盘算着如何向他说明："我想，第一个觉悟指的是，察觉人生中有神秘的事件发生，可以改变我们的一生，也就是感觉到人生背后有某种力量在运作。"

这样的回答，连我自己听了也觉得荒谬。

杜普森注意到我的不自在。"你对那样的觉悟有什么看法呢？"他问道。

"我不知道。"我说。

"这种观念违反我们现代人的常识，对不对？如果你把这种观念整个忘掉，回头去过实事求是的生活，你心里会不会好过些？"

我大笑起来，使劲点了点头。

"一般人都是如此。即使我们偶尔察觉到人生背后有某种活动在进行，我们总是习惯性地把它当做不可知的事，然后把这整个知觉忘掉。在这种情况下，第二个觉悟就变成必要的了。一旦我们弄清楚知觉的历史根源，就比较能够接纳它。"

我点点头："这么说，身为历史学家，你认为手稿对全球文化转变的预测是正确的啰？"

"对。"

"以历史学家的身份？"

"对！不过，你必须以正确的方式看待历史。"他深深吸了一口气，"相信我，我现在会讲这种话，是因为许多年来我一直以错误的方式研究和教授历史！以前，我把重点完全放在人类文明的科技成就，特别强调推动科技进展的伟大人物的贡献。”

“这种研究历史的方式有什么不对？”

“本身倒也没什么不对。但是，真正重要的是每个历史时期的世界观，也就是老百姓对人生的感受和想法。我摸索了很久，才领悟到这点。历史的功能，是把我们的生活安置在一个比较绵长的格局里。历史不单是科技的演进，也是思想的演进。了解前人的生存状态，我们就会明了为什么会用目前这种方式看待世界，而我们对文明的进展又会有什么贡献。如此一来，在人类文明的漫长发展中，我们就可以确定自己的位置，对未来也就不会感到茫然。”

他停下来歇口气，然后又说：“手稿中提到的第二个觉悟，就是指从这种角度来看历史——至少从西方思想的观点来看，第二个觉悟的意义就是这样。它把手稿的预言安置在比较长远的格局里，使得这些预测变得不仅可能实现，而且必然会实现。”

我问杜普森，他到底看过手稿中的几个觉悟。他说只看到头两个。他告诉我，三个星期前他听到这部手稿出土的传言，于是匆匆赶到秘鲁，就在那次短暂的旅程中，他接触到这两个觉悟。

“我一抵达秘鲁，就遇到几个人。他们向我证实手稿的存在，但打死都不敢多谈这件事。他们说，政府已经失去理智。任何人只要拥有手稿的副本或散布关于手稿的消息，就会受到政府威胁，安全变得毫无保障。”杜普森的神色变得严肃起来，“听他们这么讲，我心里有点慌。后来旅馆的一个服务生告诉我，他认识的一位教士常常谈到手稿的事。他说，这位教士正在设法阻止政府查禁这件古物。我忍不住好奇，就跑到这位教士的私人住所去。据说，他大半时间都待在这间房子里。”

杜普森显然注意到我脸上流露出惊讶的神色。“有什么地方不对劲吗？”他问道。

“我的朋友——把手稿的事告诉我的那位——就是从一位教士口中得知手稿的预言。他不肯透露自己的姓名，但我的朋友有机会跟他谈到第一个觉悟。我的朋友原来跟他约好再见面，但他一直没有出现。”

“可能是同一个人，”杜普森说，“因为我也找不到他。房子已经锁上了，看起来挺荒凉的。”

“你一直没有见到他？”

“没有，但我决定到周围看看。屋子后面有一间旧仓库，门没锁，我一时心血来潮，就决定进去找找。在一堆垃圾背后，墙上一块松脱的木板下面，我找到手稿提到的第一和第二个觉悟的翻译本。”

他向我眨眨眼睛。

“那你是碰巧找到的啰？”我说。

“对。”

“这次到秘鲁，你有没有把那两个觉悟的翻译本带在身边呢？”

他摇摇头：“没有。我决定把这两个觉悟彻底研读一番，然后交给我系里的同事。”

“那你能不能告诉我，第二个觉悟大概讲些什么？”

杜普森沉默良久，然后微微一笑，点头说：“我想这就是我们会在这儿见面的机缘吧。”

“第二个觉悟，”他说，“把我们现在的知觉安置在一个比较深远的历史视界里。毕竟，当 90 年代结束时，随之消失的不仅是整个 20 世纪，同时也是人类一千年的历史时期。我们即将结束人类历史上的第二个千禧年。若想知道我们在历史中的位置，知道未来人类的走向，就必须了解这一千年中真正发生的事。”

“手稿到底怎么说？”我问道。

“它说，在第二个千禧年即将结束时——也就是现在，我们人类将能够回顾这一千年的历史，把它当做一个整体来考察。如此一来，我们就会发现这一千年的下半期（也就是所谓的现代）所发展出来的一个特殊偏见。今天我们能够察觉到人生中的机缘，就表示我们正从这个偏见中觉醒过来。”

“到底是什么偏见呢？”我问道。

杜普森故作神秘地对我笑了一笑：“你愿意重新度过这一千年吗？”

“当然愿意！告诉我这一千年的历史吧。”

“光是我告诉你是不够的。记得我说过的话吗？要了解历史，你就必须明了你日常对世界的看法是如何形成的，是如何受到前人的生存现实影响的。人类花了一千年工夫，才发展出现代社会看待事物的方式。因此，你若想真正了解现在的处境，就必须把自己带回公元 1000 年，然后在想象中走过这一千年，好好体验一番，就仿佛你真的在一生中体验完这整个历史时期似的。”

“我怎样做到这一点？”

“我会引导你。”

我踌躇了一会，转身望向窗外，看了看底下的山川陆地。我对时间的感觉开始有点不同了。

“我愿意试试。”我毅然说。

“好！”他说，“现在开始想象，你活在公元第一千年，也就是我们所说的中古世纪。首先，你必须了解，在那个时代，‘现实’是由权力很大的基督教神职人员界定的。由于位高权重，这些人对民众的心灵具有无比的影响力，而他们心目中的真实世界基本上是精神的。他们所创造的现实，把上帝对人类的期望安置在生活的中心。”

“现在请你想象，”他继续说，“你属于你父亲的那个阶级——农民也好，贵族也好——而你知道这一辈子你不可能脱离这个社会阶级。但是，不论属于哪个阶级，不管从事哪种行业，你很快就发现，社会地位是次要的，最重要的是神职人员所界定的精神现实。你发现，人生在世，就是要通过一场精神考验。根据教会的阐释，上帝把人类安置在他所创造的世界的中心，被整个宇宙环绕，而人类的生存只有一个目的：赢取或丧失救赎。在这场考验中，你必须在上帝的权威和魔鬼的暗中诱惑两股对立的力量之间，作出正确的选择。”

“但是，你必须了解，你并非单独一个人面对这场考验。”他继续说，“事实上，作为一个个体，你并没有资格决定你在这方面的地位，那是神职人员的权责。他们负责阐释《圣经》，随时提醒你的所作所为是否符合上帝的意旨，是否遭受魔鬼蒙骗。你若是遵循他们的训诫，你在来世就会得到报偿。但如果你不听从他们的指示，那么……你就会被逐出教会，还要遭受某种诅咒。”

杜普森凝视着我：“那部手稿说，我们必须了解，中古世纪的世界每一个层面都是从‘来世’的角度加以界定的。人生的所有现象——从一场突如其来的雷雨或地震，到五谷的丰收或亲人的死亡——都被视为上帝的意旨或魔鬼的恶作剧。当时的人并没有气象、地质、园艺、疾病这一类观念。这些观念以后才会形成。生活在中古世纪，你必须完全信赖神职人员。你面对的那个世界，纯粹是以精神的方式运作的。”

他停顿了一会，瞅着我，“你懂吗？”

“懂，我了解那样的现实。”

“好，现在请你想象，那个现实如今开始崩溃了。”

“什么意思？”

“中古世纪的世界观——你的世界观，在 14 和 15 世纪开始瓦解。首先，你在神职人员身上发现一些不正当的行为，譬如暗中违背守贞的誓约，或者接受政府官员贿赂，对他们违反《圣经》的作为睁一只眼闭一只眼。这些不正当的行为使你感到惊慌，因为神职人员自认为是上帝和民众之间惟一的联系。记住，他们是《圣经》的惟一诠释者，也是你是否能够得救的惟一仲裁者。”

“突然，你发现自己陷身在一场公开的叛变中。马丁·路德领导的一个团体，要求完全断绝和罗马教廷的关系。他们说，神职人员已经腐败，因此他们要求终止神职人员对民众心灵的操控。新的教会纷纷成立。他们的基本观念是：每一个人都有权利亲自接触《圣经》，以自己的方式解读经文，不需要任何中间人。”

“就在你目瞪口呆的当儿，这场叛变成功了。教廷的神职人员节节败退。好几个世纪以来，这些人负责界定现实，而如今就在你眼睁睁的注视之下，他们竟然丧失了威信。结果，整个世界都陷入混乱中。对于宇宙的本质以及人生的目的，我们原本有明确的共识。然而，这个以神职人员的诠释为基础的共识，如今却在瓦解中，让你和西方社会所有民众感到惶惑不安。

“毕竟，你已经习惯让一个权威存在于你的生活中，替你界定现实。这个外在的权威一旦消失，你就会感到困惑，不知何去何从。神职人员对现实和人生意义的诠释如果是错误的，那么你就会问：什么才是正确的呢？”

他停歇了一会儿才说：“你了解这样的崩溃对当时的人心所造成的冲击吗？”

“我想，那时的人应该会感到有点不安吧。”我说。

“何止有点不安！”他说，“简直就是人心大乱。旧的世界观到处遭受挑战。事实上，到了 1600 年，天文学家已经断定，太阳和星星并不像教会声称的那样环绕着地球运行。显然，地球只不过是一颗小小的星球，环绕着一个小型的太阳运行；而光是我们这条银河，就有数以十亿计的这类星球。”

他靠到我身边说：“这点挺重要。人类在上帝创造的宇宙中所占有的核心地位已经丧失了。你了解这种改变所带来的后果吗？现在，当你观察天气和五谷成长，或发现有人突然死亡时，你感到的是焦虑和困惑，而以往你也许会说那是上帝或魔鬼的所作所为。随着中古世纪世界观的崩溃，那种确定感消失了。以往你视为当然的所有事物，如今都必须重新加以界定，尤其是上帝的本质以及你跟上帝的关系。”

“有了这个认知，”他继续说，“人类历史就进入了现代的阶段。我们愈来愈崇尚民主，愈来愈怀疑罗马教廷和各国王室的威权。建立在臆测或宗教信仰之上的宇宙观，如今不再被全盘接受。尽管丧失了确定感，我们并不愿意冒险让新的团体来主导我们的现实，就像以往的神职人员那样。如果你活在那个时候，你也许会加入当时思想家的行列，为科学创造一个新的使命。”

“一个什么？”

他笑了起来：“你面对一个辽阔浩瀚、尚未界定的宇宙，你心里会想——就像当时的思想家那样——我们必须找到建立共识的途径，必须找到有系统地探测我们这个新世界的门路。这种探索现实的新方式，你会称为科学方法。事实上，它只不过是测试一个观念，探讨宇宙如何运作，然后达成一个结论，提供给别人，看看他们是否赞同这样的结论。”

“接着，”他继续说，“你会派遣一群探险家进入这个新宇宙，每一个都具备使用科学方法的能力。而你会把历史性的使命交付给他们：探测这个地方，找出它的运作模式，以及我们人类生存在地球上的意义。”

“你知道，你对上帝所统治的宇宙已经产生怀疑，因此你再也不能确定上帝的本质。但是，你觉得你拥有一套方法，可以通过共识的建立，发现周遭所有事物的本质，包括上帝，也包括人类在地球上生存的真正目的。于是，你派遣这些探险家，出门去寻找人类处境的真正本质，然后回来向你报告。”

他停顿了一会儿，看着我。

“根据那部手稿的说法，”他继续说，“就在这个阶段，我们开始形成一种偏见，直到现在才觉醒过来。我们派出这些探险家，去寻找人类生存的完整答案，但由于宇宙过于复杂，他们未能马上完成使命。”

“什么偏见？”我问道。

“再想象一下，你生活在那个时代。科学方法未能让我们发现上帝的新面貌和人类生存的目的。于是，整个西方社会弥漫着忧虑怀疑的气氛，人们不知道活着到底有什么意义。在寻找到答案以前，我们必须做别的事情来让我们分心。最后，我们想出了一个表面看来合情合理的解决方法。我们互相安慰说：‘好吧，既然我们的探险家还没回来告诉我们人类真正的精神处境，在等待的当儿，我们何不干脆定居在这个新世界？毫无疑问，我们拥有足够的知识，可以开发这个新世界，为人类谋福利。因此，在这段期间我们何不努力工作，提升人类的生活水平，增加我们在这个世界上的安全感？’”

他笑嘻嘻地看着我：“而我们真的那么做了，就在四个世纪以前！为了摆脱迷失的感觉，我们采取主动，一心一意征服这个地球，利用它的资源改善我们的生活，一直到现在，人类即将结束第二个千禧年时，我们才察觉到这样做的后果。我们的专注渐渐变成一种偏执。为了创造世俗的、经济的安全感来取代我们已经丧失的精神安全，我们彻底迷失了自己。我们活着到底有什么目的？在精神上我们到底是怎么了？这些问题都慢慢被搁到一旁，人们现在也懒得再寻找答案了。”

他深深地看了我一眼，然后说：“当初我们只是想建立一种比较舒适的生存方式，不料到了后来，这种努力却变成了一种目的，变成了生存的理由，而我们也渐渐地、一步一步地遗忘了我们当初提出的问题……直到现在，我们还是不知道我们为什么要活着。”

窗外，遥远的地面上，我看见一座大城市。根据飞行路线判断，我猜那是佛罗里达州的奥兰多市。那一片由街道和马路组成的几何图形，呈现出人类文明的形式和秩序，深深吸引住我的眼球。我览望了一会儿，回头看看杜普森。他眼睛闭着，显然正在打盹。他花了一个钟头，跟我谈论手稿中提到的第二个觉悟。然后空服员送来午餐。我边吃边告诉他有关莎琳的事，向他解释我这次前来秘鲁的缘由。餐后，我一直凝望着窗外的云层，回想着杜普森刚才跟我讲的一番话。

“你有什么感想？”他睡眼惺忪地看了看我，忽然问道，“你了解第二个觉悟的意义吗？”

“我不太确定。”

他望望机舱中的其他乘客：“现在，你是不是有一个比较清晰的角度来观察人类的世界？你有没有看到，每个人都沉溺在自己的追求里？这个角度解开了人生很多谜团。你知道吗，有多少人沉迷在自己的工作中，他们成天情绪紧张、放松不下来。放松不下来，是因为他们想用日常工作迷醉自己，把人生简化到只剩下实际的东西。如此一来，他们就可以不必去想人生在世到底为了什么。”

“第二个觉悟扩展了我们对历史时间的认知，”他补充说，“它要求我们不要光从现代的角度，而应该从整个千年历史的角度来观察人类的文化。它让我们面对自己的偏见，帮助我们超越它。你刚刚经历过这一段比较绵长的历史。如今，你是生活在一个‘比较漫长的现在’。一旦你以新的眼光看待人类的世界，你就会清楚地看出现代人的执迷——那种一心一意的、全神贯注地对于经济成长的追求。”

“这有什么不对呢？”我质问他，“西方文明之所以伟大，就因为经济进步呀。”

他大声笑起来：“当然，你说得没错。没有人会反对经济成长。事实上，手稿中也说，全力追求经济成长是人类社会的一个必要发展阶段，是人类进化过程中的一个阶段。但是，我们已经花了够多的时间在这个世界上经营一个舒适的生存环境。如今，我们必须从这种专注的追求中觉醒过来，重新思考我们当初提出的问题：是什么东西主导这个星球上的生命？我们生存在这儿，真正的目的到底是什么？”

我静静地看着他好一会儿，然后问道：“手稿中提到的其他几个觉悟，会提供我们这方面的答案吗？”

杜普森把头歪到一旁：“至少值得一看嘛！只希望在我们找到答案之前，他们不会把手稿的其他部分销毁。”

“难道秘鲁政府以为他们销毁这么重要的一件古物，全世界的人会袖手旁观吗？”我问道。

“他们可以暗中进行呀。”杜普森答道，“官方的立场是，这部手稿根本就不存在。”

“我想学术界会全力营救这部手稿。”

他瞅着我，脸上充满坚毅的神色：“我们正在这么做。这就是我回到秘鲁的原因。这次我代表十位知名的学者，要求秘鲁政府将手稿的原件全部公开。我已经写信给相关部门的首长，通知他们我准备拜访他们，希望他们合作。”

“原来如此。秘鲁政府会怎么回应呢？”

“也许矢口否认吧！但至少已经跟他们官方接上了头。”

他转开脸去，陷入沉思中，而我又望向窗外。从高空俯瞰地面，我忽然想到，我们现在所搭乘的这架飞机，竟是四个世纪科技发展的结晶。我们已经懂得如何操控我们在地球上发现的资源。多少人经过多少世代的努力，才累积足够的知识，创造足够的零组件，让这架飞机飞上天空？多少人花了一生时间，以无比的专注，埋头研究一个小小的技术问题，创造一个小小的零件？

刹那间，杜普森和我讨论的那段历史，仿佛完全融进了我的意识。我清楚地看到那一千年的时光展现在我的眼前，仿佛它已成为我个人生活史的一部分。一千年前，在我们居住的世界，上帝和人类的情操都被明确地界定。后来我们失去了那样的世界，或者，说得好听一点，我们发现真实的世界并不是那么单纯。于是，我们派出探险家去寻找真相，但他们一去久久没有回来，所以我们就把注意力转移到一个新的、世俗的目标，那就是创造一个舒适的生存环境，让自己在这个世界上安居下来。

我们果然安居下来了。我们发现，从地下挖出的金属可以熔化，制造成各式各样的机械。我们发明了新的能源，首先是水蒸气，接着是瓦斯、电力和原子核分裂。我们把农耕系统化，发展大量生产的技术，如今囤积了大量的物质，拥有无远弗届的营销网络。

推动这一切的是对进步的追求——每个人都渴望为自己提供安全而有保障的生活。这样，在等待真相的当儿，他的生存就有了目标。我们下定决心，为自己及子孙创造一个更舒适、更有乐趣的生活方式。就在短短四百年间，我们全心全意追求的结果，创造了一个万般享受不虞匮乏的社会。问题是，这种过分专注的、着魔似的追求固然征服了大自然，改善了我们的生活，却也污染了地球上的生态系统，使它濒于崩溃边缘。我们应该悬崖勒马了。

杜普森说得对。手稿中的第二个觉悟，确实会促使我们产生新的认知。在文化发展上，我们正面临一个转折点。当初我们集体决定追求的目标，眼看即将达成，而就在这个时候，我们开始从偏执的追求中觉醒过来，发现人生还有其他事物值得关怀。在人类即将结束这一千年历史之际，连我也看得出现代社会的动力已经迟缓下来。四百年的执迷，总算完结。我们已经发展出一套技术，确保物质生活不虞匮乏，如今我们似乎准备——事实上是迫不及待——去寻找当初决定这么做的原因。

在邻座乘客的脸上，我依旧看得见那股偏执而专注的神情，但我也发现了些许觉悟的光芒。我在想，究竟有多少人已经注意到人生中存在的机缘呢？

飞机向前倾斜，开始降落。空服员宣布，我们即将抵达秘鲁首都利玛。

我告诉杜普森我住的那家旅馆的名称，然后问他住在什么地方。他告诉我旅馆名称，那儿离我住的那家只有几英里。

“你打算怎么进行？”我问道。

“我还在想，”他回答，“也许第一件事是到美国大使馆，向他们报告，告诉他们我来秘鲁的原因。”

“好主意。”

“然后，我尽量找秘鲁学者探听手稿的消息。利玛大学的学者已经告诉我，他们对手稿的事一无所知，但在各地废墟从事考古工作的学者可能愿意透露一些消息。你呢？到底有什么打算？”

“我没什么打算，”我回答，“让我跟着你好不好？”

“好！我正想邀你同行呢。”

飞机着陆后，我们领取行李，约好稍晚在杜普森的旅馆见面。我走出机场大厦，在苍茫暮色中搭上一辆出租车。空气很干爽，凉风习习。

就在我那辆出租车驶出机场时，我发现另一辆出租车从我们后面急速驶出，然后被马路上的车潮阻隔开了。它跟随着我们，转过几个路口。我看得见后座坐着一个人。我感到一阵惊慌，连忙吩咐那位会讲英语的司机，先在街上绕一圈，再开到我住的旅馆。我告诉他我想看看利玛的街景。司机顺从我的意思，默默开车。那辆出租车一路尾随着。他到底打什么主意？

抵达旅馆时，我要求司机留在车上，然后打开我这侧的车门，假装付车费。跟踪我们的那辆出租车也开到路边停下来，后座那个人下了车，慢慢走向旅馆的大门。

这时我立刻钻回车子里，关上门，吩咐司机赶快开走。那个人回到街上，望着我们的车子消失在车潮中。在后视镜中，我看得见司机那张脸孔。他正打量着我，神情有点紧张。“对不起，”我说，“我临时决定换一家旅馆。”我勉强挤出笑容来，告诉他杜普森那家旅馆的名字。内心深处，我恨不得立刻赶到机场，搭下一班飞机回美国去。

车子开到距离那家旅馆半条街的地方，我要求司机停下来。“在这儿等我，”我吩咐他，“我马上回来。”

街上十分热闹，人来人往，但大多是秘鲁本地人，偶尔可以遇到几个欧洲和美国观光客，让我感到安心一些。走到距离旅馆约莫只有五十码的地方，我停下脚步。情况有点不对劲。我正在观望的当儿，忽然枪声大起，街上充满尖叫声。前面的人群纷纷趴到地上，整条人行道一下子空旷了起来。我看见杜普森朝我奔跑过来，眼睛睁得老大，神色十分惊惶。后面有几个人追赶他，其中一人朝空中开枪，喝令他停下脚步。

跑近我时，杜普森凝神望了望，好不容易认出我来。“跑！”他嘶哑着嗓门大叫，“看在老天爷的分上，跑啊！”我吓了一跳，掉头跑进一条巷子里。前面竖立着一道木板围篱，约莫六英尺高，挡住了我的去路。我使尽吃奶的力气，纵身一跳，双手攀住木板的顶端，右脚跨了过去。我把左脚拖过围篱，整个人坠落到地面，匆匆回头一望，只见杜普森没命地跑进巷子里来。枪声又起。杜普森的身子晃了晃，整个人摔倒在地上。

我狂乱地跑着，跑过一堆堆垃圾和满地的纸箱，仿佛听到身后有脚步声，但又不敢回头去看。前面巷口大街上，人来人往，看不出丝毫不寻常的迹象。我走进大街，鼓起勇气回头看了一眼，心中突突乱跳。巷子里没有人。我匆匆走上右边的人行道，躲进了人群中。杜普森干吗要跑？他被杀了吗？我一直问自己。

“等等！”有人在我左肩膀后面低声说。我拔腿就跑，但他伸手抓住我的胳臂：“别急！刚才发生的事，我都看到了。我只想帮助你。”

“你是谁？”我浑身颤抖不停。

“我叫威尔森·詹姆士。待会儿我再向你解释。现在最要紧的是离开这几条街。”

说也奇怪，那人的嗓音和神态仿佛具有一种莫名的亲和力，能够平息我内心的恐惧。于是我跟随他走上大街，进入一家皮革制品店。他向柜台后的一个人点点头，然后把我带进后面一间充满霉味的客房，关上房门，拉上窗帘。

他约莫六十岁，但看起来年轻得多，也许是因为眼睛中闪烁着一种神采吧。深棕色的皮肤配上黑色的头发，使他看来像个秘鲁人，但他说的那口英文却带着美国腔。他身着天蓝色的凉衫和牛仔裤。

“你在这儿待一会，很安全，”他说，“他们为什么要追你？”

我没有回答。

“你来秘鲁是为了那部手稿，对不对？”他问道。

“你怎么知道？”

“我猜，跟你在一起的那个人也是为了同样的目的前来秘鲁，对不对？”他又问道。

“对。他名叫杜普森。你怎么知道我们是同伴？”

“我在巷子里有一间房子，他们追赶你们时，我正好站在窗口向外望。”

“他们开枪打中了杜普森吗？”我问道，心里真担心听到的是坏消息。

“我不知道，”他说，“我没看清楚。但我看见你逃脱，就从楼梯跑下来，在街上等你。我想我也许帮得上忙。”

“为什么？”

他看了我一眼，仿佛不知道应该如何回答我。忽然他脸上现出了温馨的笑容：“你不会明白的。我站在窗口的时候，心里头忽然想起一位老朋友。他已经过世了。他的死，是因为他认为老百姓有权利知道那部手稿的内容。所以我一看到巷子里发生的事，就觉得我应该帮助你。”

他说的没错，我是不明白。但我可以感觉到他对我是绝对的诚恳。我正想问另一个问题，他却先开口了。

“这件事我们以后再谈，”他说，“现在最要紧的是搬到一个比较安全的地方。”

“等等，威尔森，”我说，“我只想赶快回美国去。我怎样才走得了？”

“别见外，叫我威尔吧！”他说，“我觉得你不应该从机场出境，现在时机不对。如果他们还在找你，他们一定会去机场查的。我有几个朋友住在城外，可以让你躲一阵子。除了搭飞机外，离开秘鲁还有其他几个方法。你大可以选择，到时候你只消告诉我朋友，他们就会指点你怎么走。”

他打开房间的门，察看店里的情形，然后走到店外望望大街，再走回房间里来，打个手势，要我跟随他。我们走到大街旁停着的一辆蓝色吉普车。我爬进车里，发现后座堆满食物、帐篷和背包，仿佛我们这一趟是出远门。

一路上我们都没开腔。我靠在驾驶座旁的座位上，设法集中心神想一想今天发生的事。我害怕得连肠子都打结了。我做梦也没想到会落得这样的下场。说不定我会被逮捕，关进秘鲁一座监狱；说不定他们会一枪把我干掉。我得衡量一下自己的处境。我没带换洗的衣服，但我身上带着钱和一张信用卡，而且——说来奇怪——我信任威尔。

“你和那位——他叫什么？杜普森？到底做了什么事，才被那些人追杀？”威尔突然问道。

“我也是一头雾水，”我回答，“我在飞机上结识杜普森。他是历史学家，前来秘鲁，对手稿的传闻展开正式的调查。他代表一群学者。”

威尔显得很惊讶："秘鲁政府知道他要来吗？"

"知道。他给几位政府官员写过信，要求他们协助。我想他们总不至于逮捕他吧，何况这次到秘鲁来，他身上也没带着手稿的副本。"

"他有手稿的副本？"

"只有头两个觉悟的副本。"

"想不到居然会有副本流传到美国去！"威尔说，"他怎么弄到手的？"

"上回他来秘鲁，有人告诉他，有一位教士知道手稿的事。他没找到那位教士，却发现收藏在他家后院的手稿副本。"

威尔的神色顿时变得很哀伤："他是荷西。"

"谁？"我问道。

"就是我向你提到的那位朋友，他被杀了，因为他到处宣扬手稿里头所讲的预言。"

"他是怎么死的？"

"被谋杀。我们不知道凶手是谁。有人在离他家很远的森林里发现他的尸体。我猜一定是他的仇人干的。"

"政府里头的人？"

"政府或者教会里头的某些人。"

"他的教会下得了这种毒手吗？"

"难说。教会在暗中阻止这部手稿流传出去。有几位教士了解手稿的内容，但也只敢悄悄谈论，不敢公开宣扬。荷西的作风不一样，他总是在大庭广众向愿意听的人大谈这部手稿。他死前好几个月，我就已经警告过他最好小心一点，别再把副本随便送给外人。他说，他是秉持着自己的良知在做这件事。”

“手稿第一次被发现，是在什么时候？”我问道。

“第一次翻译，是在三年前开始进行的。但没有人知道它第一次被发现是什么时候。我们猜，手稿的原件在印第安人之间流传了很多年，直到荷西找到它。他单独一个人进行翻译的工作。当然，教会一看到手稿的内容，就立刻展开全面打压。现在我们手头上只有副本。我们猜，手稿的原件已经被他们销毁。”

威尔开着车子，向东驶出城外，这时我们正行驶在一条狭窄的二线道路上，穿过一大片沟渠纵横的农田。我们经过几间小木屋，来到一座围篱环绕的大牧场。

“杜普森有没有跟你谈论手稿中提到的头两个觉悟？”威尔问道。

“他跟我谈到第二个觉悟。”我回答，“第一个觉悟是另一位朋友告诉我的。她有一次跟一位教士谈起这部手稿。我猜，这位教士就是荷西吧。”

“你了解这两个觉悟吗？”威尔又问道。

“我想我了解。”

“人生中那些偶然的巧遇，往往具有更深刻的含意，这点你了解吗？”

“就像我这趟旅程，”我说，“是由一连串机缘组合成的。”

“只要你随时警觉，和宇宙间的‘能’（energy）连结起来，这种现象就会开始发生。”

“连结？”

威尔微微一笑：“手稿接下来就会提到这点。”

“告诉我这个‘能’指的是什么。”

“以后再说吧！”威尔点了点头，把车子开进一条碎石子铺成的私用车道。前面，一百英尺外，矗立着一栋朴实无华的木板楼房。威尔把车子停到房子右边的一棵大树下。

“我这位朋友的雇主是一座大农场的主人，这一带大部分土地都是他家的，”威尔说，“这栋房子也是他的产业。这个人很有权势。私底下，他很赞同手稿的预言。你在这儿会很安全的。”

门廊上的灯亮了。一个身材矮胖的男子——看来仿佛是秘鲁土著——跑出屋子，笑嘻嘻地迎上前来，叽里呱啦说了一大串西班牙语。他一跑到我们那辆吉普车旁，就把手伸进敞开的车窗，拍拍威尔的背，一边友善地打量着我。威尔要他改讲英文，然后介绍我们认识。

“他需要一点帮助，”威尔对那个男子说，“他想回美国去，但现在走不太安全。我暂时把他交给你啦。”

那人仔细看了看威尔。“你又要去寻找第九个觉悟了，对不对？”他问道。

“对！”威尔跳下吉普车。

我打开车门下了车，绕着车子踱起步来。威尔和他那个朋友一边往房子走去，一边谈话。我听不到他们说什么。

我走到他们身边时，那人说“我去做准备”，然后回头就走。威尔则转身向我走来。

“他问你是不是要去找第九个觉悟，到底怎么回事？”我问他。

“有一部分手稿一直没被发现。现有的手稿原件包含八个觉悟，另一个觉悟——也就是第九个——在原件中只被简略地提到。很多人一直在寻找它的下落。”

“你知道它的下落吗？”我问道。

“还不确定。”

“漫无头绪的，你能找到它吗？”

威尔微微一笑：“能！就像荷西能找到那八个觉悟；就像你能找到第一和第二个觉悟，然后遇到我。如果一个人能够连结并储集足够的‘能’，那么，机缘就会一个接一个发生。”

“要怎样做，才能办到这点呢？”我问道，“这是属于第几个觉悟？”

威尔端详着我，仿佛在评估我的理解程度：“如何连结并不属于单一的觉悟，而是涵盖所有觉悟。记得吗？在第二个觉悟中，手稿预言，探险家将会被派遣到世界中，利用科学方法，探索人类在地球上生存的意义，但是他们不会马上回来报告发现的结果。你记得吗？”

“记得。”

“喏，手稿中剩下的几个觉悟就是这些探险家最后带回来的答案。但是，这些答案并不完全来自正式的科学。我所说的答案，来自许多不同领域的知识，包括物理学、心理学、神秘主义哲学和宗教，全部掺糅在一起，形成一个新的融合体，而整个基础就是建立在我们对‘机缘’的认知上。我们现在渐渐了解人生的机缘究竟是怎么回事，它到底是如何运作的；而在了解的过程中，我们正在建立一个全新的人生观，一个觉悟接着一个觉悟地进行。”

“那么，我想知道手稿预言的每一个觉悟，”我说，“在你走之前，能不能把这些觉悟全都告诉我？”

“这样做是没有效果的。你必须用不同的方式去发现每一个觉悟。”

“到底要怎么做呢？”

“随缘就好。我可以告诉你每一个觉悟的内容，但你获得的仅仅是信息，而不是真正的觉悟。你必须在自己的人生过程中一个个地发现它们。”

我们凝视着对方，沉默了一会儿。威尔露出了笑容。跟他谈话真是人生一大乐事。

“你为什么要现在去寻找第九个觉悟？”我问道。

“时机到了。我当过导游，熟悉这一带的地形，而且我了解手稿中预言的八个觉悟。当我站在巷中那间房子楼上的窗口，心里想着荷西时，我就已经决定再去秘鲁北部走一趟。第九个觉悟就在那儿，我知道。我毕竟不再年轻了，而且我有预感，这回我会找到它，达成真正的觉悟。我知道它是所有觉悟中最重要的一个。它把其他觉悟安置在一个正确的角度上，使我们了解人生的真正目标是什么。”

他忽然停顿下来，神情显得十分严肃。“我原本早就走了，但在巷中多待了三十分钟，因为心里老是觉得有一件事还没办妥。”他又停歇了一会儿，然后说，“就在那个时候，你出现了。”

我们互相凝视了好久。

“你觉得，我是不是该跟你一起走？”我问道。

“你自己觉得呢？”

“我不晓得。”我一时犹豫起来，心里感到很困惑。这趟秘鲁之旅的整个过程，在我脑海中闪过——莎琳、杜普森、现在的威尔。当初为了满足一时的好奇心，我来到了秘鲁，而眼下却发现自己莫名其妙地变成了逃亡客，东躲西藏，连追捕自己的人是谁都不知道。最不可思议的是，在这种时刻，我非但不觉得惊慌害怕，反而感到莫名兴奋。我原本应该想尽办法溜回美国去，但心中却涌起一股强烈的欲望，要跟随威尔一起走，不惜面对更大的风险。

我权衡得失，心里迟疑不决，但我知道我根本就没有选择的余地。因为经历了第二个觉悟，我不可能回到以前那种汲汲营营的生活，我若想保持我的觉醒，就只有向前走。

“我打算在这儿过一晚，”威尔说，“明天早上你再告诉我你的决定。”

“我已经决定了，”我说，“我愿意跟你走。”

能的奥秘

圣　境　预　言　书

我们一早起床，上了车，一路往东行驶。整个上午都在赶路，一路上很少交谈。出发时威尔告诉我，这趟行程我们将穿越安第斯山脉，进入所谓的“高森林地带”—— 一片由高原和森林覆盖的山丘构成的地区。然后，他就很少再开腔。

路上我曾探询他的身世背景，也曾向他打听我们此行的目的地。但他总是很客气地回避我的问题，说他要专心开车，不方便交谈。最后我只好闭上嘴巴，静静地观赏沿途的风景。从山顶俯瞰，一路景色非常迷人。

中午时分，我们来到了崇山峻岭中的最后一道山脊，把车停在一处观景台上，坐在车中一边吃三明治，一边观赏前面那片荒凉辽阔的谷地。山谷对面是一座座山麓小丘，草木十分苍翠。吃午餐的当儿，威尔告诉我，今晚我们将在“文生居”度过一宵。“文生居”是一座古老的庄园，建于 19 世纪，原本属于西班牙天主教会，现在则是威尔一位朋友的产业。如今这座庄园已经改为度假中心，专门招待企业和学术界人士，为他们提供开会场所。

威尔三言两语介绍过“文生居”后，又驱车上路，不再开腔。一个小时后我们抵达“文生居”。车子穿过一座石砌的大铁门，转向东北方一条狭窄的碎石路。我向威尔探问我们来这儿的目的，但他还是不愿多谈，叫我专心看风景，口气有点不耐烦。

我的注意力顿时被“文生居”的美景吸引住了。周遭尽是色彩缤纷的牧场和果园。这儿的草仿佛长得格外青翠，连那些长在橡树底下的也异常茂密。牧场上，每隔一百英尺左右便矗立着一株高大的橡树。这些大树散发着一种奇异的魅力，深深吸引住我，使我感到迷惑。

车子行驶了约莫一英里后，折向东方，驶上一座山坡。“文生居”的庄宅就坐落在小山上，是木头和灰石搭建成的一栋西班牙式房屋。这幢巨大的建筑物看来至少有五十个房间，南边装设着一座高大的门廊，围着纱窗。屋子四周矗立着一株株参天的橡树，花圃中栽种着奇花异草，走道两旁装点着各色花卉和羊齿植物。门廊上，花木间，一群群人正在悠闲地聊天。

下车后，威尔停留了一会儿，观赏四周景致。东边，屋子背后的山坡下，有一片平旷的草地和森林。远处是一列紫蓝色的山麓小丘。

“我先进去问问看有没有房间，”威尔说，“你就在附近走走吧！你会喜欢这个地方的。”

"喜欢死了！"我说。

他往屋子门口走了几步，又回过头来对我说："一定要去实验园看看哦！咱们晚餐见。"

出于某种原因，威尔故意把我单独留在外面，但我并不在意，也不感到惊慌，反而觉得兴奋极了。威尔已经告诉过我，由于"文生居"每年吸引大量观光客，替国家赚进不少外汇，因此秘鲁政府对这儿的活动总是睁一只眼，闭一只眼，尽管经常有人在这儿谈论手稿的预言。

高大的树木间有一条羊肠小道蜿蜒通到南边，景致十分迷人，于是我信步往那儿踱去。我走到那几株树前，发现小径穿过一道小铁门，沿着一级级的石阶，通往底下长满了野花的一片草地。远处有一座果园，园中溪水潺潺，再过去就是广袤无垠的森林了。我在门口停下脚步，深深吸了几口气，尽情观赏山坡下的美景。

"风景很漂亮喔！"身后有个声音。

我回头一瞧。一个三十七八岁的妇人背着徒步旅行用的背包，站在我背后。

"漂亮极了！"我回答她，"我从没看过这么美丽的风景。"

我们望了望眼前那一片辽阔的原野，又瞧了瞧小径两旁梯形花圃上宛如瀑布一般垂落下来的热带植物。"你知道实验园在哪里吗？"我问道。

"知道。"她说，"我正要去那儿，一起走吧。"

我们互道姓名后，走下石阶，沿着布满足迹的小径朝南边走去。她名叫莎拉·罗尔纳，一头浅茶色的发丝配上一双湛蓝的眼睛，模样像个年轻的女孩子，但举止神态却十分成熟稳重。我们走了几分钟，谁都没有开腔。

“你第一次来这儿吗？”她终于说话了。

“是的。”我回答，“我对这个地方了解不多。”

“我在这儿进进出出已经快一年了。我想，我有资格向你介绍这个地方。大概二十年前，这座庄园变成了国际科学界人士最喜爱的聚会场所。各种科学团体来这儿开会，尤其是生物学界和物理学界。几年前……”她迟疑了一会儿，看着我，然后说，“你有没有听说有一部古老的手稿在秘鲁被发现了？”

“听说了。有人告诉我手稿中提到的头两个觉悟。”我原想告诉她这份文件使我十分着迷，但我不知道该不该信任她，因此就把话吞回嘴里。

“果然不出我所料，”她说，“看来你已经察觉到这儿弥漫着的‘能’了。”

我们正穿过溪上的一座木桥。

“什么？”我问道。

她停下脚步，把背靠在桥栏上：“手稿预言的第三个觉悟，你知道指的是什么吗？”

“不知道。”

“它指的是人类对物质世界的新认知。手稿预言，总有一天人类会察觉到以前肉眼所看不见的那种‘能’。对这个现象有兴趣的科学家，现在常会到这座庄园聚会，互相讨论切磋。”

“这么说，科学家都相信这种‘能’是真实的啰？”我问道。

她转过身子，继续走下桥面。“只有少数科学家相信这种‘能’是真实的，我们也因此受到攻击。”她说。

“那你是位科学家啰？”

“我在缅因州一间小学院教物理。”

“告诉我，为什么有些科学家不同意你们的看法？”

她沉默了一会儿，仿佛在思考。“你必须了解科学发展的历史。”她说。然后她瞄了我一眼，似乎在问我有没有兴趣深入探讨这个问题。我点点头，示意她说下去。于是她说：“现在回想一下手稿中提到的第二个觉悟。中古世纪的世界观崩溃后，我们突然发觉，我们生存在一个完全陌生的宇宙中。我们知道，为了理解这个宇宙的本质，必须设法把事实和迷信分隔开来。在这方面，科学家就采取了一种特殊的态度，称为‘科学的怀疑’。实际上，它指的就是：任何人对宇宙的运作方式提出新的看法时，都必须提出坚实的证据。在相信任何事情之前，我们都要求看到、摸到证据。不能具体证明的观念，都被有系统地排斥。”

“老实说，”她继续说道，“当我们面对自然界比较明显的现象，诸如石头、身体和树木这类连最会怀疑的人都察觉得到的东西时，科学的怀疑态度的确发挥很大的效用。我们迫不及待地为物质世界的每一个成分命名，想借此来了解宇宙为什么会那样运作。最后我们获得这样的结论：自然界发生的每一件事情，都根据某种自然法则，也就是说，任何事件的发生都有直接的、物质的、可以理解的原因。”她意味深长地对我笑了笑：“瞧，在许多方面，科学家和我们这个时代的其他人并没有什么不同。科学家和其他人一样，都想控制我们居住的环境。我们的做法是创造一种能使世界变得安全、温驯的宇宙观，而怀疑的态度能帮助我们把注意力集中在那些能使我们的生存变得更安全的具体问题上。”

走下桥后，我们沿着蜿蜒曲折的小径穿过一片草地，进入一座茂密的林子。

“在这种态度的影响下，”她继续说，“科学家有系统地将所有不确定的因素和玄秘的事物排除在世界之外。我们接受牛顿的看法，认为宇宙就像一具庞大的机器，它的运作是可预知的。我们接受这个看法，因为长久以来这是惟一可以加以证明的宇宙运作方式。同时发生的几个事件，如果彼此之间没有因果关系，我们只能说那是偶然的巧合。”

“后来，”她又说，“两项重大的科学发现产生了，我们才又再度注意到宇宙中的神秘现象。过去几十年来，很多人在文章中大谈物理学的革命，但是，真正造成改变的是两项重大的发现：一项是电子力学的发现，一项是爱因斯坦的发现。爱因斯坦一生的研究证明了一点：我们眼中的坚实物体大部分是空洞的空间，其中流动着‘能’的模式。这也包括人类的身体。而量子物理学的研究显示，在愈来愈小的层级上观察‘能’的种种模式时，我们会发现惊人的现象。实验的结果证明，当你把这种‘能’的微小成分‘基本粒子’分解，然后观察它们的运作方式时，观察的动作往往会改变实验的结果，就仿佛这些‘基本粒子’受到实验者的期望影响。有时，在实验者的期望影响下，粒子会出现在根据现有的宇宙法则不可能出现的地方，譬如同时出现在两个地方、在时间中前后流动等。”

她停下脚步来，望着我。“换句话说，宇宙的核心基本成分看来像是一种纯粹的‘能’，而这种‘能’往往会顺应人类的意图和期望，就仿佛我们的期望促使我们体内的‘能’流入世界中，影响其他的‘能’的系统。这个发现违反了我们以前对宇宙的机械式看法，但也正是手稿中预言的第三个觉悟。”她摇了摇头，又说，“不幸得很，大部分科学家不肯认真看待这个发现。他们依旧保持怀疑的态度袖手旁观，看看我们能不能拿出证据。”

“喂，莎拉，我们在这儿！”远处有一个声音呼唤。右边约莫五十码的地方，有个人在树丛中向我们招手。

莎拉看了看我：“我得去跟他们说几句话。我身上带着第三个觉悟的翻译本。你何不找个地方坐下来看一看，我待会儿就回来。”

“我很想看一看。”我说。

她打开背包拿出一个硬纸夹递给我，然后走开。

我接过硬纸夹，望望四周，想找个地方坐下来。这儿的林子，地面长满灌木丛，有点阴湿，但东边地势比较高，仿佛有一座山丘，我决定到那儿去寻找干的地方。

爬上山坡，我顿时呆住了。又是一处美得让人难以置信的所在！山上每隔五十英尺便矗立着一株长满节瘤的橡树，枝叶亭亭，在顶端纠结在一起，有如华盖一般。地面长着热带阔叶植物，约莫四五英尺高，有些叶子宽达十英寸。四处栽种着巨大的羊齿植物和开满白花的矮树。我找到一个干的地方坐下来。空气中弥漫着落叶的霉味和花儿的芬芳。

我打开硬纸夹，开始阅读第三个觉悟的英译稿。文前有一段简单的引言，说明第三个觉悟的宗旨在于改变人类对物质世界的看法。文中所言和莎拉的概述大致符合。它预测，第二个千禧年即将结束时，人类会发现一种新的“能”，成为宇宙间所有物体（包括人类）的生存根基，它会从物体身上放射出来。

我思索了一会儿，继续往下看，最后读到一个有趣的预测：人类如果想察觉这种“能”的存在，就必须先加强对“美”的感受能力。我正在思索这句话的含义时，山坡下的小径响起了脚步声。我低头一看，只见莎拉正抬起头来，望着山丘上的我。

“这个地方好极了！”她爬上了山坡，“你读到美感意识那一段没有？”

“读到了，但我不太了解它的意思。”

“手稿接下去会详细讨论这点，现在我先稍微解释一下吧。美感意识就好比一个测量器，告诉我们距离觉察‘能’的存在还有多远。这点是很明显的，因为你一旦观察到这种‘能’，你就会明了，它和‘美’是连续的。”

“听你的口气，好像你亲眼看到啰？”我说。

她看着我，脸上毫无忸怩造作的表情：“是的，我看到了，但是在看到‘能’之前，我先培养自己对美的鉴赏力。”

“这行得通吗？美不是相对的吗？”

她摇了摇头：“我们所察觉到的美的东西也许不同。但是，我们认为美的东西应该具有的特征却是相似的。你仔细想想看，吸引我们注意、使我们觉得美的东西，一定会展现出迷人的风姿，显露出鲜明的轮廓和色彩，对不对？它鹤立鸡群，让人眼睛一亮。和那些黯淡无光的寻常东西相比，它简直就像一道明艳的彩虹。”

我点了点头。

“看看这个地方，”她继续说，“我知道你被它的美丽迷住了，因为我们也全都被它迷住。它的色彩和形状震慑了你，就像一个东西向你迎面扑来。喏，下一个阶段的知觉，就是发现环绕着每一件东西的‘能场’。”

说着，她笑了起来。我猜我脸上一定充满困惑的神色，使她忍俊不禁。“也许，”她收敛起脸上的笑意，“我们应该去园子看看。园子在南边，离这儿大约半英里路。你会觉得那地方很有趣。”我向她道谢，因为我跟她素昧平生，她却不厌其烦地为我讲解手稿的预言，而且带我去看“文生居”附近的风景。

她耸了耸肩说：“看来你对我们的工作还蛮同情的。我们需要有人帮我们鼓吹鼓吹。我们在这儿从事的研究，如果要继续下去的话，就必须让美国和其他国家的人知道。本地的官员并不怎么喜欢我们。”

这时突然有个声音在我们身后呼唤：“对不起，请问一下！”我们回头一看，只见三位男士沿着小径快步向我们走过来。三个人都年近五旬，衣着非常时髦考究。

“你们两位谁能告诉我实验园怎么走？”个子最高的那位问道。

“你们来这儿有事吗？”莎拉反问他们。

“我和两位同事征得这座庄园主人的同意，到园子查看一下，找个人问问这儿进行的所谓研究到底是怎么回事。我们是从秘鲁大学来的。”

“听您的口气，似乎对我们的研究发现颇不以为然嘛！”莎拉脸上堆满笑容，故作轻松。

“我们很不以为然！”另一位男士说，“有人声称发现了一种神秘的、以前从未被观察过的‘能’。我们认为这是荒诞不经的事。”

“您有没有尝试观察过它？”莎拉询问。

那人不理会这个问题，只管追问：“园子到底怎么走？”

“告诉你吧，”莎拉说，“往前走大约一百码，你会看见一条小路通向东边。顺着这条路走大约四分之一英里，就到园子啦。”

“谢啦！”高个子向莎拉道谢后，带着两位同事匆匆离去。

“你故意告诉他们错误的方向。”我说。

“也不是故意的啦！”她答道，“那边也有园子呀。那儿的人比较懂得跟这帮疑神疑鬼的家伙沟通。这种人偶尔会经过我们这里，不单是科学家，也有一些纯粹好奇的人。这些人完全不了解我们的研究……这就点出了目前我们的科学思想存在的问题。”

“怎么说？”我问道。

“我不是说过吗？如果我们探索的是宇宙中比较明显、比较容易看见的现象，譬如树木、阳光和雷雨，科学界以前那种怀疑的态度就非常管用。但是，宇宙中还有另一种可见的现象，比较微妙，是你无法探究的。事实上，连它是否存在你都无法确定，除非你愿意终止或者调整怀疑的态度，尝试用各种可能的方法去理解它。做到这点，你就能对这种现象进行严密的研究。”

“非常有趣！”我说。

前面林子的尽头，有几十块田地，每一块栽培着一种不同的植物，大部分看来是食用植物，从香蕉到菠菜应有尽有。每一块田地的东边有一条碎石铺成的小径，往北通到一条公共道路。小径旁边矗立着三栋铁皮搭成的屋子，互相隔开，附近各有四五个人在工作。

“我看到了一些朋友，”莎拉指了指离我们最近的那栋屋子，“我们过去看看吧，我想介绍你跟他们认识。”

莎拉把我介绍给那三位男士和一位女士，他们都参与研究工作。男士们跟我寒暄了几句，又回头继续工作，只有那位女士有工夫跟我交谈。她是生物学家，名叫玛乔莉。

我和玛乔莉互相打量了一眼。“你在这儿究竟研究些什么？”我问道。

她愣了一愣，似乎没料到我会有此一问，但随即堆出笑容来，说道：“这从何说起呢？那部手稿的预言，你听说过吗？”

“听说过前面那部分，”我回答，“我刚开始接触手稿中提到的第三个觉悟。”

“对了，那就是我们来这儿做研究的目的。来吧，我带你去看看。”她比了个手势，示意我跟随她。我们绕过铁皮屋，来到一畦栽种着豆子的田地。我发现这些豆子长得格外健康，看不到一丁点儿被虫咬过的痕迹，也看不见一片枯叶。豆子树是栽种在松软的腐殖土里，株与株之间保持适当的距离，每一株的梗和叶都贴近隔壁那一株，但不会互相碰触。

玛乔莉指着离我们最近的一株，说道：“我们把这些植物当做一个完整的‘能’系统来看待，考虑每一样能帮助它们成长茁壮的东西——土壤、营养、水分、阳光。我们发现，环绕着每一株植物的整个生态系统，实际上是一个活的系统、一个有机体，每一部分的健康都会影响到整体的健康。”她犹豫了一会儿，又说：“我想强调的是，一旦考虑到植物周围所有的‘能’之间的关系，我们就会看到惊人的成果。我们所实验的植物，虽然没有长得特别高大，但根据营养学的标准却长得格外健壮。”

“这怎么衡量呢？”

“它们含有更多的蛋白质、糖、维他命和矿物质。”

她观察着我的反应，说：“但那还不是最让人惊讶的现象呢！我们发现，植物受到人类直接的关注愈多，就会长得愈健壮。”

“怎样的关注？”

“譬如说，揉抚它们周遭的泥土，每天去查看它们生长的情形这一类的关怀。我们曾经选择一组植物从事这样的实验：一部分受到特别的关注，另一部分则没有。结果就像我刚刚所说的。更有趣的是，我们把这个概念扩大实行，让一位研究人员陪着这些植物，不但给它们关注，而且在心中祈求它们长得更强壮些。这位研究人员真的每天坐在它们旁边，把注意力和爱心全部集中到它们的成长上。”

“这些植物长得更强壮啰？”我说。

“强壮多了，而且也长得更快。”

“真不可思议。”

“是的……”她没把话说完，因为这时有一位老先生朝我们走了过来。他看来约莫六十几岁。

“这位先生是微养分专家，”她慎重地说，“大约一年前，他第一次来这儿，然后就立刻向他任教的华盛顿州立大学办理休假。他是海恩斯教授，做过一些非常重要的研究。”

他走到我们面前时，玛乔莉介绍我跟他认识。他身材结实，满头黑发，两鬓飞霜。在玛乔莉的怂恿下，海恩斯教授向我简单扼要地说明他的研究计划。他最感兴趣的是经由血液检验所测出的身体器官的功能，尤其是该功能牵涉到食物质量的时候。

他告诉我，最近一项研究的结果让他感到非常兴奋。研究中发现，“文生居”栽种的植物固然含有丰富的营养，能够加强人体器官的功能，但是，“能”在这里增强的幅度非常惊人，似乎不是单靠营养物就能达成的。根据我们对人类生理学的了解，营养物本身不可能产生那么大的功效。显然，这些植物的构造含有某种成分，产生一种我们到现在还不了解的效果。

我看了看玛乔莉，然后问道：“会不会是因为他们在栽种的过程中时时对这些植物表示关注和爱心，所以，这些植物就产生某种力量，加强人体的功能，作为一种回报？这是不是手稿中提到的那种‘能’？”

玛乔莉看了看教授。教授微微一笑：“我现在还不知道答案。”

我问教授他未来有什么研究计划。他说，回到华盛顿州立大学后，他准备开辟一座跟“文生居”一模一样的园子，进行长期研究，看看食用这种植物的人是不是比平常人更健康、更有精力。

“我还有个约，”玛乔莉说，“也许我们还有机会见面。”她向海恩斯教授说声再见，回头羞涩地向我笑了笑，然后从铁皮屋旁走下小径。

我又跟教授聊了几分钟，然后向他道别，慢慢踱回莎拉的身边。

我走近时，那位研究人员笑了笑，把夹在写字板上的笔记整理一番，然后走进屋里。

“有没有发现什么？”莎拉问道。

“有，”我心不在焉地回答，“这帮人从事的研究好像蛮有趣的。”说着，我垂下了头，望着地面。

“投射‘能’的时候到了，”莎拉说，“你也去看看吧。”

我们跟随四个模样像学生的年轻人，来到一块玉蜀黍田。走近时，我才发现这块田地分成两畦，每一畦约莫十英尺见方。其中一畦栽种的玉蜀黍高达两英尺，另一畦则低于十五英寸。四个年轻人走到玉蜀黍长得比较高大的那一畦，分头在四个角落坐下来，面朝内，然后不约而同地把视线焦点集中在畦内栽种的植物身上。傍晚的太阳从我身后照射过来，整个玉蜀黍田沐浴在琥珀色的夕照中，但远处的森林却是一片幽暗。在几乎全黑的背景衬托下，畦中的玉蜀黍和四个角落坐着的学生，轮廓显得格外鲜明。

莎拉站在我身旁。“完美极了！”她说，“瞧！你看到了没有？”

“看到了什么呀？”

“他们正在把他们的‘能’投射到玉蜀黍身上。”

我凝神望着这一畦玉蜀黍，却看不出一丁点儿异象。

“我什么都没看到啊！”我说。

“蹲下来嘛，”莎拉说，“把视线集中在那四个人和玉蜀黍中间的地方。”

刹那间，我仿佛看到一丝火光摇曳，但仔细一看，才发现那是一时眼花造成的错觉。我又凝神观察了好一会儿，最后决定放弃。

“我没这种本事！”说着，我站起了身来。

莎拉拍了拍我的肩膀，说：“别急！第一次总是比较困难，通常需要花点工夫练习如何集中视线。”

其中一个学生回头看了我们一眼，把食指伸到嘴唇上，示意我们安静，于是我们转身走回屋子去。

“你会在‘文生居’住很久吗？”莎拉问道。

“不会住很久，”我说，“带我来的那个人要去寻找手稿的最后一部分。”

莎拉脸上露出惊讶的神色：“我还以为手稿全都找齐了。事实上，我也不知道手稿是不是齐全。我只注意跟我的研究工作有关的那一部分，其他的还没工夫阅读。”

我本能地掏掏裤袋，忽然想不起来刚才究竟把莎拉借我的手稿翻译本放在哪里，摸了半天，才发现它被卷成一卷，插在我的后口袋。

“告诉你，”莎拉说，“我们发现，一天中有两个时候最适合观察‘能场’，一个是黄昏，一个是日出。如果你愿意，我们可以在明天清早见面，再试试看。”

她接过我还给她的手稿翻译本，继续说：“见面时，我顺便把这个翻译本影印一份给你，你可以带在身边看。”

我考虑了一会儿，决定接受她的建议，反正也不会有什么坏处。

“好吧，”我说，“不过我得问问我那位朋友，看看有没有足够的时间。”我笑了笑，瞅着她：“你怎么那么确定这种玩意儿我学得会？”

“也许是第六感吧。”

我们约好清早六点钟在山丘上见面，然后我便独自走一英里的山路，回到“文生居”庄园。太阳已经下山了，但余晖仍旧把天际的灰云浸染得一片橙黄。空气冷冽，但没有风。

“文生居”大餐厅里，人们排成一条长龙，领取餐点。我饿了一个下午，饥肠辘辘，便走到队伍前头看看今晚供应什么餐点。威尔和海恩斯教授正站在前面聊天。

“唔，”威尔说，“今天下午过得如何？”

“好极了！”我回答。

“这位是海恩斯教授。”威尔替我介绍。

“我们见过了！”我说。

教授点了点头。

我提到明天清早跟莎拉的约会。威尔说没问题，因为他也要找几个人谈点事，早上九点之前不会离开“文生居”。

这时长龙向前移动了，后面的人叫我进入队伍中来。我站到教授身边。

“你对我们在这儿从事的研究，有什么看法？”教授问我。

“我不知道该怎么说，”我回答他，“我需要一点时间想一想。

对我来说，‘能场’是一种全新的观念。”

“‘能场’的本质，对每个人来说都是新奇的，”教授解释说，“但有趣的是，科学界一直寻找的就是这种能——某种共同的、构成所有物质基础的东西。自爱因斯坦以来，物理学家就一直在寻求共同的场理论。我不知道这种‘能’究竟是不是他们要找的东西，但是，手稿的预言至少激发了一些有趣的研究。”

“要怎样做才能说服科学界接受这个观念？”我问道。

“我们必须找出测量这种‘能’的方法。事实上，这种‘能’的存在并不是挺新奇的事。空手道师父就认为，他们能够展现非凡的技艺，譬如空手劈开砖头，或者坐在地上纹丝不动，任由四条大汉推拉，是因为宇宙中存在着一种‘气’。这种‘气’就是我们所说的‘能’。我们也都看过运动员做出惊人的动作，向地心引力挑战，譬如扭曲身子、旋转、悬浮在空中等。这都是利用这种潜藏的‘能’所造成的结果。”教授又补充一句，“当然，要让科学界承认这种‘能’，我们必须先让更多人亲眼看到它。”

“你亲眼看到过啰？”我问道。

“看过几次。”教授回答，“看不看得见这种‘能’，事实上跟饮食有关系。”

“怎么说？”

“住在这儿的人，随时能看到这些‘能场’的。平日大都吃蔬菜，而且通常只吃他们自己种的那些营养特别丰富的蔬菜。”教授指了指前面的食物，“今天晚上就有一些这样的蔬菜。还好，这儿的餐厅也供应一些鱼和鸡鸭，否则我们这种吃惯肉的老头子就会受不了。说真的，如果我强迫自己改变饮食习惯，我就能够看见‘能场’。”

我问教授，他为什么不肯长期吃蔬菜。

“我也不知道，”他说，“大概是江山易改本性难移吧。”

长龙继续向前移动。我只点了蔬菜。我们三人加入一大桌子的宾客中，边吃边聊了一个钟头。饭后，我跟威尔到吉普车上拿行李。“你看见过这种‘能场’吗？”我问他。

他笑了笑，点点头。“我的房间在一楼，你的在三楼，306室。到柜台领取钥匙吧。”

房里没有电话，但走廊上的一个服务生答应，明早五点整来敲我的门。我在床上躺了下来，回想今天发生的事。这个漫长的下午我过得很充实。我现在才理解为什么威尔一路上默不作声，原来他要我自己亲身去体验手稿预言的第三个觉悟。

睡梦中我听见有人敲门。我看了看表：五点整。服务生再敲门时，我大声应道：“知道了，谢谢。”然后爬下床来，从小小的窗子望出去。整个天地依旧暗沉沉的，只有东方天际出现一抹鱼肚白。

我到走廊一头的浴室洗了个澡，匆匆穿上衣服，跑下楼梯。餐厅已经开门了。一大早就有很多人出来走动。我只吃了些水果，就匆匆出门。

一缕缕白雾飘过庄园，聚集在远方的草地上。鸟儿在枝头对唱。我走出“文生居”大门时，太阳已经从东方地平线冒出头来。朝霞煞是好看！天际一抹桃红，顶头却是一片蔚蓝的天空。

我爬上山丘，比约定的时间早到十五分钟。于是我席地坐下，背靠着一株大树的树身，望着头顶那一根根长满节瘤、有如蜘蛛网似的纠结在一起的树枝，不知不觉出了神。几分钟后，我听见有人沿着小径朝我走来。我以为是莎拉前来赴约，伸出脖子一望，不料却看见一个四十来岁的陌生男子。他离开小径，朝我走来，一直走到我前面十英尺的地方才看见我，吓了一跳。我也忍不住打了个哆嗦。

“哦，你好！”他的招呼带着浓重的纽约市布鲁克林区的口音。他穿着牛仔裤和远足靴，整个人看起来格外健壮，有如运动员一般，但一头鬈发却显得稀疏。

我向他点点头。

“我不该突然走过来吓你一跳，对不起！”他说。

“没关系。”

他告诉我他名叫菲尔·史东。自我介绍后，我告诉他我在等一个朋友。

“你是这儿的研究人员吧？”我问道。

“不能算是，”他回答，“我替南加州大学工作。我们在秘鲁另一个省研究雨林被滥伐的问题。一有工夫，我就开车过来，休息几天。这儿的森林跟热带雨林完全不一样，我喜欢待在这儿。”

他望望四周："你知道吗？这儿有些树的树龄都快五百岁了。这是一座真正的处女林，特别珍贵。林子里的一草一木都保持完美的平衡：大树把阳光过滤，让底下生长的各种热带植物维持蓬勃的生机。雨林的植物也很古老，但生长的方式不同。雨林本质上是丛林。这座森林比较像美国这类温带国家的古老森林。"

"在美国我从没看见过这样的森林。"我说。

"我知道，"他说，"全美国现在只剩下几座这样的森林了。我所知道的森林，大部分已经被政府卖给木材商。这帮人来到森林，心里只盘算着能开采多少的木材。糟蹋这么好的地方，真是罪过啊。瞧瞧这儿存在着的'能'。"

"你看得见这儿的'能'？"我问道。

他打量着我，仿佛在考虑要不要跟我谈这个问题。

"是的，我看得见。"他终于回答我。

"我还看不见，"我说，"昨天在园子里，他们把'能'输送到植物身上时，我试过。"

"哦，最初我也看不到那么大的'能场'，"他说，"我是从观看自己的手指开始的。"

"怎么说？"

"我们到那儿去吧。"他指了指附近一个地方。那边的树木比较稀疏，头顶看得见蓝色的天空，"我来教你。"

我们走到那里时，他说："身子向后靠，然后伸出两只食指，让指尖碰触在一起。面对着蓝天。现在把两只指尖分开来，保持大约一英寸的距离，眼睛直直望着两只指尖中间的地方。你看到了什么？”

“我眼睛水晶体上面的沙尘。”

“不要理它，”他说，“把眼睛稍微带离焦点，再让两只指尖互相靠近，然后分开。”

我一面听他说，一面移动我的手指，压根儿弄不清楚他所说的“把眼睛带离焦点”究竟指啥。我终于把视线集中在两只食指中间的地方，两只指尖变得有点模糊，就在这当儿，我看见有一种东西在两只指尖中伸展开来，像一缕一缕烟雾。

“我的天！”我惊叹了一声，把我看到的现象告诉菲尔。

“你看到了！你看到了！”他说，“现在再好好练习几次吧。”

我让两只手指碰触在一起，接着又让两只手掌和两只前臂碰触，每次都看见肢体之间出现一缕一缕的“能”。我把两手一甩，望望菲尔。

“哦，你想瞧我的？”他问道，然后站起身来，退后两三英尺，背对着天空调整头部和躯干的位置。我试了几分钟，但后面响起的一个声音中断了我的专注。我回头一看，原来是莎拉来了。

菲尔往前迈出几步，笑嘻嘻说：“这位就是你在等候的朋友吗？”

莎拉笑着朝我们走过来。“喂，我认识你哦！”她伸出手来指了指菲尔。

他们互相拥抱了一下。莎拉瞅着我说："对不起，我迟到了。不知什么缘故，我心里的闹钟并没有响。但现在我知道原因了，它故意制造机会，让你们两个聊聊呀。你练习得怎么样了？"

"他刚学会观看两只手指中间的'能场'。"菲尔说。

莎拉望着我。"去年我和菲尔爬上这座山丘，就在我们现在站的地方学做同样的事情。"她瞅了菲尔一眼说，"我们把背靠在一起吧，也许他看得见我们之间的'能场'。"

他们背对背站在我面前。我要他们靠近我些，于是他们迈出几步，在我前面约莫四英尺的地方站住。他们的身影在深蓝色的天空衬托下轮廓显得格外鲜明。让我惊讶的是，我发现他们两个身子中间的空间看起来特别明亮。它是黄色的，或者是一种带着黄色的粉红。

"他看到了！"菲尔根据我脸上的表情判断。

莎拉转过身子，抓住菲尔的手臂，拉着他慢慢迈出脚步，在离开我十英尺的地方停下来。我发现，环绕着他们上半身躯干的是一个淡红色的'能场'。

"可以了！"莎拉一本正经地说。她走了过来，蹲伏在我身旁，"现在看看这里的景色，注意它的美。"

我望望周遭，立刻被各种形状的树木震慑住了。我仿佛能够把视线集中在整株橡树上，而不仅仅是树身的某一部分，虽然这儿的橡树长得非常高大，每一株树都展现着轮廓独特、形状各异的枝丫。我看得目眩神迷。好一会儿，我转动着身子，从周围一株株橡树望过去。每一株树都在向我展露它的风华，仿佛我是头一回跟它们见面似的，至少是第一次全心全意欣赏它们的美。

突然，大树底下的热带植物吸引住我的视线，我再一次观赏每一株植物所展现的独特形貌。我也注意到，每一种植物和同类的其他植物生长在一起，组成小小的小区。譬如，高大的香蕉类植物通常被矮小的蔓绿绒围绕，而蔓绿绒又聚集在更小的羊齿类植物之间。观察这些小型的植物小区，我又被它们独特的风貌震慑住。

不到十英尺之外，我看到了一株叶子特别引人注目的植物。以前我常在家里栽种这种植物观赏，它是蔓绿绒的变种，叶子墨绿，向外伸展，直径达四英尺。这株植物的形貌显得格外健康，充满生命力。

“对！你就专心观察那株植物，放轻松点！”莎拉说。

我望着眼前那株植物，开始调整我眼睛的焦距。一度，我尝试把视线集中在距离树身每一部分六英寸的地方。渐渐地，我开始看到一些微光，然后我把眼睛的焦距做最后一次调整，终于看见了环绕着这株植物有如一团泡沫的白色光芒。

“现在我看到某种东西了！”我说。

“向四周看看吧！”莎拉说。

我退后几步，整个人呆住了。在我的视界范围内，每一株植物身上都环绕着白色的、光亮的“能场”，肉眼看得见，但却完全透明，因此植物的颜色和形状都清晰地显现出来。我忽然领悟，我看到的是每一株植物独特之美的延伸：我最先看到的是植物本身，再看到它的独特气质和风貌，然后在植物形体的、纯粹的美中，有某种东西扩展出来了，就在这当儿我看到了“能场”。

“来，看你能不能看到这个。”莎拉说。她在我前面坐下来，面对着那株蔓绿绒。一团白光环绕着她的身子。忽然，那团白光向外迸出，吞没了整株蔓绿绒。植物本身的能场直径也增加了好几英尺。

“我的妈呀！”我惊叫一声，惹得莎拉和菲尔这两位朋友哈哈大笑。我自己也忍不住笑起来，毕竟刚才发生的事太离奇了。但如今面对几分钟前我还认为荒诞的现象，我却丝毫没有不安的感觉。我现在明了，察觉到能场的存在并不会使人产生超现实的感觉，反而会让我们周遭的东西变得比以前更加坚固、更加真实。

然而，周遭的一切东西看起来也不同了。这种经验，就好比一位导演为了强调片中一座森林的神秘和阴森，特别加深这个场景的色彩。我周遭的植物和叶子、头顶的那片蓝天，如今都带着一种特殊的风貌和光彩，格外醒目，显示它们身上不但有生命存在，甚至也可能有意识存在，超乎一般人的想象。亲眼目睹这一幕的人，绝不会再随意糟蹋森林。

我看了看菲尔：“坐下来，把你身上的‘能’灌输给那株蔓绿绒吧！我想比较一下。”

菲尔满脸困惑：“我办不到，不晓得为什么。”

我转头望向莎拉。

“有些人有这种能力，有些人没有，”莎拉解释说，“我们还没找出原因。玛乔莉特别筛选她的研究生，看看谁有这种能力。有几位心理学家设法把这种能力和人格特征联系在一起，但到现在还没找到明确的证据。”

“让我试试看吧！”我说。

“好啊，尽管试吧！”莎拉回答。

我又坐下来，面对着那株植物。莎拉和菲尔两人各站在一角。

“那我应该怎样开始？”我问道。

“只要把注意力集中在那株植物上，就仿佛要用你身上的‘能’使它膨胀。”莎拉说。

我凝视着那株植物，想象它体内的‘能’逐渐膨胀。过了几分钟，我回头望望两位朋友。

“对不起，”莎拉打趣说，“你显然欠缺这方面的天分。”

我假装生气，向菲尔皱皱眉头。

山丘下的小径传来充满怒气的声音，打断我们的谈话。透过树木间的空隙，我们看见一群人经过山脚，一边走一边气咻咻地说着话。

“这些人是谁？”菲尔望了望莎拉，问道。

“不知道。”她回答，“我猜，又是一帮不喜欢我们在这儿做研究的人吧。”

我回头望望周遭的森林。一切又恢复旧观。

“糟糕，我再也看不到‘能场’了！”我嚷了起来。

“有些东西干扰了你，对不对？”莎拉问道。

菲尔微微一笑，拍了拍我的肩膀：“现在你随时都看得到‘能场’了，就像骑脚踏车那么简单。你只须注意物体的美，然后从物体的美延伸出去。”

我忽然想起时候不早了。太阳已经高挂天空，早晨八九点钟的微风摇曳着山丘上的树枝。我看了看表：上午七点五十分。

“我该回去了！”我说。

莎拉和菲尔陪我走下山丘。我回头望了望林木苍郁的山坡。“多美丽的地方！”我赞叹道，“可惜，在美国难得看到这样的地方。”

“你看到其他地区的‘能场’后，”菲尔说，“你就会发现这座森林的生机特别旺盛。瞧瞧这些橡树吧！在秘鲁，橡树是稀有植物，但它们却长在‘文生居’庄园。经过砍伐的森林，尤其是阔叶树全被清除，改种为具有商业价值的松树林，所产生的‘能场’非常稀薄。除了居民，城市的‘能场’也完全不同。”

我试图把视线集中在沿途的植物身上，但走路的动作使我无法专心。

“你确定我以后还会看到‘能场’吗？”我问道。

“绝对没有问题，”她回答，“我从没听说过有谁第一次看到能场，第二次就看不到的。有一位眼科医师曾经来这儿做研究，学会了观察‘能场’，兴奋得什么似的。他专门研究视觉障碍，包括各种色盲。他认为，视觉障碍是眼睛中的神经末梢太过‘懒惰’所造成的。他教导病人怎样去看他们从没见过的颜色。根据他的说法，观察‘能场’需要的也是同样的工作——唤醒其他蛰伏的神经末梢。理论上，每个人都能办到这点。”

“如果能在这儿终老一生，该有多好！”我说。

“可不是嘛！”菲尔回头望望走在身旁的莎拉，“海恩斯博士还在这儿吗？”

“还在，”莎拉回答，“他才舍不得离开呢。”

菲尔看了看我：“这位教授正在进行一项非常有趣的研究，探讨这种‘能’对人类会产生什么作用。”

“我知道，”我说，“昨天我跟他谈过。”

“上回我来这儿时，”菲尔继续说，“他告诉我他计划进行一项研究，观察那些暴露在高能环境——譬如这座森林——中的人，身体会受到什么影响。他打算使用测量器官功能和效率的同样方法来观测这个影响。”

“哦，我早就体验过这个影响了！”莎拉说，“每回我开车进入这座庄园，整个人就会开始舒畅起来。每一件东西都充满生机。我自己仿佛变得更强壮，思路更加清楚、敏捷。而我在这儿获得的启发和领悟，对我所从事的物理研究有莫大的帮助。”

“你现在正在研究什么呢？”我问道。

“我告诉过你质点物理学进行的奇妙实验，你还记得吗？在那些实验中，微小的原子会遵照科学家的期望出现在任何地方。”

“我记得。”

“喏，我打算稍稍扩充这个观念，进行我自己的一些研究。我的目的并不是想解决其他科学家在研究次原子质点时所遇到的问题，而是要探索我先前跟你提到的那些问题：在何种程度上，物质世界作为一个整体——记住它是由相同的、基本的‘能’所组成的——会响应我们人类的期望？在何种程度上，发生在我们身上的事情是我们的期望所促成的？”

“你是指那些所谓的‘机缘’？”

“是的，想想你生命中的那些事件吧。以前牛顿学派认为，世界上每一件事情的发生都是偶然的，我们尽可以做出明智的决定，让自己有充分的准备；但是，每一个事件的发生都有它自己的因果缘由，不为人类的态度所左右。”莎拉歇了一会儿，又说，“现代物理学有了新发现之后，我们就可以堂而皇之地质问：难道宇宙就不能比牛顿学派所认为的更具有活力吗？也许，在基本的运作上，宇宙像一部机器，但它也能够微妙地响应人类投射到它身上的心灵的‘能’。为什么不能够呢？如果我们能够让植物更快生长，也许我们也能够让某些事件更快来临——或更慢来临，依我们的需要而定。”

“手稿有没有提到这些事情呢？”我问道。

莎拉对我笑了一笑：“当然提到啦，我们这些观念就是从那儿得来的呀。”她打开背包，一边走一边掏摸，好半天才抽出了一个硬纸夹来。

“这是给你的手稿副本。”她说。

我接过来浏览了一下，塞进口袋里。我们正穿过一座桥，我迟疑了一会儿，开始观察周遭植物的颜色和形状。我改变眼睛的焦距，立刻看到环绕着身边每一件东西的“能场”。莎拉和菲尔的“能场”都很宽阔，看来带点黄绿的色泽，但莎拉的“能场”偶尔会闪现出粉红的光芒。

突然，他们都停下脚步，凝望着山路的另一头。前面约莫五十英尺的地方，有个男子匆匆忙忙朝我们走来。我感到一阵焦躁，但还是决定继续观察周遭的能场。那人走近我们时，我认出了他——昨天向我们问路的三位秘鲁大学教授中个子最高的那位。我发现，环绕着他的是一团红色的能场。

他走到我们跟前，把脸转向莎拉，不屑地问道：“你是研究科学的，对不对？”

“对啊！”莎拉回答。

“那你怎么能忍受这种科学？我去看过那些园子了，没想到你们会那么草率。你们这帮人对研究的材料毫无掌握的能力。某些植物长得大些，可以有许多解释。”

“掌握每一件事物是不可能的，先生。我们探索的是一般的趋向。”

我听得出莎拉的语气愈来愈尖锐。

“但是，你们假设所有生物的化学作用都存在着一种新近才被察觉的‘能’——这简直就是瞎扯嘛！你们没有证据。”

“我们正在寻找证据呀。”

“但是，在取得足够的证据之前，你们怎么可以假设有某种东西存在？”

两个人愈吵愈大声，但我只是模模糊糊地听着。吸引我注意力的是他们的“能场”交互的激荡。争论开始时，我和菲尔退后几步，让莎拉和那个高个子隔着四英尺的距离面对面相峙。我发现，他们的“能场”立刻变得浓密激烈起来，仿佛有一股内在的力量在推动似的。随着火气升高，他们的“能场”开始接触、缠斗。当其中一个人提出他们的论点时，他的“能场”便会涌向对方，吸取对方的“能”，有如真空吸尘器一般；但一旦对方提出反驳，他的“能场”就会马上退缩回来。从“能场”活动的角度来看，在一场辩论中，双方都设法攻入对手的“能场”，攫取“能”后返回自己的阵地。

“告诉你，”莎拉对那位秘鲁大学教授说，“我们已经观察到我们试图了解的那些现象。”

那些教授轻蔑地睨了莎拉一眼：“你们不但疯狂，而且还是白痴！”他掉头就走。

“您是一只恐龙，落伍啦！”莎拉望着他的背影大叫。我和菲尔忍不住哈哈大笑起来。莎拉还在气头上。

“这些人真叫人生气！”我们继续赶路时，莎拉说。

“算了，”菲尔说，“在这儿做研究，难免会有这种人来找麻烦。”

“但怎么会那么多呢？”莎拉问道，“为什么偏偏选在这个时候出现呢？”

我们回到“文生居”庄园时，威尔正站在吉普车旁等我。车门开着，行李已经堆在车篷上。威尔一眼就看到了我，伸手招呼我过去。

“看来我得马上出发了！”我对两位朋友说。

我这句话打破了沉默。路上，我曾试图向他们说明，在争论的过程中我观察到莎拉的“能场”产生变化。显然，我解释得并不清楚，词不达意，因为莎拉和菲尔听了以后都只瞪着眼睛，一副很迷惘的样子。然后我们三个人就默默地走着，陷入沉思中。

“很高兴认识你。”莎拉伸出手来和我一握。

菲尔只管望着吉普车。“那不是威尔·詹姆士吗？”他问道，“你是跟这个人一起来的？”

“是呀，”我说，“怎么了？”

“我只是好奇。我在这儿看见过他。他认识这座庄园的主人。听说他所属的团体率先赞助这儿的“能场”研究。”

“去跟他打个招呼吧！”我说。

“不，我得走了。以后我们还有机会见面。我知道你舍不得离开这里，会回来的。”

“一定！”我说。

莎拉说她也得走了，以后我可以通过“文生居”跟她联络。我又跟他们聊了几分钟，感谢他们教我很多东西。

莎拉收敛起笑容来，郑重地说：“察觉‘能场’的存在——

掌握认知物质世界的新方式，会像传染病一样蔓延成长。虽然还不知道原因，但是我们发现，任何人只要跟看见过‘能场’的人交往，自己久而久之也会看到。因此，尽量找机会，向别人展示你这方面的能力吧。”

我点点头，匆匆走向吉普车。威尔向我笑了一笑。

“你都准备好了？”我问道。

“差不多了，”他回答，“你今天早上过得如何？”

“很有趣！我有很多话要跟你说。”

“上车以后再谈。我们必须马上离开，情况看起来有点不妙！”威尔说。

我走近他身旁，问道：“发生了什么事？”

“也没什么大不了的事，待会儿我再告诉你。现在去拿你的行李吧。”

我走进“文生居”庄园，拿走我留在客房里的简单行李。威尔已经告诉我，不需缴膳宿费，庄园主人请客，于是我把钥匙交回柜台后就走出大门。

威尔把头伸到引擎盖下面，好像在检查什么。我走近时，他砰的一声把引擎盖合上。

“好了，可以上路了！”他说。

我们驶出停车场，沿着私人车道一路奔向庄园外面的公路。好几辆车子同时出发。

“发生了什么事？”我问威尔。

“一些地方官员伙同几个科学界人士，对某些人在“文生居”的活动表示不满，”威尔解释说，“他们倒没有公然指控有违法的事情在进行。他们只是说，在这儿晃荡的一些人根本不是正牌科学家，他们不受秘鲁政府欢迎。这些地方官员要是找麻烦的话，‘文生居’就只好关门了。”

我望着他，一脸茫然。他又说：“‘文生居’一年到头都有好几个学术团体同时住进来，但只有少数几个人从事和手稿有关的研究，其他学者都是来开会度假，享受这儿的美景。如果地方官员搞得太过火，把气氛弄僵，这些学术团体就不会再来这儿开会了。”

“但你不是说过吗？地方官员不敢干预‘文生居’的业务，因为‘文生居’每年替国家赚取大笔观光外汇。”

“他们是不敢，但是有些人鼓动他们，使他们对任何跟手稿有关的活动都很不放心。实验园的研究人员，知道会发生什么事情吗？”

“不知道吧！”我说，“他们只是觉得很奇怪，怎么一下子会有那么多人凶巴巴地闯进来。”

威尔不吭声了。我们驶出庄园大门，转向东南方，开了一英里后，又转上另一条道路，往东奔向绵延在天边的一列山脉。

“我们从园子旁边开过去。”威尔沉默了一会儿说。

我看到前面的一畦畦菜圃和第一栋铁皮屋。车子经过时，屋子的门打开了，我和里头走出来的一个人打了个照面。是玛乔莉！她脸上绽出了笑靥，瞅着我们的车子驶过屋前。好久好久，我们的视线交织在一起。

“她是谁呀？”威尔问道。

“我昨天认识的女孩。”我回答。

他点点头，随即改变话题：“你有机会看到手稿的第三个觉悟吗？”

“有人给我一份翻译稿。”

威尔没说什么，仿佛陷入了沉思中，于是我打开那份翻译稿，从昨天中断的地方继续读下去。从这儿开始，第三个觉悟分析“美”的本质，强调美的认知是人类学习观察“能场”的不二法门。手稿预言，一旦达成了这点，人类对物质世界的理解就会产生剧烈的转变。

例如，我们会开始食用含有丰富的“能”的食物。我们也会察觉到，某些地区比其他地区散发更多的“能”，尤其是古老的自然环境，其中以森林为最。我读到最后几页时，威尔突然开腔了：“告诉我，你昨天在园子里体验到什么？”

我尽可能详细交代这两天发生的事、遇到的人。当我讲到跟玛乔莉结识的经过时，威尔瞅了我一眼，脸上充满笑意。

“你有没有跟这些人提起手稿预言的其他几个觉悟，有没有跟他们谈到这些觉悟和他们在园子里从事的研究有关系？”威尔问道。

“我完全没有提到这些事，”我回答，“开始时，我不信任他们，后来我发现他们比我知道得更多。”

“我觉得，如果你对他们够坦诚，你会提供他们一些重要的信息。”威尔语带玄机地说。

“什么信息？”

他亲切地瞅了我一眼：“只有你自己知道。”

我一时哑口无言，只好望向车窗外的风景。地形愈来愈崎岖，山石嶙峋，只见一块块巨大的花岗岩凌空悬吊在公路上。

“我们经过园子时，你又再见到玛乔莉，”威尔说，“你觉得这件事有什么意义？”

我原想说“那只是一个巧合”，但转念一想，又改口说：“我不知道。你觉得呢？”

“我不认为有所谓的巧合。我觉得，今天你会再见到玛乔莉，是因为你们之间还有未了的情缘，你们都有话想跟对方说，但都没有说出来。”

威尔这番话打动了我，也使我感到困惑不安。这一生中，常有人指责我个性太过冷漠、疏离，只喜欢提出问题，不喜欢表明自己的看法和采取明确的立场。奇怪，现在怎么又会犯同样的毛病？

我也注意到，离开“文生居”后我的心情开始转变。“文生居”那两天的生活充满冒险的乐趣，我对自己也信心十足，如今情绪却渐渐低落，沮丧中夹杂着焦虑。

“你把我的心情搞坏了！”我对威尔说。

他哈哈大笑。“把你的心情搞坏的不是我。每个人离开‘文生居’庄园后，心情都会变坏。那个地方的‘能场’会把你的心情变得很舒畅，整个人好像一只翱翔在空中的风筝似的。所以，好几年前，科学家就开始聚集到这儿来。他们根本不知道为什么会那么喜欢这个地方。”他回头望了我一眼，“但我们知道原因，对不对？”

他看看路况，又回头望着我，脸上充满关怀：“离开这样的地方时，你应该储备足够的‘能’。”

我呆呆望着他，满脸疑惑。他亲切地对我笑了一笑，不再说什么。两人一时都陷入沉默。过了好一会儿，他才说：“昨天在园子里还发生什么事？”

我继续说下去，讲到我终于学会观察“能场”的那一段时，他转头看了看我，满脸诧异，但没说什么。

“你看得见能场吗？”我问道。

他瞄了我一眼：“看得见！继续说下去。”

我一口气说下去，最后讲到莎拉和那位秘鲁科学家吵架的事。我告诉威尔，在对峙的过程中，我看到他们的“能场”活动的情形。

“对这个现象，莎拉和菲尔有什么看法？”威尔问道。

“他们没什么看法，”我说，“他们对这个现象好像一无所知。”

“我想他们也不会知道，”威尔说，“他们太过沉迷在第三个觉悟中，对以后的觉悟都不感兴趣。人类如何争夺‘能场’，是第四个觉悟的主题。”

“争夺‘能场’？”我问道。

他笑了笑，要我去读手中拿着的手稿翻译本。

于是我继续读下去。文中明确地提到第四个觉悟。它预言，总有一天人类会发现，宇宙是由一种充满活力的“能”构成的，而这种“能”可以维系我们的生命，响应我们的期望。然而，现今的人类已经脱离了这种“能”的主要来源。我们自绝于“能”，因此感到脆弱、不安全和空虚。

面对这种空乏，人类为了增加个人的“能”，往往诉诸我们所知的惟一手段——强取豪夺。于是，这种无意识的竞争就给世界带来了无穷的纷扰与冲突。

权力争夺

圣 境 预 言 书

吉普车驶过碎石路上的一个坑洞，猛一阵颠簸，把我惊醒了。我看看手表：下午三点钟。我伸伸懒腰，试图使自己完全清醒过来，忽然感到后腰一阵剧痛。

这趟旅程十分劳累。离开“文生居”庄园后，我们在路上开了一整天车，兜来兜去，不断改变方向——威尔好像在寻找什么，但一直没有找到。晚上我们投宿在一家小客栈，床铺很硬，凹凸不平，我一整晚都睡不好。现在，我们已经在崎岖的道路上一连开了两天的车了。我已经憋了一肚子气。

我转头看了看威尔。他两只眼睛盯着路面，神情十分专注。我决定不去打扰他。这会儿，他脸上的表情还是跟几个钟头前一样严肃。当时他把吉普车停到路旁，告诉我他要跟我好好谈一谈。

“我告诉过你，手稿预言的觉悟要一个一个循序达成，记得吗？”他问道。

“记得。”我回答。

“你相不相信，每一个觉悟都会在恰当的时机显现出来？”他又问道。

“至少，到目前为止是这样的呀！”我半开玩笑地说。

威尔盯着我，神情十分严肃：“寻找第三个觉悟并不难，我们只消到‘文生居’走一遭就是了。但是，从现在开始，达成其他几个觉悟就没那么容易了。”

他停顿了一会儿，又说：“我想我们应该往南走，到奎拉班巴镇附近的一个小村庄库拉。那儿有另一座处女林，我想你应该去看看。最要紧的是，你要随时保持警觉。‘机缘’会随时出现，但你必须抓住它。明白吗？”

我告诉他我明白，而且我会把他这番话牢牢记在心里。然后，谈话就终止了，而我也渐渐陷入梦乡——如今我真后悔在车上睡这场觉，因为醒来后我的背脊疼痛得不得了。我又伸了个懒腰。威尔转头看了看我。

“现在我们在什么地方？”我问道。

“又回到安第斯山中。”

山丘已经转变成高耸的山脊和辽阔的山谷。植物愈来愈粗糙，而树木却愈来愈矮小，一株株被风吹得东倒西歪。我深深吸了一口气，只觉得山中空气稀薄、冷冽。

“穿上这件夹克吧！”威尔从袋子里抽出一件咖啡色的棉布夹

克递给我，“今天下午山上会很冷。”

前面，道路转弯的地方，我们看见一个小小的十字路口。路口的一边，靠近一间木板搭成的白色店铺和加油站，停放着一辆汽车，引擎盖打开着，覆盖挡泥板的一块布上放着几件修车工具。我们经过时，一个金发碧眼的男子走出店铺，望了我们一眼。他的脸很圆，戴着黑框眼镜。

我仔细端详那人，忽然想起五年前的事。

“我知道不会是他，”我对威尔说，“但这个人像极了我以前的一个同事。我已经好几年没他的消息了。”

威尔转过头来，深深看了我一眼。

“我告诉过你，要仔细留意每一件事情，”他说，“我们回去看看吧，也许这个人需要帮助。他看起来不像是本地人。”

我们找一个路面比较宽阔的地方，掉转车头。回到那间店铺时，那人正在修理引擎。威尔在加油站旁停下车子，把头伸出车窗外。

“车子坏了吧？”威尔问道。

那人推推鼻梁上的眼镜——这个习惯我那位朋友也有。

“是的，”他回答，“引擎出了点毛病。”这人看起来四十出头，身材清瘦，说得一口典雅的英文，但却带着法国腔调。

威尔连忙跳下车子，报上我们的姓名。那人向我伸出手来，脸上的笑容看来挺熟悉的。他的名字是克里斯·雷诺。

“听口音，你好像是法国人嘛。”我说。

“我是法国人啊，”他回答，“我在巴西的大学教心理学，到秘鲁来是为了打听最近出土的一件文物——一部古老的手稿。”

我迟疑了半晌，不知道该不该信任这个人。

“我们来这儿也是为了这个原因。”我终于说。

他深深看了我一眼：“那你能提供我一些信息啰？你看过副本没有？”

我正要回答时，威尔走出了店铺，纱门在他身后砰的一声合上。“咱们运气不错！”他对我说，“店主人有个地方可以让我们搭帐篷，还答应替我们煮一点东西当晚餐。我们干脆就在这儿过夜。”他回头望了望雷诺，眼神中充满期待：“不介意我们打扰你吧？”

“一点都不介意！”雷诺说，“我正想找几个人聊聊天呢。引擎的零件明天早上才会送来。”

他们两人在讨论雷诺那辆越野车的引擎性能时，我把背靠在吉普车上，享受着温煦的阳光，不知不觉中回想起经由雷诺让我联想到的那位老友。这位朋友就像眼前这个人，个性纯真，天生好奇，喜欢读书。我还依稀记得他曾经迷上的思想学说，但其他事情就记不太清楚了。

“我们把行李搬到露营地去吧！”威尔拍了拍我的背。

“好吧。”我整个人依旧沉湎在回忆中。

威尔打开后车门，拿出帐篷和睡袋，堆在我的胳臂上，然后又抱出满满一旅行袋的换洗衣服。雷诺把他那辆越野车的车门锁上了。我们三人绕过店铺，走下一道阶梯。山脊陡然矗立在铺子后面。我们转到左边一条狭窄的小径上，走了约莫二三十码，忽然听见流水声，不久就看见一条小溪从岩石间流泻下来。空气一下子清凉了起来，到处弥漫着薄荷的浓香。

我们前面出现一块平地，溪水在这儿汇集成一个潭子，直径约莫二十五英尺。有人在这儿建立一个露营地和一座烧火用的石灶。附近一株树旁堆着柴薪。

"太好了！" 威尔赞叹了一声，开始搭建他那个容得下四条壮汉的大帐篷。雷诺把他的小帐篷搭在威尔右边。

"你和威尔是研究科学的吗？" 雷诺忽然问我。这时威尔已经搭好帐篷，跑到店里张罗晚餐。

"威尔是当导游的，" 我说，"而我呢，目前没有固定的工作，还在游荡。"

雷诺看了我一眼，神情显得很讶异。

我笑了笑，问道："你看过手稿的任何部分吗？"

"我看过预言里头的第一和第二个觉悟。" 他往我身旁走近几步，"坦白跟你说，我觉得手稿的预言正一步一步实现。我们人类正在改变世界观。这点在心理学上看得很清楚。"

"怎么说呢？" 我问道。

他深深吸了口气："我专门研究冲突，探讨人类为什么会暴力相待。我们早已经知道，这种暴力源自人类的一个强烈欲望——控制和支配别人。但是，直到最近，我们才开始从内在的角度、从个人意识的观点探讨这个现象。我们想知道，一个人内心究竟发生了什么事，促使他去控制别人。我们发现，当一个人走到另一个人身边跟他交谈时——这种事情平常得不能再平常——会有两种结果出现：谈话结束后，这个人若不是感到自己强壮有力，就是觉得自己很虚弱，视交谈的过程中发生的事而定。”

我听得一头雾水，呆呆地瞅着他。雷诺发现自己的鲁莽——才一见面就跟陌生人大谈心理学问题——而显得有点尴尬。我请他继续说下去。

“就因为这个缘故，”他继续说，“人类喜欢采取凌驾他人的姿态。不管情境如何，也不管话题是什么，我们总是要说出一些能使我们在交谈中占上风的话。在这样的接触中，每个人都挖空心思，设法取得控制权，以求凌驾于对方之上。如果我们成功，如果我们的观点占优势，在心理上我们就会感到莫大的满足，而不会觉得虚弱。”

歇了一会儿，他又说：“换句话说，人类处心积虑，想要以机智胜过和控制别人，并不全是为了达到某种外在的、实质的目标，而是为了心理上的满足。因此，在个人之间和在国际上，才会有那么多不理性的冲突发生。”

“我这一行有个共同的看法，”雷诺继续说，“那就是，这整个问题现在渐渐受到广泛的重视。人类渐渐觉悟，我们不该支配别人，因此，现在我们开始检讨我们的行为动机。我们正在寻找另一种相处方式。我认为，这种检讨和反省会包含在手稿所说的新世界观里。”

威尔走了过来，打断我们的谈话。“晚餐已经准备好啦！”他说。

我们连忙走上小径，进入店铺的地下室，那是店主人一家住的地方。我们穿过起居室，走进饭厅。桌子上已经摆着一锅热腾腾的炖肉，还有色拉。

“请坐，请坐！”店主人操着英语，一面招呼，一面搬出椅子来，忙得不可开交。他身后站着一个上了年纪的妇人，显然是他的妻子。屋里还有一个大约十五岁的女孩。

入座时，威尔一个不小心，手臂碰到了他的叉子。“当啷”一声，叉子掉落在地上。店主人瞪了瞪他妻子，妇人就回头责骂兀自呆站在一旁的女孩。女孩赶忙跑进另一个房间，拿出一只叉子，怯怯地递给威尔。她伛偻着身子，双手微微颤抖。我和雷诺隔着桌子面面相觑。

“请慢用！”店主人把一只盘子递给我。雷诺和威尔一边用餐，一边聊着学术界的事，教书，出版著作的甘苦等。店主人已经离开饭厅，但他妻子依旧站在门边。

妇人和她女儿把一碟碟水果饼递到我们面前时，女孩的手肘不小心碰倒我的杯子，把水溅得满桌都是。她母亲气咻咻地冲过来，操着西班牙语大声责骂女儿，把她赶开。

“对不起，对不起！”妇人一边道歉，一边把桌面上的水抹干，“这个丫头真是笨手笨脚。”

女孩火了，她抓起剩余的水果饼，扔向她母亲，不中。水果饼和瓷器碎片满桌纷飞。店主人及时走了进来。

老头大喝一声，吓得女孩拔腿就跑。

“对不起！”店主人赶到桌旁。

“没关系。别对你女儿那么凶嘛！”我说。

威尔站起身来付账，然后我们就迅速离开。雷诺一直保持沉默。我们出了店门，走下通往露营地的阶梯时，他开腔了。

“你看到那个女孩子吗？”他问道，眼睛直视着我，“她是典型的心理暴力受害者。人类想要控制别人的欲望，如果不加以节制的话，就会造成这种后果。那个老头和他妻子完全凌驾在那女孩之上。你有没有发现，这个女孩子一副弯腰驼背、紧张兮兮的样子？”

“我注意到了！”我说，“看来她已经受够了。”

“对！她父母亲从不放过她。从她的观点来看，她没有选择的余地，只有用暴烈的手段反击。惟有这样她才能为自己争取到些许控制权。不幸的是，由于童年遭受精神创伤，她长大后会觉得自己必须用同样激烈的手段，获取控制权，支配别人。这种人格特征会变得根深蒂固，使她成为跟她父母一样作威作福的人，尤其是面对弱小的人，特别是儿童时。”歇了一会儿，雷诺又说，“事实上，可以断定，她父母亲小时候也遭受过相同的精神创伤。现在他们必须宰制女儿，因为当年他们的父母宰制过他们。心理暴力就这样一代一代传承下去。”

雷诺突然停下脚步。“我要到车上拿我的睡袋，”他说，“我待会儿就来。”

“你跟雷诺谈了很多嘛！”威尔意味深长地说。

“是，谈了不少。”

他微微一笑：“事实上大部分时候都是雷诺在说话，而你只是在听，偶尔答答腔，并没有发表太多意见。”

“我对他讲的那套理论很感兴趣呀！”我有点心虚。

威尔假装没听出我的口气：“刚才吃饭的时候，你有没有注意到店主人一家三口之间‘能场’活动的情形？那对夫妻一直在侵袭女儿的‘能场’，想把她身上的‘能’吸吮过来。那女孩子被整得奄奄一息。”

“我忘记观察‘能场’的流动了。”我说。

“嗯，你觉得雷诺想不想看到‘能场’的活动？你们两个在这儿不期而遇，不是挺有意思的吗？”

“我不知道。”

“你不觉得这是一种机缘吗？我们开车经过这里，你忽然看见一个人，让你联想到一位老朋友，后来我们跟他见面，发现他竟然也在寻找手稿。这不会是纯粹的巧合吧？”

“不会是巧合。”

“也许，你们相遇是因为你会从他那儿收到一些信息，让你在这里多停留一阵子。投桃报李，你不觉得你也应该提供他一些信息吗？”

“是，你说的没错。但我应该告诉他什么呢？”

威尔带着惯有的亲切表情瞅了我一眼。“实话实说吧！”他说。

我还没来得及回答，雷诺就蹦蹦跳跳跑下小径，朝我和威尔走过来。

“我把手电筒带来了，”他说，“说不定待会儿有用。”

这时我才注意到天已经快黑了，抬头往西方一望，只见太阳沉落到山后，天空依旧弥漫着一片橙黄的彩霞，十分灿烂。西边天际，彤云朵朵。刹那间我仿佛看到跟前那几株植物身上环绕着一圈白色的“能场”，但转眼就消失了。

“好美的落日！”我赞叹了一声，回头一看，发现威尔已经钻进帐篷去了，而雷诺正把睡袋摊开来。

“是，很美的落日。”雷诺头也没抬，一副心不在焉的模样。

我走到他身旁。

他抬起头来望了望我，问道：“手稿预言的觉悟，你看过几个？刚才我没有工夫问你。”

“头两个是别人告诉我的，”我回答，“我们刚在‘文生居’庄园度过两天，就在萨狄波镇附近。我们住在那儿的时候，有个研究人员送我一份第三个觉悟的翻译稿，内容很精彩哦。”

雷诺眼睛一亮：“你有没有带在身边？”

“有。你想不想看看？”

他高兴得跳起身来，接过手稿翻译本后就一头钻进帐篷里。我找来几支火柴和几张旧报纸，开始生火。熊熊的火光把威尔引出了帐篷。

“雷诺上哪儿去了？”他问道。

“他在读莎拉送我的那份翻译稿。”

威尔走过来，坐在灶头旁边放置着的一根圆木上。我在他身旁坐下来。夜幕低垂，大地笼罩在一片黑暗中，我们只看得见左边几株树木光秃秃的轮廓、身后那间店铺朦胧的灯光、雷诺帐篷里黯淡的灯影。林子里充满各种夜间特有的声响，有些是我从没听过的。

约莫三十分钟后，雷诺钻出帐篷来，手里握着手电筒。他走过来坐在我左手边。威尔打了个呵欠。

“翻译稿提到的那个觉悟，非常有意思！”雷诺说，“‘文生居’的人真的看得见‘能场’吗？”

我把自己的亲身经历——从抵达“文生居”到学会观察“能场”——简略地告诉他。

他沉默了一分钟，又问道：“他们真的在做实验，把自己身上的‘能’灌输到植物身上，刺激它们成长？”

“也加强植物的营养成分。”我说。

“不过，这似乎不是第三个觉悟的真谛。”他仿佛在自言自语，“这个觉悟要告诉我们的是，整个宇宙是由这种‘能’构成的，而我们只需利用属于我们的‘能’，也就是我们可以控制的那一部分，不但能影响植物，说不定也能影响其他东西。”他停顿了整整一分钟，然后说：“我在想，我们怎样利用我们的‘能’去影响别人呢？”

威尔看了我一眼，笑了笑。

“让我告诉你我亲眼看到的一个现象，”我说，“两个人在争吵，我发现他们的“能场”很奇妙地在活动。”

雷诺又推了推鼻梁上的眼镜：“说来听听。”

威尔站起身来对我们说：“我要睡了！开了一天车，太累了。”

我们向他说声晚安。威尔回身钻进帐篷里。于是，我把莎拉和那位秘鲁科学家的争论一五一十告诉雷诺，并特别强调他们之间“能场”活动的情形。

“等等！”雷诺打断我的叙述，“在争论的过程中，你看到他们的‘能场’互相拉扯缠斗，好像非把对方制服才肯罢休？”

“情况就是这样呀！”我说。

他思索了一会儿：“我们必须好好分析这一幕。两个人在争论，双方都坚持自己对某件事的看法是对的、正确的。双方都想赢对方、压倒对方，想尽办法摧毁对方的自信，甚至不惜公然叫阵。”

猛一抬头，他望了望天空：“原来如此！我想通了。”

“想通了什么？”我问道。

“如果能够有系统地观察‘能场’的运作，我们就会了解，当人类互相竞争、攻讦和伤害时，他们究竟获得什么。我们一旦控制了别人，就可以接收他身上的‘能’。剥夺别人的东西，充实自己，这就是我们行为的真正动机。我必须学会观察‘能场’的活动。告诉我，‘文生居’庄园在哪里、怎么走。”

我告诉他大致的方向，但详细的路线必须问威尔才知道。

“好，明天一早我就问他！”他的口气十分坚定，“现在该睡觉了，明天得一早上路。”

他向我说声晚安，一头钻进帐篷里，留下我一个人面对着一堆熊熊燃烧的柴火，倾听满树林鸥鸟的鸣叫。

一觉醒来，我发现威尔不在帐篷内，鼻中却闻到麦片粥热腾腾的浓香。我钻出睡袋，从帐篷门口望出去，看见威尔拿着一只平底锅站在火堆旁。雷诺的帐篷已经拆除了，人也不知去向。

“雷诺上哪儿去了？”我爬出帐篷，走到火堆旁。

“他已经把行李收拾好了！”威尔说，“现在人在上面加油站那边，修理他那辆越野车，一等引擎的零件送到，修好车子就离开。”

威尔把一碗麦片粥递给我，我们就坐在一根圆木头上吃起早点来。

“你们两个一直聊到很晚吗？”威尔问道。

“也不太晚，”我说，“我把我知道的都告诉了他。”

就在这当儿，我们听到小径上响起脚步声。雷诺匆匆忙忙朝我们走过来。

“我准备好了，得跟两位说再见了！”他说。

大伙儿又聊了几分钟，雷诺转身踏上阶梯，离去了。我和威尔轮流在加油站的浴室洗澡、刮胡子，然后收拾行囊，给车子加满汽油，往北驶去。

“库拉村离这儿多远？”我问道。

“顺利的话，天黑前应该可以赶到。”停歇了一会儿，他问道：“你从雷诺那儿得到什么启发？”

我仔细瞧了瞧他。看来他要的是一个具体明确的答案。“很难说哦！”我回答。

“雷诺跟你提到什么观念？”威尔追问。

“他说，人类有控制和支配别人的倾向，尽管我们平常没有意识到这点。我们都想夺取人与人之间存在的‘能’。它加强我们的力量，使我们感到充实。”

威尔只管呆呆注视着前面的马路，那副神情仿佛突然想起了别的事。

“你干嘛问这个？”我感到好奇，“手稿预言的第四个觉悟，就是指这件事吗？”

威尔回头看了看我：“不完全是。你已经看见过人与人之间‘能场’流动的情形，但是，这种事情如果发生在你身上，你会有什么感受呢？”

“那就告诉我会有什么感受呀！”我有点不耐烦了，“你老是责怪我，光听别人说话，自己闷声不响。那你自己呢？要想从你嘴巴问出一些话来，简直比登天还难！这几天我一直要求你，告诉我你跟手稿之间的瓜葛，你总是顾左右而言他，回避我的问题。”

威尔哈哈大笑起来，然后回头瞅了我一眼："我们有过协议哦，记不记得？很多事情我暂时保密，是有理由的。手稿预言的那些觉悟，其中有一个关系到如何诠释一个人过去的经历。这是一种认知的过程——发现你自己的真实身份，找出你生存在这个星球上的目的。等我们达到了这个觉悟，我再跟你谈我的身世背景，好不好？”

他那神秘兮兮的口气使我忍俊不禁。“好吧，也只好如此了！”我笑道。

然后，整个早上我们都没再开腔，只管静静赶路。今天是个艳阳天，万里无云，放眼一片蔚蓝。只有在驶进高山时，才会偶尔出现浓密的云雾，飘过我们的车子前，在挡风玻璃上遗留下一层水气。中午时分，我们来到山中一个地势高而空旷的地方。从这儿俯瞰东边的群山众谷，景色十分壮丽。

“你饿了吗？”威尔问道。

我点点头。他打开后座搁着的一只旅行袋，拿出两个包扎整齐的三明治，把一个递给我，问道："你觉得这儿的风景怎样？”

“很美。”

他微微一笑，打量着我，仿佛在观察我的“能场”。

“你干嘛盯着我看？”我问道。

“没什么，只是看看，”他说，“山峰是很特别的地方。任何人只要坐在山峰，它就会在他身上注入大量的‘能’。看来你很喜欢地势高又空旷的地方。”

我告诉威尔，我祖父当年发现一个山谷，旁边的山脊可俯瞰谷中的湖。我又告诉他，莎琳来找我那天，我爬上那座山，感到神清气爽，浑身格外有劲。

“也许，”威尔说，“在山上长大是一种磨炼，为你今天到这儿来做准备。”

我正想问他山怎么会提供大量的“能”，他却先开口了：“如果山上有一座处女林，‘能’会聚集得更多。”

“我们要去的那座处女林，是在山上吗？”我问道。

“你自己看看吧！”他说，“从这里望得见。”

他伸出手来，指了指东方。好几英里外，我看得见两列平行的山脊蜿蜒迤逦了数英里后交会在一起，形成一个V字形。两列山脊之间依稀蹲伏着一座小镇。山脊交会处，山峰陡然拔起，巅顶怪石磊磊。这座山峰比我们所在的山脊稍高，从这儿望去，山脚一带显得格外青翠，仿佛覆盖着一片蓊郁的树海。

“就是那片翠绿的森林吗？”我问道。

“对！”威尔说，“就像‘文生居’的森林，但比‘文生居’的森林更有活力、更特别。”

“怎么个特别法？”

“它促使手稿中的一个觉悟发生。”

“怎么说？”我听得一头雾水。

威尔发动吉普车的引擎，把车子倒回路面上。“我保证你会找到答案！”他说。

此后我们一路上都没再开腔。我迷迷糊糊睡着了。过了约莫一个钟头，威尔扯了扯我的手臂。

“醒来！”他唤道，“库拉就快到了。”

我坐直了起来。车子前方的山谷中，两条道路交会的地方出现一个小镇，两旁矗立着我们远远就看到的两列山脊。放眼望去，山脊上长满树木，高大茂密一如“文生居”的森林，那一片苍翠的树海好不壮观。

“进入这个小镇之前，我要提醒你，”威尔说，“尽管这儿的森林弥漫着充沛的‘能’，这个小镇却是全秘鲁最不文明的地方。很多人来这里打听手稿的下落。上回我在这儿时，看见街上到处都是前来寻宝的人。他们对‘能场’毫无感觉，也不懂得什么‘觉悟’，只想找到大家都在找的第九个觉悟，发一笔横财，出出风头。”

我望了望这个小小的聚落。整个市镇只有四五条街，其中两条算是大马路，交会在镇中心，两旁尽是木板楼房。其他街道只能称得上是巷弄，房子都很低矮窄小。十字路口周围，停放着十来辆汽车和货车。

“怎么那么多人聚集在这里？”我问道。

威尔带着英勇的神情笑道：“因为进山之前，得在这儿加满汽油，采办补给品，再过去就没有了。”

他踩动油门，一路开进镇里，停在一栋比较高大的楼房前。我看不懂西班牙文的招牌，但从橱窗展示的货品看来，这显然是一家兼卖杂货和五金的商店。

“你在这儿等我，”威尔说，“我去买一些东西。”

我点点头。威尔钻进了店铺。我望望周遭，看见一辆货车开到对街停下来，车中走出好几个人，其中一个女的头发棕黑，身上穿着工作服。定睛一看，我发现她竟是玛乔莉。在一个才二十出头的小伙子陪伴下，她穿过马路，从我面前走过去。

我打开车门跳了出来，大声呼唤：“玛乔莉！”

她停下脚步，回过头来四下望望，终于看见了我，脸庞上顿时绽出了笑靥。“是你！”她说，一面迈出脚步朝我走过来，但她身边那个小伙子却一把抓住她的胳臂。

“罗柏不准我们跟陌生人交谈！”他压低嗓门说，仿佛怕我听见。

“不要紧，”玛乔莉说，“他不是外人。你先进铺子里去吧。”

那小伙子满脸狐疑地打量了我好几眼，转身走进店门。这时威尔双手拎着补给品走出店铺。

我介绍他们认识，然后三个人在车旁聊了几分钟。威尔把补给品一一放进吉普车后座。

“我有个建议，”威尔说，“我们到对街吃点东西。”

我望了望对街那家小咖啡馆："好啊。"

"我没时间吃东西，"玛乔莉说，"我得马上跟他们一起走。"

"你要上哪儿去？"我问道。

"西边两三英里外的一个地方。我要去那儿探访研究手稿的一个团体。"玛乔莉说。

"吃过晚饭我们可以送你去呀。"威尔说。

"嗯，这就没问题了。"

威尔向我使了个眼色："我还得去买一两件东西，你们两个先去点菜，不必点我的，我待会儿就来。"

我们答应了。我陪着玛乔莉站在路旁，等一辆辆卡车通过后再穿过马路。威尔往南走下大街。跟玛乔莉一起来的那个小伙子突然跑出店铺，挡在我们面前。

"你要上哪儿去？"他一把攫住玛乔莉的胳臂。

"这位是我的朋友嘛，"玛乔莉回答，"我们要去吃点东西，然后他会送我回去。"

"唉呀，这儿的人，你谁都不能信任！"小伙子说，"罗柏知道了会不高兴。"

"不要紧的。"

"你现在就跟我走！"

我走过去抓住小伙子的手，喝令他放开玛乔莉："她已经把话讲清楚了，你还纠缠什么？"他退后几步，瞪着我，忽然畏缩了起来，一转身就钻回店铺里。

“我们去吃东西吧！”我对玛乔莉说。

我们穿过马路，走进那家小吃店。小小的店堂里摆着八张桌子，到处弥漫着油烟味。我看见左边有一张空桌子，便带着玛乔莉走过去。好几个客人抬起头来望了我们一眼，然后又低头继续吃他们的饭。

女侍只会讲西班牙语。幸好玛乔莉说得一口流利的西班牙语，替我们两个点了菜。女侍走后，玛乔莉瞅着我，眼睛一柔。

我笑嘻嘻地看着她，问道：“跟你在一起的家伙是谁？”

“他叫肯尼。”她说，“不晓得这个人是怎么想的，在街上拉拉扯扯！谢谢你帮我解围。”

她深深看了我一眼。我心里感到一阵温馨。

“你怎么会跟那个团体牵扯在一起？”我问道。

“罗柏·任森是考古学家。他组织了一个团体，专门研究那部手稿，同时也在追查第九个觉悟的下落。几个星期前他路过‘文生居’，两三天前又去了一次……”

“就在这个时候我认识了罗柏。他很讨人喜欢，从事的工作又很有趣。他告诉我，手稿预言的第九个觉悟，对我们在‘文生居’庄园从事的研究会有很大的帮助，而他正要去寻找这第九个觉悟。他说，寻找这个觉悟是他一生最刺激的经历，他愿意提供我一个短期的职位，让我加入他的探险队。我接受了……”她垂下头来望着桌面，不吭声了。看她那副忸怩不安的模样，我连忙改变话题。

“手稿预言的觉悟，你读过几个？”我问道。

“只有在‘文生居’读到的那个。罗柏手头上还有其他几个觉悟的文稿，但他坚持，任何人想接触这些觉悟，必须先驱除传统的信仰和观念。他觉得，最好是通过他的诠释，把手稿的基本信念传达给大家。”

我皱起了眉头。玛乔莉看到了我脸上的表情。

“你好像很不以为然，对不对？”她问道。

“这里头一定有鬼！”我说。

她又深深看了我一眼：“我也觉得不对劲。你送我回去的时候，不妨跟他谈谈，再告诉我你的想法。”

女侍端来我们的菜。她刚转身走开，威尔就匆匆忙忙走进餐馆，一进门就朝我们的桌子跑过来。

“我得赶去镇外北边一英里的地方跟几个人见面！”他说，“来回需要两个钟头。你开吉普车送玛乔莉回去，我搭别人的车。”他笑眯眯看了我一眼：“咱们就在这儿会合。”

我原想告诉他罗柏·任森的事，但想想还是决定不提。

“好吧，你去吧！”我说。

威尔看了看玛乔莉：“很高兴认识你！可惜我今天没有工夫坐下来陪你聊天。”

她羞涩地望着他，说道：“改天再聊吧。”

威尔点点头，把车子的钥匙递给我，转身走出餐馆。

玛乔莉低头吃起东西来。过了几分钟她忽然说：“他看来像是一个很有作为的人。你怎么认识他的？”

我把刚到秘鲁时发生的事一五一十告诉她。她专注地听着。看到她那副专注的神情，我索性比手划脚、绘声绘色地把街上追逐那一幕说得活灵活现。她听呆了。

“天哪！”好一会儿她才惊叹出一声来，“你现在脱离了险境没有？”

“现在大概不会有危险了，”我说，“离秘鲁首都利玛那么远。”

她依旧呆呆地看着我，仿佛期待我说下去。饭后，我又把在“文生居”的经历摘要告诉她，一直讲到莎拉带我到园子里那部分。

她看了看手表。“我该回去了。他们一定在担心。”

我付了账，陪玛乔莉走出餐馆，坐上威尔的吉普车。夜晚天气很冷，我们的呼吸化成一道雾气。玛乔莉嘱咐我说：“回头往北开，沿着这条路一直走，要转弯的时候我会告诉你。”

我点点头，在街上来个急转弯，掉转车头往北开去。

“我们要去的这座农庄是个什么地方？”我问道。

“我猜是罗柏把它租下来的。他利用那个地方研究手稿预言的觉悟，看来他的团体在那儿待很久了。我来到农庄，大伙儿都忙着囤积补给品、保养车子，准备出远门的样子。他手下的人有些还挺凶悍的。”

“他为什么邀你一块去？”我问道。

“他说，找到最后的一个觉悟后，他需要有人帮他解读这份文稿。在‘文生居’的时候，他是这么说的。回到这座农庄后，他绝口不提手稿的事，成天忙着张罗补给品，准备带队出发。”

“他打算上哪儿去？”

“我不知道，”玛乔莉回答，“我每次问他，他都不肯告诉我。”

车子开了约莫一英里半后，玛乔莉指示我向左转，驶进一条狭窄的石头路。这条路蜿蜒通到一座山脊上，然后往下通到一个平坦的山谷。前面出现一间粗木板搭成的农舍，后面有几座谷仓和工棚。三匹南美洲特产的骆马从园篱内探出头来，向我们窥望。

我们停下车时，看见有几个人绕着一辆车子，一边走一边瞪着眼，脸上毫无笑容。我发现屋边有一台使用瓦斯的发电机嗡嗡响着。大门开了，一个身材高大、五官坚毅的黑发男子朝我们走了过来。

“他就是罗柏。”玛乔莉说。

“很好！”我依旧充满自信，毫不畏惧。

我们跳下吉普车。罗柏走到我们跟前，看了看玛乔莉说：“我刚还在担心呢！听说你遇到一位朋友。”

我报上自己的姓名。罗柏伸手跟我紧紧一握。

“我是罗柏·任森，”他说，“看见你们两个平安，我就放心了！进来吧。”

屋里好几个人在忙着打点补给品。其中一个人扛着帐篷和露营用具走进后院。站在饭厅口，我看见厨房里有两个秘鲁妇人在包装食物。任森在客厅一张椅子上坐下来，指着两把椅子，要我跟玛乔莉坐下。

“刚才你为什么说看见我们平安你就放心了？”我问道。

任森俯过身来，诚恳地问道：“你来这儿多久了？”

“我今天下午才到达这里。”

“难怪你不晓得这儿有多危险！最近天天有人失踪。你有没有听说手稿的事？有没有听说第九个觉悟下落不明？”

“听说了，事实上……”

“那你就应该弄清楚情况！”他打断我的话，“为了寻找这最后一个觉悟，大家都豁出去了，手段愈来愈下流，现在连匪徒也插手了。”

“什么匪徒？”我问道。

“对这件出土文物的考古价值毫不关心的人！他们寻找失踪的第九个觉悟文稿，只是为了谋利。”

一个身材魁梧、挺着大肚、满脸胡须的大汉打断我们的谈话，把一份名单递给任森。他们操着西班牙语匆匆讨论了一番。

任森又回头瞅着我。“你来这儿，也是为了寻找失落的第九个觉悟啰？”他问道，“你知道你会碰到什么危险吗？”

我感到很不自在，舌头仿佛打结了：“嗯……我只是想多了解一下整部手稿的内容，到现在我只看到一小部分。”

任森坐在椅子里，把胸膛一挺，问道：“你知不知道，这部手稿是国家的文物，除非获得政府允许，所有的复印本都是非法的？”

“知道，但有些科学家不同意这点。他们觉得秘鲁政府在打压新的……”

“你觉不觉得，秘鲁作为一个主权独立的国家，有权处置自己的考古文物？秘鲁政府知道你进入他们国家吗？”

我一时不知说什么才好——心房又开始收缩了。

“嗳，别误解我的意思！”任森脸上堆出了笑容来，“我是为你着想哦。如果国外有学术团体支持你在秘鲁的活动，请你告诉我。但我总觉得你只是到处晃荡，没什么目的。”

“你说的没错。”我说。

我发现玛乔莉的注意力已经从我身上转移到任森。“你觉得他应该怎么办？”她问任森。

任森笑眯眯地站起身来。“也许我可以设法把你安插到我们的考古队。我们需要人手。我们要去的地方还蛮安全的。如果你觉得不适应，随时可以退出，我会设法安排你回美国。”他深深看了我一眼，又说，“可是，一路上你必须听从我的指挥，照我的话去做。”

我瞄了玛乔莉一眼。她依旧呆呆地看着任森。我心中乱成一团。也许我该接受任森的好意。既然他跟秘鲁政府关系良好，也许他能安排我循合法途径回美国。也许我一直在欺骗自己。也许任森说的没错，我太鲁莽了。

“我觉得你应该好好考虑罗柏的提议，”玛乔莉劝我说，“一个人在这种地方游荡，实在太危险了。”

我知道她是一番好意，但我信任威尔，对我们的共同追寻仍有信心。我想向任森和玛乔莉表明这点，但一开口就结结巴巴说不出话来。我的思路全都乱了。

那个大块头又走进客厅来，从窗口望出去。任森赶上前去，张望了一会儿，回头漫不经心地吩咐玛乔莉："有人来了！你去把肯尼叫来，好吗？"

玛乔莉点点头，走出客厅。从窗口望出去，我看见一辆卡车亮着车头灯朝农庄驶过来，在围篱外停住了，距离我们约莫五十英尺。

任森打开客厅的门。就在这当口，我听见有人在外面呼唤我的名字。

“谁在叫我？”我问道。

任森狠狠瞪了我一眼："别出声！"他跟那个大块头走出屋子，反手把门关上。从窗口望出去，我看见卡车车头灯发射出的光芒后面矗立着一个人的身影，一惊之下，只想跑到屋后躲起来。听了任森刚才那番话，我心中充满不祥的预感。然而，站在卡车旁的那个人，身影又是那么的熟悉亲切。我终于打开客厅的门，走出屋子。任森一看见我，就转身朝我走过来。

“你出来干什么？回到屋里去！”

发电机嗡嗡的响声中，我依稀听见有人叫我的名字。

“马上回屋里去！”任森喝道，“这可能是个圈套哦。”他站在我跟前挡住我的视线，不让我看到那辆卡车，“快快回屋里去呀。”

我登时没了主意，只觉得心中乱成一团，又是困惑又是害怕。灯光后面的那个身影迈出两步。我把头伸到一边，躲开任森的阻挡，看了一眼。这时呼唤声又清晰地传了过来：“过来啊，我有话跟你说！”那个身影一步一步走上前，忽然，我的脑子清醒了，我发现那个人原来是威尔。我拔起脚来从任森身边跑过去。

“你到底怎么啦？”威尔匆匆埋怨了我一句，“我们必须马上离开这里。”

“那么，玛乔莉怎么办呢？”我问道。

“我们现在管不了玛乔莉了！”威尔说，“我们最好现在就离开。”

我们正要离开，任森却叫嚷了起来：“你最好留下来！你逃不掉的。”

我回头瞄了任森一眼。

威尔停下脚步，瞅着我，让我自己选择留下或离开。

“我们走吧！”我对威尔说。

走过威尔刚才搭乘的那辆卡车时，我发现前座坐着两个汉子。我们爬上威尔的吉普车。威尔向我要回钥匙，把车开走了。那辆载着威尔朋友的卡车紧紧跟在后头。

威尔回头看了我一眼：“任森说你已经决定留在他那儿，这到底是怎么回事？”

“你怎么知道他的名字？”我的舌头还在打结。

“我今天才听人说起这个家伙的事，”威尔回答，“他是考古学家，替秘鲁政府工作。他跟秘鲁政府有个协议，他答应把手稿出土的消息保密，条件是政府给他独家研究手稿的权利。根据这项协议，他不得寻找失落的第九个觉悟，但显然他准备违抗秘鲁政府的命令了。这几天大家都在谣传，任森马上就要出发去寻找第九个觉悟。”歇了一会儿，威尔又说：“我一听说玛乔莉追随的就是这个人，立刻决定到这儿来看看。他对你说了什么？”

“他对我说，我现在处境很危险，最好留在他那儿。如果我想回美国，他可以替我安排。”

威尔摇摇头，叹口气说：“你被他钓上了。”

“怎么说？”

“你应该看看你自己的‘能场’！”威尔说，“它几乎全都流向任森。”

“我不明白。”

“你还记不记得，莎拉在‘文生居’跟那位秘鲁科学家争吵的情景？当其中一个人在争论中占上风时，也就是说，当他辩赢对方时，输家的‘能场’就会流向赢家，被赢家吸收，结果输家就会感到精力枯竭、身体虚弱，整个人浑浑噩噩不知所措——就像我们昨天投宿的那家客店老板的女儿，就像……”威尔脸上绽出了笑容来，“就像现在的你。”

“你刚才看到这个现象发生在我身上？”我问道。

“看到了！”威尔回答，“你很难摆脱任森的控制，从他手中逃离出来。当时我还以为你逃不出来了。”

“天哪！”我惊叹了一声，“这个家伙好邪恶。”

“也不真的邪恶。很可能，他对自己的行为也只是一知半解。他觉得他有权控制整个局面。显然，很久以前他就学会，只要遵循一个特定的策略，他就能成功地控制别人。第一步，他假装成你的朋友；第二步，他找出你行为上的过错——譬如说，他指责你行事太过鲁莽，使自己陷入险境。就这样，他一步一步摧毁你的自信心，直到你开始认同他为止。一旦这种情形发生，你就从此落入他的掌握中了。”威尔深深看了我一眼，又说，“骗取别人的‘能场’有很多策略，这只是其中之一。其他的策略，以后在第六个觉悟中你会学到。”

我没有专心听威尔说话，我的全部心思都在玛乔莉身上。我不愿意把她留在任森那儿。

“你觉得，我们应该去把玛乔莉救出来吗？”我问威尔。

“现在还不行！”威尔说，“她暂时应该还不会有危险。明天我们出发时，顺便到这儿走一趟，看看有没有机会跟她说几句话。”

我们沉默了几分钟，威尔说：“刚才我提到，任森对他自己的行为一知半解，你明白这句话的意思吗？他和一般人并没什么不同。他只是在做最能让他感到自己大权在握的事情。”

“不，我不明白你的意思。”

威尔仿佛陷入沉思中。“一般人也都还没有察觉到这点。我们只知道感到虚弱，必须凌虐别人才会让自己心情好过些。我们没有领悟到的一点是，为求自己心情好过，我们让别人付出了惨痛的代价。我们窃取了他们身上的‘能’。大多数人一辈子都在搜寻、捕捉别人的‘能’。”他瞅着我，眼中闪烁着幽亮的光彩，“但偶尔也会有例外。我们偶尔会遇见一个人，至少在相知相遇的那一刻，他会自愿把他身上的‘能’传送给我们。”

“你到底在说什么？”

“回想一下，你和玛乔莉今天下午在镇上一家餐馆吃饭，我从门口走进来。”

“好吧。”

“我不知道你们两个在谈什么，但很明显的，玛乔莉身上的‘能’一波一波不断向你流注过去。我从门口走进来时，看得清清楚楚。告诉我，那个时候你心里感觉如何？”

“感觉美妙极了！”我说，“我向玛乔莉讲述的那些经验和观念，一下子变得清澈起来，就像水晶一般。我滔滔不绝地诉说我心中的感受。但是，怎么会有这种现象发生呢？”

威尔微微一笑：“偶尔会有人出于自愿，要求我们为他们界定他们的处境，这个时候，他们就会把全部的‘能’送给我们，就像玛乔莉对待你那样。这使我们觉得被赋予权力。但你会发现，这种礼物通常不能长久保持。大多数人——包括玛乔莉在内——身心不够强健，禁不起一再付出他/她们的‘能’。因此，一般男女关系最后都会变质成权力斗争。人类串联彼此的‘能’，然后开始争夺控制权，而输家往往付出惨痛的代价。”

他忽然停顿了下来，凝视着我：“你现在明白第四个觉悟了吗？想想这几天你经历过的事吧。你看到‘能’在人间流动，感到很奇怪，然后我们就遇到雷诺。他告诉你，心理学家已经在寻找人类企图互相控制的原因。这个现象，在我们投宿的那个秘鲁家庭身上获得印证。你清清楚楚地看到，宰制别人使宰制者觉得自己大权在握、英明睿智，但这种做法却把被宰制者身上的活力吮吸干净。我们会欺骗自己说，我们这样做是为了他好，或者为自己找理由说他们还是小孩子嘛，我们必须时时控制他们的行为。但不管我们怎么说，伤害终究造成了。”停歇了一会儿，威尔又说：“接着，你遇到任森，亲自尝到了被人宰制的滋味。你发现，当别人在心理上控制你时，他也剥夺你的心智。你并没有输掉一场智性辩论，因为你根本就缺乏精力和清晰的头脑跟任森辩论。你的智能，全都被任森夺去了。不幸的是，在人类文化中，这种心理暴力无时无刻不在发生，而施暴者往往出于善意。”

我一个劲儿点头。威尔把我的经验诠释得太精确了。

“你应该从整体的角度来看第四个觉悟，”他继续说，“把它跟你已经知道的手稿内容结合在一起。第三个觉悟告诉你，物质世界实际上是一个庞大的能系统。第四个觉悟则指出，长久以来，人类一直在无意识地争夺惟一对我们开放的‘能’——流通在人与人之间的那一部分‘能’。人世间的各种冲突，小到家庭和工作场所的纠纷，大到国际间的战争，往往都是这个原因造成的。归根究底，全都是因为我们欠缺安全感，觉得自己很虚弱，必须窃取别人的‘能’，心里才会感到好过些。”

“这样讲太偏颇了！”我很不以为然，“有些战争非打不可，因为那是正义之战。”

“当然。”威尔回答，“但是，冲突之所以不能马上解决，只有一个原因：有一方为了争夺‘能’，坚持不放弃不理性的立场。”

他仿佛忽然想到了什么，伸手往旅行袋里一掏，拿出一沓夹在一起的纸张。

“我差点忘了！”他说，“我找到第四个觉悟的副本了。”

他把那份文稿递给我，不再说话，眼睛直视着前面的马路，专心开车。

我拿起威尔放在驾驶座底下的一只手电筒，花了二十分钟时间，阅读那份简短的文件。它说，要达成第四个觉悟，我们必须把人类社会看成一场规模庞大的竞争，而争夺的对象是“能”，也就是权力。它又说，一旦人类理解了这场斗争的本质，就会开始超越这种冲突，会开始摆脱人类“能场”所引发的竞争……因为到时候我们会找到另一种能源。

我看了看威尔，问道：“另一种能源是什么？”

威尔笑了笑，没有回答。

来自秘境的信息

圣 境 预 言 书

第二天早晨，我一听见威尔起床就跟着醒过来。我们是在威尔朋友的家过夜的，他睡在房间角落一张轻便小床上。醒来后他坐在床边，匆匆穿上衣服。屋外还是一片漆黑。

“把行李收拾一下吧！”他压低嗓门说。

我们收拾好衣服，然后分几次把昨天采办的补给品搬上吉普车。镇中心距离我们投宿的地方只有几百码，但四处只看见零零落落几盏灯光。东方天际隐约出现一抹鱼肚白。除了三两只在枝头唱歌迎接黎明的鸟儿外，整个镇静悄悄的，依旧沉睡在梦乡中。

收拾完毕后，我爬上吉普车。威尔站在门廊上跟他那位睡眼惺忪的朋友说话。突然，我们听见十字路口响起车声，接着我们看见三辆卡车亮着车头灯，鱼贯驶进镇中心，停了下来。

“可能是任森！”威尔说，“我们过去看看他们在干什么。小心点，别让他们发觉。”

我们穿过几条街，钻进一条通往大马路的巷子，距离那三辆卡车约莫一百英尺。两辆卡车正在加油，另一辆停放在店铺门口。四五个人站在附近。我看见玛乔莉走出店铺，把一些东西放进门口的卡车，然后朝我们慢步踱了过来，一面走一面浏览着隔壁商店的橱窗。

“你过去跟她谈谈，劝她跟我们一起走，”威尔悄声说，“我在这儿等你。”

我蹑手蹑脚绕过街角向玛乔莉走过去，来到她前面不远的地方时，定睛一看，吓了一跳。我看见任森的几个手下握着自动步枪，站在玛乔莉身后的铺子门前。几分钟后，我又看见对街出现一队武装士兵，俯着身子，慢慢向任森那帮人逼近。

玛乔莉看见我的那一刹那，任森的手下也发现了士兵，吓得一哄而散。一时间机关枪声大作。玛乔莉望着我，眼神中充满恐惧。我冲上前去，一把抓住她，带着她一头钻进隔壁那条巷子。到处响起西班牙语叫骂声，枪声此起彼落。我们被一堆空纸盒绊了一跤，摔倒在地上，脸儿几乎碰在一起。

“跑啊！”我跳起身，大叫。玛乔莉挣扎着爬起身来，忽然伸手把我扯住，示意我看看巷尾。我抬头一看，只见两个男子手里握着枪，背对着我们鬼鬼祟祟地站在巷尾，伸出脖子朝前面那条大街张望。我们登时僵住了。好一会儿，那两个男子才蹿过大街，跑进一座树林里。

我告诉玛乔莉，我们必须赶回威尔朋友的屋子，吉普车就停在他家门前，威尔会在那儿跟我们会合。我们蹑手蹑脚走向隔壁那条街。吆喝声和枪声交织成一片，在我们右边响起，但我们看不见一个人影。我往左边搜望，也没看见任何人——威尔已不知去向。我猜他跑在我们前头。

“我们穿过大街跑进林子去吧！”我对玛乔莉说。她已经恢复了镇静，一脸天不怕地不怕的神情。“然后，”我继续说，“我们沿着树林边缘向左走。威尔的吉普车就停在那个方向。”

“好！”玛乔莉说。

我们蹿过大街，一步一步往前走，来到距离威尔朋友家约莫一百英尺的地方。吉普车依旧停放在那儿，但四下看不见一点动静。我们准备冲过屋子旁那条街，跑向吉普车。就在这当口，一辆军车从我们左边的街角绕出来，慢慢驶向威尔朋友家那栋房子。突然间，威尔飞跑过屋子前面的院子，跳上吉普车，发动引擎，往相反的方向疾驶而去。军车一路追着他。

“糟了！”我叫了起来。

“我们现在怎么办？”玛乔莉脸上又出现了恐惧。

我们身后的街道上，枪声愈响愈密，愈传愈近。前面的森林十分浓密，沿着山坡一路蔓延到山顶。这条山脉南北走向，陡然矗立在镇旁，昨天我跟威尔开车进镇时在路上一处高地就远远望见了它。

“我们爬上山去！”我说，“快点啊！”

我们往上爬了几百码，在一处平台上歇歇脚，回头朝镇上眺望过去。一辆辆军车涌进十字路口，一队队士兵挨家逐户展开搜捕行动。我们依稀听见山脚响起杂乱的人声。

我们继续往上攀爬。如今，我们惟一能做的就是逃命。

整个早晨，我们沿着山脊一路往北走，只有在左边那条平行的山脊上出现车子时，才停下脚步蹲伏下来。大部分车子是铁灰色的军用吉普车，但偶尔会有一辆普通汽车经过。讽刺的是，在一望无际的荒野中，对面山脊上的道路是惟一的文明痕迹，也是惟一让人类感到安全的地方。

前面，两条平行的山脊渐渐聚合在一起，山势愈发陡峭了。磊磊怪石从两旁山壁凸出来，遮盖住底下的峡谷。山脊北端突然出现一辆吉普车，看来就是威尔那辆，它在山脊上行驶了一会儿，就转入一条蜿蜒通往山谷的小路。

“车上那个人好像是威尔。”我睁大眼睛眺望着。

“我们下去吧！”玛乔莉说。

“等等！说不定那是圈套，说不定威尔已经被抓，他们利用那辆吉普车引我们出来。”

玛乔莉沉下了脸来。

“你待在这儿，”我说，“我下去，你看着我。如果没有危险，我会打个手势叫你下来。”

她勉强同意。我朝着吉普车停放的地方，开始爬下陡峭的山壁。林叶间，我依稀看见一个人钻出吉普车，但看不清楚脸孔。

我双手攀住树枝，一步一步爬下嶙峋的山石，偶尔踩着浓稠的腐殖土一路滑落。

最后，我爬到吉普车停放的山坡对面，相距约莫一百码。开车的人背靠着后轮胎的挡泥板，依旧看不清面貌。我往右边挪出几步，仔细一瞧，果然是威尔。我又挪出几步，脚下却猛然一滑，整个人往下坠落，千钧一发之际我伸手抓住了一株树，才稳住了身子，低头一看，底下竟是光溜溜的一片山壁，约莫三十英尺高。我顿时吓出了一身冷汗。

我紧紧抓住树干，站直身子，希望威尔看到我。他正仰着脸庞，眺望我头顶上的山脊，过了一会儿才垂下头来，一眼就看见我悬吊在峭壁上。猛一怔，他连忙向我走来，穿过一丛丛矮树。我伸出手臂，指了指脚下那一条深峻险峭的峡沟。

他望了望脚下的深谷，向我喊道："这里没有路过去！你得往下走一段，从那边度过峡谷。"

我点点头，正要向玛乔莉打个手势叫她下来，忽然听见远处响起汽车声。威尔跳上吉普车，猛踩油门，朝峡谷旁的公路飞蹿上去。我急忙爬上山脊，透过枝叶间的缝隙，看见玛乔莉朝我走过来。

突然，她身后有人以西班牙语大声吆喝，接着就响起一阵杂乱的脚步声。玛乔莉躲到一块凸出山壁的巉岩下。我连忙改变方向，悄悄往左边奔逃，一边跑，一边在林叶间搜寻玛乔莉的身影。

我才看到她藏身的地方，就看见两个士兵闯上来，抓住她的胳臂，喝令她站起身。玛乔莉扯开嗓门尖叫。

我俯下身子，一直往山坡上攀爬。玛乔莉那副惊吓的神情，梦魇似的萦绕在我心头。爬上山脊后，我一路往北奔逃，惊慌中只觉得自己一颗心突突乱跳。

跑了约莫一英里后，我停下脚步，竖起耳朵听了听，并没听到身后有任何动静。我躺在地上，望着天空，想让自己冷静下来好好想一想眼前的处境，但玛乔莉被士兵押解的身影却像幽灵般不断蛊祟着我。为什么我会让她一个人留在山脊上？现在我该怎么办？

我坐起身来，深深吸了一口气，望望另一条山脊上的公路。刚才奔跑时，我并没看见路上有任何车辆经过。我又竖起耳朵仔细听了听：除了林叶萧萧之外，什么声响也没有。我的心情渐渐平复过来。玛乔莉只是被拘押而已，没什么大不了的。她只不过想逃离战火，并没犯什么罪，一旦她的身份——在秘鲁从事合法研究工作的科学家——被确认，军方就会释放她。

我又沿着山脊往北走，背脊有点疼痛，身上污秽不堪，饥肠辘辘。一连两个钟头，我呆呆地走着，路上没有看见半个人影。

突然，左边的山坡上响起急促的脚步声。我整个人顿时僵住了，竖起耳朵听了一会儿，但脚步声很快就消失了。这儿的树木比较高大，遮住阳光，树下的矮树丛长得疏疏落落。我望得到五六十码外的地方，但没看见任何动静。我蹑手蹑脚，走过左边一块巨大的鹅卵石和几株树。前面还有三块大石挡住我的去路。我攀爬过前头两个。四周依旧没有动静。我绕过第三个石头，身后忽然响起树枝抖动的声音。我慢慢转过身子。

树丛中，我看到了昨晚在任森农庄上见过的那个大胡子。他站在一块大石旁，眼睛睁得又圆又大，充满惊惶的神色，手里握着一支来复枪，抖簌簌地指着我的腹部。他仿佛还认得我，只是一时想不起我是谁。

“别开枪，”我结结巴巴地说，“我认识任森。”

他仔细看了我一眼，把枪口挪开。这时我们身后的林子里响起了脚步声。大胡子拔起腿来往北奔跑，手里握着来复枪。我本能地跟上去。我们两人在林子里没命地奔逃，一路闪躲着树枝和石头，不时回过头来瞄瞄身后。

跑了约莫三四百码，他突然摔了一跤，整个人扑倒在地上。我从他身边跑过去，又跑了一会儿，终于支撑不住，整个人瘫软在两块大石头中间的空隙里，一面喘息，一面回头察看身后的动静。我看见一个士兵站在五十码外，举起来复枪对准那个身材魁梧、摇摇晃晃挣扎着从地面爬起来的大胡子。我还没来得及出声警告，士兵就开枪了。子弹射进他的背脊，贯穿他的胸膛，鲜血飞溅到我身上。空气中充满来复枪声的回音。

刹那间，他的身子僵住了，眼神变得空空洞洞，整个人忽然向前一扑，摔倒在地上。我拔腿往北就跑，流窜在树丛中，闪躲着一颗颗飞射过来的子弹。山脊愈来愈崎岖，地上布满各种石头，地势也愈来愈险峻。

我穿梭在岩石间，一路往上攀爬，感觉又是疲累又是害怕，整个身子颤抖个不停。爬着爬着，忽然滑了一跤，我趁机回头瞄了身后一眼。那个士兵正一步步走向大胡子的尸身。忽然间，他抬起头，朝我的方向望了望。我连忙闪躲到一块岩石后面，往地上一趴，蹑手蹑脚爬过好几块大石头。这儿的山坡渐渐平坦，挡住了士兵的视线，于是我跳起身来，又穿行过树木和岩石没命地奔跑。我的心空空洞洞，惟一的念头就是逃命。我不敢回头望，但我清清楚楚听到士兵追逐我的脚步声。

前面山脊陡然拔起，我奋力往上攀爬，只觉得身上的气力一点一点流失。山坡上一片平旷，长满大树和苍翠的灌木丛。树林后面矗立着一片峻峭的山壁，我小心寻找落脚的地方，一步步往上攀登，好不容易爬上了山顶，放眼一看，整颗心顿时沉了下来。前面是一百多英尺深的悬崖，后有追兵，前无去路，我陷入了绝境中。

这下我死定了。在我身后，地面上的碎石纷纷滑落，显示那个士兵正迅速向我逼近。膝头一软，我在山顶上跪了下来，只觉得精疲力尽，再也不想挣扎了。我叹出最后一口气，坦然接受命运的安排，不再感到害怕。我知道子弹马上会贯穿我的身体。说来奇怪，当你把死亡看成恐惧的终结时，心里反而会感到一阵解脱。等待子弹的当儿，我忽然想起孩提时代星期天上主日学校研读《圣经》的情景。死亡会是什么滋味？我尽量敞开自己的胸怀，接纳这桩经验。

我静静地等着，也不知道过了多久，忽然察觉枪声一直没响！四下望望，我才发现自己置身在群山峻岭中的最高峰，一条条山脊和一座座峭壁从这儿辐射开去，我独立众山之巅，脚下是一片辽阔的视野。

一个走动中的身影吸引住我的视线。在那儿，一路往南走下山坡的人，不就是那个士兵？大胡子的来复枪悬挂在他的胳臂上。他弃我而去了，好一副优哉游哉的模样。

我内心涌起一股暖流，无声的欢笑在我心田荡漾开来。我居然度过了这一劫！我转过身子，盘起脚来坐在地上，享受着这一份无比温煦的感觉。但愿我能终老此山！岭上的天空格外晴朗，漫山闪烁着灿烂的阳光。

坐在高山之巅，我突然感觉到远处一座座紫色的山丘离我如此之近。抬头望望天顶飘过的几朵云絮儿，我觉得只要伸出手来，就能碰触到它们。

就在我伸手捕捉天上白云的当儿，我发现我的身体起了奇妙的变化。我的手臂滑翔向天空，毫不费劲，而我没使出任何力气就挺直起我的背脊、颈子和头来。我不需借助双手，就从盘腿而坐的姿势站直起身子，舒舒服服伸了个懒腰。刹那间，我只觉得自己的身体无比轻盈。

眺望着远山，我看到白昼的月亮高挂天空，即将沉落山后。那是个半圆的月亮，悬吊在地平线上，有如一只覆盖在桌面上的碗儿。我突然领悟它为什么会是这个形状。原来，在我头顶数百万英里外的太阳，只照到沉落中月亮的顶端。我看得到阳光和月球表面接触的那一条线，而这个认知扩展了我的意识，促使它向外延伸。

我能够想象月亮已经沉落到地平线之外，也可以臆测它出现在地球西边的人们眼前时会是什么形状。然后，我想象它运行到了我的脚底下——地球的另一端。在那儿的人眼中，它一定是个满月，因为我顶头的太阳会避开地球，直接照射到月球上。

这一想，我不禁感到激动起来，背脊伸得愈发挺直了，因为我发现——不，是亲身体验到我头顶上的那片天空也同时存在于我的脚底下，在地球的另一边。生平第一遭，我不把地球的圆看成知识上的一个观念，而把它当做一种真实的心理感受。

这个新的体会固然使我感到激动，但另一方面，却又显得无比地寻常、自然。我只想把自己沉浸在缥缈悬浮的感觉里，让自己飘荡在、存在于所有方向的空间中。站在高山之巅，我不必再抗拒地心引力，不需要用两只腿把我的身子撑离地球。我内心仿佛产生了一股浮力，将我的身子托起，把我当做一只气球似的，在我体内注入足够的氦，让我盘旋在地面上，双脚几乎可以碰触到土壤。那种感觉就像一个运动员经过一年的密集训练，体能处于巅峰状态。但比起运动员，此刻我的身体更加轻盈。

我又在岩石上坐了下来，再一次感到周遭的一切离我如此之近——我所坐的那块突出地面的嶙峋石头、山坡下高大的树木、地平线上的一座座山峦。当我看到树枝在微风中摇曳时，我经历的不仅仅是视觉上的景象而已，也体验到一种肉体上的感觉，仿佛那一根根随风飘荡的树枝就是我身上的体毛似的。

我察觉到宇宙万物都是我身体的一部分。坐在高山之巅，俯瞰着从我这儿向四面八方辐射开去的景物，我忽然领悟，我一向看成是我肉身的这个躯体，其实只是一个更大躯体的头部，而这个更大的躯体包含了我极目所见的所有东西。我这时的感觉是：整个宇宙透过我的眼睛，正在观察它自己。

这种领悟激起了纷至沓来的回忆。我的心灵向过往的历史奔驰而去，越过我的秘鲁之旅，越过我的童年和出生。我发现，我的生命实际上并不是肇始于我的母亲受孕、怀有我的那一刻，它起源得更早。其实，我的真正身体——整个宇宙——形成时，我的生命就开始了。

以前，对进化论所说的那一套，我一直感到很厌烦，然而现在，我的心灵往时间的上游不断追溯上去的当儿，以往阅读过的有关进化论的东西全都涌现在我的脑海中，包括我跟那位长相酷似雷诺的朋友之间的谈话。我记得，这位朋友最感兴趣的学问就是宇宙的进化。

所有的知识似乎都跟实际的记忆融合在一起。如今，坐在山巅上，回想着以往发生的点点滴滴，我开始用新的眼光看待宇宙进化的历史。

我看到第一个物质轰然一声出现在宇宙中的情景，而我明白，就像手稿预言的第三个觉悟所描述的，这个物质并不是坚实的固体。物质只不过是在某种层次上振动的“能”，而开始时物质只以最简单的振动形式存在。这种元素就是我们所称的“氢”。太初之时，宇宙中只有氢。

我看到氢原子开始聚集在一起。“能”的基本法则和强烈愿望，似乎就是进入一个更复杂的状态。当一团一团的氢达到足够的稠密度时，它就会开始发热、燃烧，变成我们所称的星球，而在燃烧的过程中氢会融合在一起，进入更高层次的振动。这种新形成的元素，我们称为“氦”。

在我的注视下，最初的这些星球逐渐衰老，终于发生爆炸，把残余的氢和新形成的氦吐入宇宙中。于是整个过程又再开始，氢和氦相互吸引，聚集在一起，最后温度升高到足以让新的星球形成，而氦也趁机融合，产生新的元素“锂”，在更高的一个层次振动。

就这样周而复始，一代接着一代的星球创造出前所未见的物质，直到各种各样的物质——基本的化学元素——全都形成，散布在宇宙各个角落。物质从“能”的最简单振动，也就是氢元素进化到以极端高速振动的“碳”，为宇宙进化的下一个阶段做好准备。

太阳形成后，一团团物质进入它的轨道，环绕着它运行。地球是其中之一，拥有新创造的全部元素，包括碳。地球逐渐冷却下来后，原本闭锁在熔浆中的气体趁机流移到地球表面，聚合成水蒸气，于是大雨降临了，在干燥荒芜的地壳上形成一个个海洋。地球表面大部分被水覆盖后，天空就变得清朗。灿烂的太阳给这个新世界带来光、热和辐射线。

雷电交加的暴风雨不时袭击着地球。在各处的浅水潭和盆地中，物质越过了碳的振动层次，进入更复杂的境界，也就是氨基酸所代表的那种振动。但是，宇宙历史上头一遭这个新层次的振动本身无法稳定下来。物质必须不断吸引其他物质，以维持它的振动，它必须“进食”。宇宙进化的生力军——生命，开始出现了。

这时的生命只能存活于水中。我看到这个生命分裂成两种截然不同的形式，一种是我们所说的植物，以无机物维生——它利用早期大气中的二氧化碳把这些元素转化成食物。作为副产品，植物第一次把氧气释放到地球上。在海洋中，植物生命迅速繁衍蔓延，最后登上了陆地。

生命的另一种形式，我们称为动物。它吸收有机物以维持振动。在伟大的鱼群时代，动物充满整个海洋。等到植物把足够的氧释放进大气后，动物也开始长途跋涉，向陆地进军。

我看见两栖动物——一半是鱼一半是某种新物种——破天荒离开水域，使用肺脏呼吸新空气。然后，物质展开大跃进：爬虫类布满整个地球，形成伟大的恐龙时期。接着，温血的哺乳动物出现了，取代爬虫类，散布在地球各个角落。而我发觉，每有一个新物种出现，就表示生命——物质——进入更高层次的振动。漫长的进程终于结束，我们看见人类站在进化的顶峰。

人类啊。我的怀想到此告终。在一瞬之间，我看到了宇宙进化的整个历史：物质如何形成，如何朝层次愈来愈高的振动演进——仿佛根据某种蓝图似的——如何创造有利的条件，让人类登临世界的舞台，让我们每一个人作为个体出现在这个星球上。

坐在高山之巅，我心里在想，这一场进化会如何在人类的生命中延续下去。在某些方面，未来的进化必然和人生的机缘有关。这些机缘引领我们在生活中迈步前进，创造一个更高层次的振动，把宇宙的进化又往前推进一步。然而，左思右想，我一时还参不透个中的玄机。

好久好久，我独自坐在石崖上，心中觉得无比宁静充实。也不知过了多少时候，我猛然发觉太阳已经开始西移。这时我才注意到，西北方约莫一英里外的地方，依稀有个城镇。我望得见那层层叠叠的屋顶。西边山脊上的公路似乎一路蜿蜒通到镇上。

我站起身来，开始爬下石崖，心中舒畅至极，忍不住仰天长啸。周遭的景物仍然跟我连成一体，一路下山，感觉仿佛在自己的躯体上走动、探索着自己的五脏六腑似的。那种感觉美妙极了。

我一步步攀下峭壁，进入树林中。晌午的太阳在林子里投下长长的阴影。半山坡有一处地方树木长得格外高大茂密，一走进去，我就感觉到身体起了明显的变化：我的脚步轻盈了起来，四肢变得更加灵活。我停驻片刻，观察林中的大树和蔓生的矮树丛，把视线的焦点集中在它们的形状和色彩上。我看见一簇闪闪发亮的白光和一圈粉红色的光晕，环绕着每一株植物。

我继续往前走，来到一条小溪旁。溪水闪烁着淡蓝的光芒，映入我的眼中，使我内心充满祥和。最后我穿越过了山谷，攀上对面的山坡，来到山脊顶端那条碎石铺成的公路，沿着路肩悠闲地往北走。

前面，我看见一个身穿神父长袍的男子转弯走进一条岔路。欣喜之余，我忘记了恐惧，拔起腿来就追上前去，想跟他聊天。这时的我内心充满安详喜乐，有一肚子的话想向神父诉说。然而出乎我意料之外，他竟然消失了。右边有一条岔路通往山谷，但路上空荡荡的，看不见任何人的踪影。我又沿着大路跑了一会儿，依旧找不到那位神父。我想回到刚才那条岔路上，但我知道小镇就在前方，于是便一直走下去。好几次，我真想折回岔路上再瞧一瞧。

往前走了约莫一百码，刚要转弯，就听见路上轰隆轰隆响起汽车的声音。透过枝叶间的空隙，我看见长长一列军车朝我疾驶过来。我迟疑了半晌，原本打算站在路边等军车过去，但想起在山脊上亲眼看到士兵开枪杀人的情景，心里一慌，连忙跑离马路，往地上一趴。十辆军用吉普车从我身边飞驰而过。我躺着的地方一片空旷，毫无遮蔽。我只有默默祈求车上的士兵莫朝我这个方向瞧。一辆辆军车在我前方二十英尺的马路上驶过去。我闻得到吉普车排出的废气，也看得见车上每一张脸的表情。

托天之福，没有人注意到我。一等军车全部通过，我就匍匐着爬行到一株大树后面，两只手簌簌抖个不停。刚才那满心的安详喜乐全都消失无踪，我再度感到焦虑惊慌。好久，我才鼓起勇气，蹑手蹑脚走回路边。马路上忽然又响起汽车的声音，我赶忙窜回山坡下，望着两辆军用吉普车在我眼前奔驰过去。我只觉得肚子一阵翻搅，差点呕吐出来。

这次我远离马路，往回头路走，步步为营，不久后来到了刚才经过的那条岔路。我凝神倾听了一会儿，发现没有什么异状，便一头钻进路旁的树林，往山谷下走去。我觉得自己整个身子又变得沉重起来。一路走，我一路责问自己：我干嘛跑到这里来？我怎么会独自走在这条山路上？一定是被山脊上那场枪战吓呆了，再不然就是刚才在山顶上中了邪，迷了心窍。清醒清醒吧！我哀求起自己来。你不能再莽撞了，一不留神，你就会死在那些士兵的枪下。

走着走着，我整个人忽然僵住了。前面，离我约莫一百英尺的地方，不就坐着那位神父吗？他端坐在乱石堆中的一株大树下。我呆呆看着他。他睁开眼睛来，瞅着我。我倏地打了个寒噤。他脸上绽出了笑容，伸手向我招了招。

我小心翼翼地向他走过去。他一动不动地坐在树下，个子高高瘦瘦，年纪约莫五十岁，头发剪得很短，同眼睛的颜色一样，是深棕色的。

“看样子，你需要一点帮助！”他操着流利的英语说。

“你到底是谁？”我问道。

“我是桑杰士神父。你贵姓啊？”

我报上姓名，说明自己的身份，忽然感到一阵晕眩，一屁股就坐到了地面上。

“库拉镇今天发生的事，你也牵连在里头，对不对？”他问道。

“你还知道什么？”我心里保持戒备，不知道该不该信任这个神父。

“我晓得，政府里头有些人沉不住气，决定动手抓人了！”桑杰士神父说，“他们不想让手稿流传出去。”

“为什么呢？”我问道。

神父站起身来，挺着高高的个子低头看了看我：“你跟我来吧！我们的传道会就在半英里外，在那儿你会很安全的。”

我挣扎着撑起身来，心想反正没有选择的余地，于是使劲点了点头。他引领着我慢慢走下山路，神态十分恭谨审慎，说起话来字斟句酌。

“那些士兵还在搜捕你吗？”路上他问我。

“我不知道。”

沉默了几分钟，他又问道：“你也在寻找手稿吗？”

“不想再找了！”我说，“现在我只想逃出这个地方，回我美国老家去。”

他点点头，示意我放心。我发现我开始信任这个神父了。他脸上流露的关怀和亲切感动了我，让我联想起威尔来。不久，我们来到了桑杰士神父的布道会馆，只见一簇简朴的房舍面对着一个院子和一间小教堂，四周景色十分清幽美丽。一走进院子，我就发现地上打扫得十分干净，碎石走道两旁栽种的矮树篱显然经过精心的布置，每一株都充分展现出天然的形貌和神采，没有一株被修剪过。我们走进大门时，桑杰士神父操着西班牙语跟几个也穿长袍的人交谈了几句，然后那几个人就匆匆离开了。我伸出脖子，想看看他们往哪儿去，但眼睛却疲倦得睁不开来。桑杰士神父把我带进一间屋子里。

门内是一间小小的起居室和两个卧房，壁炉里烧着一堆火。我们进屋不久，另一位神父便端着一盘面包和一碗汤走了进来。我疲惫地吃着，桑杰士神父亲切地陪坐在一旁。饭后，在他的坚持下，我舒展四肢在床上躺了下来，不一会儿就沉陷梦中。

我伸了个懒腰，摸摸身上穿着的那件浆洗过的衬衫。它是粗棉布做的，穿在身上，脖子被磨擦得有点发痒，但洗得很干净，而且刚用熨斗烫过。今早醒来时，两位神父把一锅热水倒进浴盆里，顺便给我带来几件干净的衣服。洗过澡后，我换上衣服走进隔壁的房间，发现桌上摆着一盘刚出炉的小圆饼和一些风干的果子。我实在太饿了，也不管神父们站在一旁看着，就据桌大咽起来。吃完早点，神父们才离开，我就一个人漫步到屋子外面来。

我走到院子旁边的一排石板凳前坐下来。太阳已经爬到树梢上，温煦的阳光泼照着我的脸庞。

“睡得好吗？”身后有人问道。我回头一看，只见桑杰士神父挺着他那高瘦的身子，满面笑容，低头瞅着我。

“很好！”我回答。

“我陪你坐坐，好吗？”

“好啊。”

一连好几分钟，谁也没开腔，我开始感到有点不自在，好几次转头看看他，想跟他聊天，却见他仰起脸庞眯起眼睛出神地望着太阳。

他终于开口了：“这儿是晒太阳的好地方，亏你找得到。”他显然是指院子旁的一排石板凳。

“神父，请你指点我，”我说，“我以什么方式回美国最安全？”

他瞅着我，神色十分凝重：“我不知道。这得看秘鲁政府认为你犯的罪有多严重。告诉我，你怎么会出现在库拉镇？”

我从第一次接触到手稿说起，把事情的经过原原本本告诉桑杰士神父。山脊上发生的那一幕，当时我所感受到的那种喜乐安详，如今回想起来是多么的虚妄、造作，因此我只约略提到它，不愿意深入谈论，但桑杰士神父对这件事却感到莫大的兴趣。

“那个士兵找不到你，就离开了，然后你做了什么？”他追问道。

“一连好几个钟头我就坐在山顶上，”我回答，“感觉好像松了一口气吧。”

“此外还有什么感觉呢？”他追问下去。

我有点忸怩不安，结结巴巴地说：“这很难讲。我觉得自己跟天地万物融合成一体，内心感到十分安详喜乐，身上的疲累一下子消除得干干净净。”

神父微微一笑：“你刚遇到一个玄秘的经验。很多人在山顶那座森林里都有过同样的经历。”

我不置可否地点点头。

他坐在石凳上，转过身子面对着我。“每一个宗教的玄秘家都描述过这种经验。你读过这方面的书吗？”他问道。

“好多年前读过一些。”我回答。

“可是，直到昨天为止，这种经验对你来说只是一个知识上的观念，对不对？”神父一路追问。

“唔，我想是吧。”

一个年轻的神父走过来，向我点点头，然后把嘴凑到桑杰士神父耳朵旁，低声说了几句话。桑杰士点了个头，那年轻的神父就转身走开。老神父仔细观察着小神父的每一个步伐。小神父穿过院子，走进一百英尺外一个看起来像公园的地方。我这才发现，那儿栽满各种植物，打扫得十分干净。小神父在各个角落里走了一遭，仿佛在寻找什么东西，好不容易才选定一个地点坐下，开始从事某种精神上的修炼。

老神父脸上露出了笑容来，仿佛很满意的样子，然后回头继续跟我谈话。

“依我看，这个时候找门路回美国去，可不太安全哦！”他说，“不过我会设法帮你打听一下，顺便查查你朋友的下落。”他站起身来瞅着我：“我现在得去处理一些杂事。相信我，我们会尽力帮助你的。这阵子你就安心住在这儿吧！放松心情，养精蓄锐。”

我点点头。

他把手伸进口袋，掏出一份文件来递给我：“这是手稿预言的第五个觉悟，谈的就是你刚刚遇到的那种经验。我想你会觉得很有趣。”

我勉勉强强把文件接到手里。神父又问道：“你上次读到的那个觉悟，第四个觉悟，你知道它的意义吗？”

我踌躇着。我实在不愿意再去想什么手稿和觉悟，只想快快回美国。但最后我还是回答了他：“人类一年到头在争夺别人身上的‘能’。我们想尽办法，要别人同意我们的观点，要别人认同我们，这样我们就能够把别人身上的‘能’吸收过来，充实自己，加强自己的力量。”

神父笑了笑：“这么说来，人类的最大问题是为了争夺‘能’，每个人都千方百计地去控制和操纵别人，对不对？”

“对啊。”

“解决的方法是寻找另一种能源，对不对？”

“第四个觉悟有提到这点。”

神父点点头，不慌不忙地走进教堂去了。

好一会儿，我俯着身子坐在石凳上，两只手肘撑着膝头，正眼也不看那份手稿一眼。我不愿再碰触这种东西。过去两天发生的事情当头浇了我一盆冷水，如今我只想快快回美国去。这时，在走道对面花木扶疏的园子里，我看见那个年轻的神父站起身来，慢慢走到园中另一个地点，距离他原先坐的地方约莫二十英尺之遥。他转过身子，朝我又坐了下来。

我一时感到好奇，便仔细观察他的动作，看着看着，忽然恍然大悟：莫非他在演练手稿中描述的某种独门功夫？我连忙打开手稿的翻译本，翻开第一页，开始读起来。

手稿预言，人类对长久以来被称为“玄秘意识”的现象，必将有新的领悟。它指出：在20世纪的最后数十年，这种意识将成为一种可以实践的生存方式，而以往只有某些玄秘教派追求这个境界。对大多数人来说，这种意识仍将是一个知识上的观念，只适宜在学术场合探讨和论辩。但是，愈来愈多人会相信，这种意识能够成为真实的经验，因为在他们一生中，将有机会一窥这种心灵状态的奥秘。手稿预测，这种经验将成为消弭人间冲突的关键。因为透过这样的经验，人类可以从其他来源取得他们所需要的“能”，人类终将学会如何开发这一新的能源。

我读到这里，抬起头来望了望那位年轻的神父。他两眼睁开，似乎在凝视着我。我向他点点头，尽管我看不清他脸上的表情。出乎我意料之外，他竟然点头回礼，脸上绽露出一丝笑意。

然后他站起身来，往我左边的那栋屋子走过去。我看着他穿过院子走进屋内，但他却一直回避我的眼光。

我听见身后响起脚步声，回头一望，看见桑杰士神父正走出教堂来。他笑眯眯地走到我跟前。

“怎么那么快就看完手稿了？”他问道，“想不想四处走走看看呀？”

“想！”我回答，“这个打坐区到底是怎么回事？”我指了指小神父刚才打坐的地方。

“我们走过去看看吧。”

我们漫步踱过院子时，桑杰士神父告诉我，他们的传道会已经有四百多年历史，创立人是来自西班牙的一个特立独行的传教士。这位教士认为，要让美洲印第安原住民皈依天主教，最有效的方法是收服他们的心，而不是把剑架在他们的脖子上，强迫他们信教。这一招果然奏效。因为这个缘故，加上这儿离首都利玛十分遥远，教会当局并不干涉这位神父的传教方式。

“我们继承他建立的反躬自省、探寻真相的传统。”桑杰士神父说。

打坐区的景观整治得十分优雅洁净。约莫半英亩的浓密森林被清理出来，修建成园子，铺上从河里采集的鹅卵石，筑成步道，蜿蜒通过一丛丛灌木和一圃圃花树。这儿的植物，就像院子里的那些，都经过精心布置，每一株都展现出独特的形貌和神采。

“你想坐在哪里？”神父问我。

我望望周遭，前面设有几个打坐地点——小小的一隅，有如一个自给自足的小天地，每一个都包含活动的空间，四周环绕着各色各样的花草、石头和大树。我们左边的那一个就是小神父刚才打坐的地点，地上布满嶙峋的石头。

“坐在那儿可以吗？”我问道。

神父点点头。于是我们走过去坐了下来。老神父深深吸了好几十口气，然后回头瞅着我。

“再谈谈你在山脊上的经验吧！”他说。

我有点迟疑：“我不觉得还有什么值得告诉你的。这种经验维持不长久。”

神父板起脸孔瞪了瞪我：“你心里再感到害怕时，这桩经验就结束了，但不会因此减低它的重要性，对不对？也许它值得你再追寻哦。”

“也许吧！”我说，“可是，当别人追杀我时，我又怎能集中精神去感受跟天地万物融为一体的境界呢？”

神父笑了起来，慈祥又和蔼地看了我一眼。

“你在传道会馆这儿研究手稿的预言吗？”我问道。

“是的，”他说，“我们教导别人如何去追求你在山脊上遇到的那种经验。有机会，你不会反对再感受一下那桩经验吧？”

院子里传来一个声音，打断我们的谈话。有一位神父在呼唤桑杰士。老神父向我告退，穿过院子走向那位有事找他谈的教士。我坐在地上，望着眼前的植物和石头，稍微调整我眼睛的焦距。我依稀看见离我最近的那一丛矮树环绕着一圈光芒，但我把视线转移到附近那堆石头时，却什么都没看见。

桑杰士神父谈完话后走回来。

“我得离开一阵子，”他走到跟前对我说，“马上要进城去参加一个会议，也许可以顺便打听你朋友的下落，至少可以打探一下你现在回美国会不会危险。”

“你今天会回来吗？”我问道。

“怕赶不及了，”他回答，“恐怕要等到明天早上才赶得回来。”

神父显然看出我的惊慌，他走前一步，挨近我身边，把一只手放在我的肩膀上：“别担心，你在这里很安全很自由，千万不要感到拘束，四处走走看看，想跟哪一位神父聊天都可以。但你心里要有准备，有些神父个性比较随和，比较容易让人亲近，每个人修为不同嘛。”

我点点头。

他笑了一笑，往教堂后面走去，爬上一辆我到现在才注意到的破旧卡车。尝试过几次后，引擎总算启动。神父驾着卡车从教堂背后绕出来，开上通往山脊的那条路。

桑杰士神父离开后，我又在园子里坐了几个钟头，静静回想这几天发生的事：玛乔莉现在人在哪里？威尔到底逃脱了没有？任森手下那个大胡子在山脊上被追兵射杀的那一幕，不时闪掠过我的脑海，但我强迫自己不去想它。我只想保持内心的宁静。

中午时分，我看见几位教士把一张长桌搬到院子中央，上面摆着一盘盘的食物。张罗妥当后，十多位教士走出屋子，端着盘子各取所需，然后坐到石板凳上悠闲地吃起来。大伙儿都吃得很开心，微笑着互相打招呼，但很少有人聊天。其中一位教士抬头看了看我，伸手往长桌一指。

我点点头，走进院子里，拿了一盘豆子和玉米。教士们显然都注意到我这个生人，但没有人跟我攀谈。我赞美了食物几句，但大伙儿听了只是微笑，礼貌地点点头。我试着跟他们的眼光接触，但他们一个个都垂下眼皮来。

我独自坐在一张石凳上，吃着盘中的食物。蔬菜和豆子都没有加盐，用各种香草调味。吃完午餐，教士们把盘子堆集在长桌上。这时一个教士匆匆忙忙走出教堂，拿了一盘食物后，四下望望，想找个地方坐下来吃。我们的视线接触了，他脸上露出了笑容。我认出他就是早上在园子里打坐、眼睛一直瞄着我的那个小神父。我向他笑了笑。他端着盘子走过来，操着蹩脚的英语跟我攀谈。

“我可以和你同坐一张凳子吗？”他问道。

“当然可以，请坐吧！”我说。

他坐下来，开始吃盘中的食物，细吞慢嚼不慌不忙，偶尔回过头来对我笑一笑。他个子瘦小，身上的肌肉却锻炼得十分结实，一头黑发非常浓密，眼睛却是浅棕色的。

“还喜欢这儿的食物吗？”他问道。

我把盘子放在膝头上，盘里还剩下一些玉米。

“哦，喜欢！”我拿起玉米咬了一口。我又注意到，他咀嚼食物的动作非常缓慢细致，便学着他这么做。不一会儿又忽然想起，这儿的每一位教士都是这副吃相！

“蔬菜是传道会的神父自己种的吗？”我问道。

小神父慢慢吞下一口食物，迟疑了好一会儿才回答：“是的！食物非常重要。”

“你们跟植物一起打坐沉思吗？”我又问道。

他脸上露出惊讶的神色，看了我一眼，问道：“你读过那部手稿吗？”

“读过前面四个觉悟。”

“你自己种菜吗？”他又问道。

“哦，没有。我刚接触到这些事情。”

“你看得见‘能场’吗？”

“有时候看得见。”

我们一时陷入了沉默中。好一会儿，小神父只管静静坐在石凳上，细嚼慢吞，吃了几口食物。

“食物是我们获取‘能’的第一个方法，”他说。

我点点头。

“为了充分吸收食物中的‘能’，我们必须……欣赏食物……”

小神父显然在苦思，想找出恰当的英文，好不容易终于找到了：“品尝！我们必须品尝食物的滋味。滋味就好比通往食物的门。你必须学会欣赏食物的滋味。这就是为什么进食之前我们要祈祷。祈祷的目的不只是感激上帝赐给我们食物，更重要的是，把进食变成一桩神圣的经验，让食物中的‘能’进入我们的身体。”

他仔细观察我脸上的表情，仿佛想看出我是否理解。

我点点头，没说什么。他一时陷入沉思。

根据我的理解，小神父的意思是说，我们在进食前感激上帝的真正目的，是加强对食物的欣赏和品尝，从而提高我们对食物“能”的吸取量。

停歇了一会儿，小神父又说："进食只是第一个步骤。我们以这种方式增加个人的‘能’之后，对周遭所有东西的‘能’就会变得更加敏感，然后，我们就能够学会不依靠进食来吸取我们所需要的‘能’。”

我使劲点了点头，表示赞同。

“我们周遭的一切东西都具有‘能’，”他继续说，“但每件东西的‘能’都是独特的。所以，有些地方比其他地方更能增加我们身上的‘能’。你能吸收多少‘能’，得看你的身心和这个地方的‘能’的配合程度。”

“这就是你早上在园子里打坐的目的吗？”我问道，“你打坐是为了增加你身上的‘能’？”

他开心地说："是的。”

“你怎么办到呢？”我问道。

"就像观察'能场'那样，你必须敞开胸怀，和周遭万物连结，发挥你的鉴赏力。但你必须更进一步，让内心产生一种充盈的感觉。"

"我不懂你的意思。"

看我一脸茫然的模样，小神父忍不住皱起眉头来："你愿不愿意跟我到打坐的地点走一遭？我示范给你看。"

"好啊，"我说，"求之不得。"

我跟在他身后，穿过院子走进园里的打坐区。他停下脚步来望望四周，仿佛在寻找什么。

"就在那边！"小神父伸出手来，指了指浓密的树林旁，一个特别的地方。

我们沿着蜿蜒穿梭在花木间的小径走过去。小神父把我带到一株大树前。那株树从一堆巨大的鹅卵石中间长出来，模样就像矗立在石头上似的。它的根缠绕着石堆，从缝隙中延伸进泥土里。树前栽种着一排不知名的花树，围成半圆形，满树黄花散发出奇异的、甘甜的芳香。大树后面是一片苍翠茂密的森林。

小神父吩咐我坐在矮树丛中的一块空地上，面向那株身上长满节瘤的老树。他自己也在我身旁坐下来。

"你觉得这株树长得美不美？"他问道。

"很美啊。"

"那么，感觉它……"

他又找不出适当的英文字来表达。苦苦思索了一会儿，他改变方式，问我："桑杰士神父说你在山脊上遇到一桩奇特的经验，你记得那时的感觉吗？"

"我感到轻松、安全，跟万物融合在一起。"

"怎么个融合在一起呢？"

"很难解释，"我说，"就好像周围的风景全都已经变成我身体的一部分。"

"告诉我真正的感觉。"

我思索了一会儿。真正的感觉？我忽然想到了。

"爱！"我回答他，"我感觉到一种对天地万物的爱。"

"对了，就是这种感觉。"小神父吩咐我，"现在，对这株树表达你的爱。"

"这怎么行！"我叫了起来，"爱是自然发生的事情，我不能强迫自己去爱任何东西。"

"你不必强迫自己去爱，"小神父说，"你让爱进入你的心灵。但是，要做到这点，你必须调整你的心态，想一想你在山脊上所感受到的那种爱，设法把它捕捉回来。"

我一面看着那株树，一面回想我在山脊上所经历的情感。渐渐地，我开始欣赏起这株树的样貌和神采来。我对它的好感愈来愈强，最后居然真的感受到了爱！那种感觉，就像小时候对妈妈的爱。如今虽然面对的只是一株树，我心中的爱却四下弥漫了开来。我爱上周遭的一草一木、一花一石。

小神父悄悄退后三四步，凝神望着我。"好极了！"他说，

“你已经开始吸引周遭的‘能’。”

我注意到他的眼睛有点散焦。

“你怎么知道？”我问道。

“因为我看见你的‘能场’愈变愈大呀。”

我合上眼睛，试图达到我在山巅上所体会到的那种强烈情感，但我实在没办法重现那桩经验。我现在感受到的虽然也是那样的爱，但强度差多了。这次失败让我感到很泄气。

“怎么回事？”小神父问道，“你的‘能’突然降低了。”

“我也不知道，”我说，“我就是没办法恢复山脊上的强烈感觉。”

他瞅着我，忍住满脸的笑，耐心地解释说：“你在山脊上遇到的是上天赐予的机缘，那是一种突破、顿悟。现在你必须学会靠自己的力量赢得那样的经验，一点一滴地争取。”他又往后退出一英尺，望着我说：“再试一次！”

我合上眼睛，努力加深自己的感受。一波情感终于汹涌而来，弥漫我整个身心，我捕捉住它，一点一滴加强它。我把关注的焦点整个地集中在眼前那株树上。

“太好了！”小神父赞叹一声，“你吸收这株树的‘能’，然后又把它送回给这株树。”

我呆呆望着他：“我把‘能’送回给这株树？”

“你在欣赏一样东西的美和独特的风貌神采时，你接受它的‘能’，”小神父解释说，“可是，一旦你的欣赏达到爱的境界，很自然，你就会把吸收到的‘能’送回去。”好久好久，我面对着那株树坐在地上。我愈把注意力集中在它身上，赞赏它的形貌和色彩，我就愈能感受到那种广博的、民胞物与的情怀。好一桩奇妙的经验！我想象自己身上的“能”朝那株树流淌过去，注满它一身，但是我肉眼看不到这幅景象。我依旧凝视着那株树，眼角却瞥见小神父站起身来慢慢走开。

“我把‘能’送回给树时，是什么样子？”我问道。

小神父把他所看到的详细告诉我。我发现，他描述的那幅景象，跟我在“文生居”看见莎拉把她的“能”投射到蔓绿绒上的情景一模一样。虽然莎拉办到了这点，但显然她并不知道，这种功夫需要爱心作基础。我想这个女孩一定是天生充满爱心，只是她自己没有察觉到而已。

小神父走出花园，朝院子踱过去，慢慢消失在我的视界外。我在园子里一直打坐到太阳下山。

回到屋里时，两位教士客气地向我点点头。一堆熊熊燃烧的炉火把傍晚的寒气阻挡在屋外。前屋点着好几盏油灯，照得一室通明。整个屋子弥漫着蔬菜浓汤味，或许是马铃薯浓汤热腾腾的香气。桌上放着一个陶碗、几支汤匙和一个装着四片面包的盘子。

其中一位教士转身走出房间，正眼也没看我一眼。另外一位低垂着眼睛，朝火炉边摆着的一口大铁锅点点头，一根长柄子伸出锅盖外。我把视线投向那口大铁锅时，教士问道：“还需要什么吗？”

“不需要，”我说，“多谢。”

他点点头就离开了，留下我一个人在屋子里。我揭起锅盖，发现那是一锅马铃薯浓汤，香气扑鼻。我满满舀了好几勺倒进陶碗里，坐到桌旁，从口袋掏出桑杰士神父借我的那份手稿，放在盘子旁边，准备开始阅读，但那碗浓汤实在太可口，我便专心吃起晚餐来。饭后，我把盘碗放进一只大的平底锅里，坐到壁炉前出神地望着火光，直到煤炭烧尽才捻熄油灯上床就寝。

第二天我一大早起床，觉得浑身舒爽，精神好极了！屋外，一片白雾缥缥缈缈流淌过院子。我把几块煤炭扔进壁炉中，又加上几根引火的木柴，把火扇亮，然后走进厨房寻找食物。就在这当口，我听见屋外响起卡车的声音。桑杰士神父回来了。我走出屋子，看见他从教堂后面走出来，一手拎着行囊，一手抱着好几个包裹。

“我给你带来一些消息。”他打个手势，示意我跟他进入屋里。几位教士送来热腾腾的玉米饼、小麦粥和一些风干的果子。桑杰士神父跟他们打过招呼后，就拉着我在桌旁坐了下来。教士们转身匆匆离去。

“我去参加南方教团召开的教士会议，”他告诉我，“我们这次聚会，目的是讨论手稿所引发的纠纷，尤其是政府最近采取的打压行动。一群教士聚集在一起，公开主张开放这份文件，这还是头一遭。我们刚开始讨论，就有一位政府官员前来敲门，要求我们给他发言的机会。”

他停歇下来，吃了几口早点，每一口都经过仔细的咀嚼才吞咽进肚子里。“那位官员代表政府向我们保证，政府的惟一目标是保护这部手稿，免得它落入外人手里。他告诉我们，目前在秘鲁公民手里的手稿复印本，全都必须向政府登记。他说，他了解我们的顾虑，但他希望我们遵从政府的规定，把我们所拥有的手稿复印本交给政府。他保证，官方认可的副本很快就会发还给我们。”

“你们把手稿复印本交给了政府吗？”我问道。

“当然没有啰。”

我们吃着早点。我也学他细嚼慢吞，尽量品尝食物的滋味。

停歇了几分钟后，他又说：“我们问起库拉镇发生的血腥镇压事件。那位官员说，这是针对一个叫任森的外国人所采取的必要行动，因为他手下那帮人有好几个是国外来的武装暴徒。他说，这帮人正在寻找失落的那一部分手稿，打算把它偷运出秘鲁，因此政府没有选择的余地，不得不逮捕他们。他没有提到你和你的几个朋友。”

“你相信政府官员说的那一套吗？”我问道。

“不相信。他走后，我们继续进行我们的会议。我们决定采取消极抵抗的政策，继续制作手稿复印本，暗中分发给民众。”

“教会领导人会准许你们这样做吗？”

“不知道。”桑杰士神父摇摇头，“教会长老对手稿的预言很不以为然。但到目前为止，他们还没有出面干预。我们最担心的是住在秘鲁北部的一位红衣主教西巴斯钦枢机。他对手稿的预言批评得最激烈，而且他在教会中位高权重，影响力很大。如果他说服教会领导层就这件事发表强硬的声明，我们就得面对非常棘手的抉择了。”

“他怎么会那样厌恶这部手稿？”

“他心里害怕呀。”

“害怕什么？”

“我已经很久没跟他谈过话了，而且我们一向不谈手稿的事。”桑杰士神父说，“不过，我想我知道他为什么害怕。他认为，人活在这个世界上并不需要精神上的知识，只需要信仰上帝。他觉得，这部手稿的预言会破坏现状，把世界上现有的权力结构整个摧毁掉。”

“手稿会有那么大的力量吗？”

桑杰士神父笑了笑，把脸一扬，说道：“真理能让你获得自由。”

我望着他，一面思索着这句话的意思，一面吃着盘中剩余的面包和干果。他又吃了几小口食物，然后把椅子往后挪出一步，打量着我。

“你的气色看起来好多了！”他说，“你有没有跟这儿的神父交谈过？”

“有啊。”我回答，“有一位神父教我如何连结自己和周围的

‘能’。我……我忘了他的名字。昨天早上我们在院子里谈话时，他在花园里打坐，记得吗？后来我遇见他，他就教我怎样吸收‘能’，然后再把它投射回去。”

“他的名字叫约翰。”桑杰士神父说，然后点点头示意我继续说下去。

“那种经验真是奇妙极了！”我说，“我回想着自己在山脊上感受到的爱，渐渐地，心胸就开阔了起来。我一整天坐在那儿，沐浴在爱的感觉中。虽然我一时还不能达到山脊上的那个境界，但也很接近了。”

神父脸上的神色变得凝重起来：“长久以来，爱在人生中的作用一直被误解。爱并不是抽象的道德责任。我们爱别人，并不是因为这样就能让世界变得更好，也不是因为我们应该放弃自私的享乐。把自己和周围的‘能’连结在一起，最初的感觉是兴奋，接着是幸福，最后是爱。寻找足够的‘能’维持爱的境界，当然对世界有好处，但直接受益的是我们自己。那是我们身为人最大的享受。”

我点头表示同意。神父又把椅子往后挪出好几英尺，眼睛只管打量着我。

“我身上的‘能’看起来如何？”我问道。

“变得大多了！”他说，“你心里的感觉一定很好。”

“是的。”

“好极了！这就是我们在这儿追求的心灵境界。”

“你们在这儿都做些什么事情？”我问道。

“我们训练教士，派他们进入深山为印第安原住民服务，跟他们一起生活。那是很孤独、很寂寞的工作，奉命被派到那里的教士意志一定要很坚强。在这儿受训的教士都经过严格的筛选。他们有一个共同点——每个人都有过一次称得上玄秘的经验。”停歇了一会儿，他继续说，“手稿被发现之前，我就已经花了很多年工夫研究这类经验。我相信，有过一次玄秘经验的人，想要回到这种境界、提升自己身上的‘能’，比较容易。缺乏这种经验的人也能够跟周遭的‘能’连结，但比较花时间。我想你已经体会到，对玄秘经验的强烈记忆，能帮助你一步一步回归到那个境界。”

“这种情况发生时，这个人的‘能场’看起来像什么？”

“它向外扩展，颜色微变。”

“变成什么颜色？”

“通常从暗淡的白色变成绿色和蓝色，但最重要的是它会扩张。譬如说，你在山脊顶上经历那个玄秘的现象时，你身上的‘能’向外扩散到整个宇宙。那一刻，你整个人和宇宙连结在一起，从宇宙那儿吸取‘能’，然后你身上的‘能’就开始膨胀，向外扩展出去，涵盖整个天地和世间万物。那时的感觉，你现在还记得吧？”

“记得！”我说，“那时我觉得整个宇宙就好像我的身体，而我只不过是这个身体的头部，更精确地说，是这个身体的眼睛。”

“对！在那一刻，你的‘能场’和宇宙的‘能场’已经融为一体，而整个宇宙就是你的身体。”

“坐在山巅上的时候，我经历了一段非常奇妙的回忆，”我告诉桑杰士神父，“我回想起这个庞大的身体——我的整个宇宙——是如何演变成今天这个模样的。宇宙的进化过程展现在我眼前，历历在目。我看见第一代星球从简单的元素‘氢’演变而成，然后在一代又一代继起的太阳系中，我看见日渐复杂的物质演化、出现。但我没看到物质本身。我看到的是‘能’的单纯振动，有系统地朝更复杂、更高级的层次不断演变进化。然后……生命开始了，一步一步进化到人类出现的阶段……”

我骤然停顿下来。神父仿佛看出我的心情转变。

“怎么啦？”他问道。

“就在人类出现的当口，我对宇宙进化的回忆就中断了！”我向神父解释，“我总觉得这个故事还没完、还在继续发展，但我不太理解……”

“故事确实还在进行中，”神父说，“人类负起宇宙进化的责任，正朝更高层次的、复杂的‘能’振动迈进。”

“以什么方式呢？”我问道。

神父笑了笑，没有回答问题：“这个问题我们以后再谈吧。我现在得去处理一些事情，一个钟头后再来找你。”

我点点头。他拿起一只苹果，走出屋子去了。我跟在他身后踱到屋外，忽然想起神父借我的第五个觉悟翻译稿，便走进寝室去拿它。这两天，我一直在想传道会馆外的那座森林——我第一次看见桑杰士神父时，他就坐在那儿。那时我又疲累又害怕，但一眼就看出这是个美得出奇的所在。今天早上，我决定到那儿去。于是我沿着小路一直往西走，来到桑杰士神父打坐的那个地方，席地坐了下来。我背靠着一株树，浏览周遭的景色，内心逐渐澄净下来。早晨的阳光分外明艳，轻风习习。我昂起脖子，望着头顶那一树随风翩翩起舞的枝叶。空气十分清新，我忍不住深深吸了好几口。风停时，我拿出手稿，正要翻开上回中断的那一页时，忽然听到卡车的引擎声。

我趴到树旁的地面上，倾听了一会，发现卡车是从传道会馆那个方向驶过来的。引擎声愈来愈近，最后我看到了桑杰士神父那辆破旧的卡车。他就坐在驾驶位上。

“我没料错，你果然在这儿。”他把车子开到我面前来，催促我，“快上来！我们得马上离开。”

“怎么回事啊？”我爬到他身旁的座位。

他开着车子一路奔向外面的大路：“我手下一位教士告诉我，他在村子里听见有人说镇上来了几个政府官员，向老百姓打听我跟传道会的事。”

“他们想干什么？”

神父看了看我，用安慰的口气说：“现在还不清楚。我只能说，他们好像要对我们采取行动了。为了预防万一，我想我们该到山里去住一阵子。我手下有一位教士住在玛珠璧珠村附近。

他叫卡尔神父。我们待在他家里很安全，先避过这一阵风头再说。”他又看了我一眼，笑道：“反正我本来就想带你去看看玛珠璧珠村。”

我忽然起了疑心：莫非这个老神父跟政府勾搭，要把我骗到什么地方交给政府？查明真相之前，我必须谨慎行事，随时保持戒备。

“你把手稿翻译本读完了吗？”神父问道。

“读了大半。”我说。

“你曾问起人类进化的历史，”神父说，“那部分你读完了吗？”

“还没。”

神父一面开车一面回过头来，深深看了我一眼。我假装没注意到他的目光。

“有什么地方不对劲吗？”他问道。

“没有啊！”我说，“从这里到玛珠璧珠村，开车要多久啊？”

“大概四个小时吧。”

我原想保持沉默，让桑杰士神父一个人讲话，希望他不小心说溜了嘴，会露出马脚来。但我对人类的进化实在太好奇了，忍不住问道：“人类要怎样做，才能把进化再往前推进一步呢？”

他打眼角里瞄了我一眼：“你觉得呢？”

“我不知道。不过，在山脊上的时候我忽然想到，人类下一步的进化，可能跟第一个觉悟提到的那些人生机缘有关。”

“没错！”神父说，“这一来，其他的觉悟就是顺理成章的事情了，对不对？”

我感到很困惑，好像懂又好像不懂，只好保持沉默。

“你不妨想想看，”神父说，“手稿预言的那些觉悟是如何形成一个顺序，它们之间有什么关联。第一个觉悟的出现，是在我们开始认真看待人生机缘的时候。这些机缘显示，我们所做的每一件事情，背后都有一个精神力量在主导、推动。”他想了一想，继续说：“第二个觉悟加深我们对历史真相的认知。我们发现，过去几百年来，我们太专注于物质的追求。为了建立安全感，我们一心想成为自己命运的主宰。如今我们已经开始觉醒，愿意探索这种心态形成的原因和本质。第三个觉悟为我们展现一个新的人生观。它让我们看到物质世界是由‘能’构成的，而这种能会回应我们内心的期望。第四个觉悟则揭发人类的一个陋习：我们企图控制别人的身心，以窃取他们身上的‘能’。之所以会犯下这样的罪行，是因为我们觉得自己身上的‘能’不足。这种不足是可以弥补的，只要我们跟更高层次的能源连结。我们所需要的‘能’，宇宙都能供给，但我们必须向它敞开胸怀。这就是第五个觉悟对我们的启示。”

停歇了一会儿，桑杰士神父又说：“那天在山顶上，你有过一次玄秘的经验，让你一瞬间看到一个人所能吸收的能量。但是，这种情况就好像走在众人的前头，提前窥望到未来的世界。我们无法长久保持这个状态。一旦跟意识正常的人谈起这桩经验，一旦返回纷纷扰扰的现实世界，我们就会从这个超凡的境界摔落下来，回复原有的自我。然后，我们必须一点一滴拾回失去的认知——必须展开漫长的旅程，回归到那个终极的意识。为了达成这个目标，我们必须学会充实自己身上的‘能’，因为这种‘能’会给我们带来机缘，而机缘会帮助我们落实、巩固新一层次的意识。”他看到我一脸迷惑的神情，便进一步解释说：“仔细想想吧，当生活中发生一件超乎偶然的事情，引导我们前进，我们的生命就会变得更加充实。那种感觉，就仿佛正在迈向命运为我们树立的目标。一旦这种情况发生，给我们带来机缘的那个层次的‘能’就会停驻在我们身上。我们感到害怕时，这个‘能’就会离我们而去，但我们可以轻易地得回它。我们已经变成一个新的人。我们生存在一个更高层次的‘能’、一个更高层次的振动。你现在明了这整个过程吗？我们充实我们的‘能’，然后成长，接着又充实我们的‘能’，然后成长。一而再，再而三。就这样，人类继续推动宇宙的进化，迈向层次越来越高的振动。”

他停顿了一会儿，忽然想到了什么，又继续说：“这种进化，在整个人类历史中不知不觉地进行着。因此文明才会进步，人类才会愈来愈健壮、愈来愈长寿。现在，我们要把这个进化过程变成有意识的行为。这就是手稿所预言的。这就是为什么现在全世界都兴起精神觉醒运动。”

桑杰士神父这番话让我听得如痴如醉：“这么说来，只要我们充实我们的‘能’，就像约翰神父教我做的，人生的机缘就会不断出现？”

“唔，可以这么说，但事情并不如你想象的那么容易。在我们跟宇宙的‘能’建立永久的连结之前，我们必须先克服一个障碍。手稿预言的第六个觉悟，就是针对这个问题。”

“这个问题到底是什么？”

神父回过头来，深深看了我一眼：“我们必须检讨我们控制别人的手段。记住，第四个觉悟告诉我们，人类常常觉得自己的‘能’不足，所以就千方百计控制别人，以夺取流动在人间的‘能’。第五个觉悟显示，替代性的能源是存在的，但我们无法利用这种能源，除非我们反省我们控制别人的手段，革除这种恶习——只要我们回归到这个恶习，我们跟宇宙能源的连结就会被切断。要摆脱这个恶习并不容易，因为它是在不知不觉中养成的。我们想革除它，首先必须正视它的存在。我们必须了解，我们控制别人的手段是在童年时期形成的，那时是为了争取别人的注意，夺得流向我们的‘能’。但不幸得很，我们从此沉溺在这个恶习中，长大后一而再、再而三地重复这种行为。我管这个现象叫我们心中无意识的一场‘控制戏’。我把它当做一出戏，因为里头的场景大家耳熟能详，就像电影中的一个场景，而剧本是我们在小时候写成的。往后一生，我们在日常生活中不知不觉地一再重复这场戏。我们只知道，同样的事件一再发生在我们身上。问题是，如果成天只知道重复某一场戏，那我们人生的整出戏就进行不下去了，其他场景，尤其是充满各种机缘的冒险戏也就没有演出的机会。为了操纵别人以取得‘能’，我们老是重复一个场景，中断了整出戏的进行。”

桑杰士神父把车速减缓，沿着马路上一条条深陷的辙迹小心地往前行驶。我感到很沮丧。我不太懂“控制戏”指的是什么。我真想把内心的感受向这位老神父倾诉，但我开不了口，因为我觉得我们之间依旧存在着一道鸿沟。我不信任他，不敢向他表露心意。

“你明白我这番话的意思吗？”他问道。

“不晓得，”我冷冷地回答他，“我不晓得我到底演过‘控制戏’没有。”

他回头瞅着我，眼光中充满了温馨的神采。“真的吗？”他呵呵笑起来，“那你对人为什么老是那样冷漠呢？”

清理过去的一生

圣 境 预 言 书

前面，道路愈来愈窄，倏地绕过一片峻峭的山壁。卡车颠颠簸簸行驶过散布在路面上的大石头，慢慢通过这一条险恶的弯路。在我们脚底下，安第斯山脉的崇山峻岭灰蒙蒙的，矗立在一片雪白的云海中。

我回头看了看桑杰士神父。他耸起肩膀，紧紧抓住方向盘。这一整天，我们一路开车上山，翻越一座又一座陡峭的山坡，行驶在落石间的狭窄通道上。我一直想问桑杰士，他所说的“控制戏”究竟是怎么回事，但总觉得时机不恰当。这位老神父全神贯注，把全身精力都用在开车上。况且，我也搞不清楚自己到底想问什么。我把手稿预言的第五个觉悟读了一遍，发现里头的每一句话都符合神父刚才跟我讲的那一套。停止控制别人，加速个人的“进化”，确实是值得追求的目标。但我到现在还不明了，控制别人的恶习究竟怎样形成和运作，换句话说，“控制戏”到底是怎样上演的。

“你在想什么呀？”神父问道。

“我已经读完第五个觉悟，”我说，“我正在想你刚才所说的‘控制戏’。你批评我待人太过冷漠，你是不是认为，我这出戏跟冷漠的个性有关？”

神父没有回答，只管愣愣瞪着前面的马路。约莫一百英尺外，一辆四轮驱动的大车子挡住我们的去路。一对男女站在距离车子五十英尺的石崖上，回头凝视了我们一眼。

神父停下车子，上下打量着那对男女，忽然绽露出笑容来：“我认识那个女的，她名叫茱莉亚。我们过去跟他们谈谈吧，不会有问题的。”

这一男一女皮肤都很黝黑，模样像秘鲁本地人。女的看起来年纪较大，约莫五十岁，男的却仿佛只有三十左右。我们爬出卡车时，那女的就朝我们走过来。

“桑杰士神父！”她边走边叫唤。

“茱莉亚！这一向可好？”神父回应她的招呼。两个人拥抱在一块儿，然后神父把我介绍给茱莉亚，茱莉亚又把她的同伴罗兰度介绍给我们。

随后，茱莉亚和神父转过身子，走向茱莉亚和罗兰度刚才站的那座石崖。罗兰度只管盯着我看。我本能地别开脸去，走向石崖。罗兰度跟上来，一路打量着我。他的头发和五官看起来很年轻，脸色非常红润。不知怎的我忽然感到焦躁起来。

我们一路往山边走去。罗兰度好几次张开嘴巴，一副欲言又止的模样，但每次我都甩开脸，加快脚步。他没有开口的机会。走到石崖下时，我坐在崖壁凸出的一块岩石上，希望他别坐在我身边。茱莉亚和神父就在我头顶约莫二十五英尺的地方，坐在一块大石上。

罗兰度挨在我身边坐了下来，一双眼睛盯着我。我虽然感到有点烦躁，却也对他起了好奇心。

他发现我打量他，趁机开口："你是为了那部手稿才来这儿的吗？"

我考虑了好一会儿才回答他："我听说有这么一部手稿存在。"

他脸上露出迷惘的神色："你看过这部手稿吗？"

"一部分，"我说，"你跟这部手稿有什么关系吗？"

"我对它很感兴趣，但一直没有机会见到。"沉默了一会儿，他又问道，"你是从美国来的吗？"

这个问题让我感到不安，因此我决定不回答，反而问他："这部手稿跟玛珠璧珠古城的废墟有关系吗？"

"没什么关系，"他说，"不过我听说，这部手稿就是在玛珠璧珠古城兴建的时候写成的。"

我没再开腔，只是静静眺望安第斯山脉那一幅气象万千的景色。我以为，只要我保持沉默，他就会主动告诉我他和茱莉亚来这儿的原因，这样我就可以探听出他们和手稿的关系。但我们默默坐了二十分钟，谁也没开腔。最后，罗兰度站起身来，走向神父和茱莉亚坐着谈话的地方。

我呆呆地坐着，有点不知所措。我不想去打扰神父和茱莉亚，因为我看得出他们私底下有话要谈。接下来的三十分钟，我就独自坐在石崖下，眺望安第斯山脉那一座座巉岩磊磊的山峰，一边竖起耳朵，倾听着石崖上神父和茱莉亚的谈话。他们好像没有注意到我的存在。最后我决定加入他们的谈话，但还没来得及挪动脚步，就看见他们三人站起身来走向茱莉亚的汽车。我跳蹿过一堆堆石头，向他们跑过去。

“他们要赶路。”神父告诉我。

“很遗憾我们没有时间聊一聊，”茱莉亚对我说，“希望有机会再见到你。”她瞅着我，眼中的神采就像桑杰士神父一样温馨亲切。我点点头。她扬起脸庞，说道：“我有预感我们会再看到你哦！”

我们沿着石径走下去。路上，我很想说几句话回应茱莉亚，但不知怎的，我只觉得自己脑子空空洞洞。走到她汽车旁时，茱莉亚淡淡地点了个头，匆匆说声再见，然后跟罗兰度钻进车子往北驶去，和我们的方向正好相反。整个事件让我感到很困惑。

我们上了自己的车子。神父问道：“罗兰度有没有告诉你威尔的事？”

“没有啊！”我说，“他们看到威尔了？”

神父脸上露出惊讶的神色：“看到了呀，就在这儿东边四十英里的一个村子里。”

“威尔有没有提到我？”

“茱莉亚说，威尔提到你们在路上分散的事。但他的话大部分是跟罗兰度说的。你没告诉罗兰度你是谁？”

“我没告诉他，因为我不知道该不该信任他。”

神父呆呆看着我，满脸迷惑。“我告诉过你，跟他们谈谈没有关系。我认识茱莉亚很多年了。她在利玛经营一家公司，手稿面世后，她就搁下生意，到各地寻找失落的第九个觉悟。茱莉亚不会跟一个不值得信任的人结伴旅行的。你跟他谈谈，不会有危险。瞧，你错过了打听你朋友消息的大好机会！”他板起脸孔，瞪了我一眼，“你不是问我‘控制戏’到底是怎么回事吗？这就是最好的例子！你待人太过冷漠，以至于错失了一个重大的机缘。”神父显然看到我一脸羞惭的模样，便安慰我说：“别难过。人生在世，每个人都在演一出戏，至少你现在明了你那出戏到底是怎么回事。”

“我还是不明白！”我说，“告诉我，我到底做错了什么？”

神父开始解释。“为了夺取流向你的‘能’，你设计一套控制别人、掌握局势的方法——你在心中创造一出戏，在演出的过程中你故意装得很冷漠，跟别人保持一个距离，让人家觉得你这个人很神秘。你欺骗自己说，你跟人保持距离，是因为你个性谨慎，但事实上你的目的是想吸引别人的注意，对你产生好奇。一旦有人被你吸引，你就刻意装出一副莫测高深的样子，加深他们的好奇，逼使他们挖掘你内心真正的感觉。”停歇了一会儿，神父继续说，“别人被你吸引、对你产生好奇后，就会把全副心思放在你身上，这一来，他们身上的‘能’就会往你那儿流动。你让他们的好奇持续得愈久，你从他们身上吸取的‘能’就愈多。不幸的是，在这出戏中，你若一直扮演冷漠的角色，你生命的进展就会缓慢下来，因为你一直在重复相同的场景。刚才你如果对罗兰度敞开胸怀，你的整个生命、你一生的戏剧，就会朝一个崭新的、充满意义的方向发展、迈进。”

我愈听心里愈沉重。我这个习气，威尔早就看出，当初他就曾指责我不该欺瞒雷诺。桑杰士神父说的没错，我老喜欢隐藏自己真正的想法。我望向车窗外。车子一路开进群峰矗立的深山。神父又专心开起车来，小心翼翼地行驶在蜿蜒崎岖的山路上，直到路面变得平直时，才回过头来看了看我，说道：“对我们每个人来说，摆脱这种恶习的第一步，就是正视我们上演的那出‘控制戏’，彻底了解它的本质。我们想把自己的生命往前推进一步，首先必须切实反省自己的行为，看一看我们为了争夺‘能’，究竟如何控制别人。你刚刚经历的就是这个阶段。”

“第二步呢？”我问道。

“我们每个人都必须回到过去，回到我们小时候的家庭生活，看看这种恶习是怎样形成的。找出根源，就能够了解我们控制别人的方式。记住，在家庭中，几乎每一个成员都在演他们自己的一出戏：大人千方百计想攫取小孩身上的‘能’，因此小孩也不得不创造自己的一出‘控制戏’，以作为反制，夺回被大人攫取的‘能’。有什么样的家人，就会发展出什么样的行为戏剧。不过，一旦认清家庭中‘能场’的运作方式，我们就能超越控制的策略，面对真正的问题。”

“真正的问题是什么？”

“每个人都必须从进化的角度、精神的角度，重新诠释他的家庭生活经验，以找出他的真正身份。一旦做到这点，我们演出的‘控制戏’就会落幕，真正生活就会展开。”

“那么，我应该怎么开始呢？”我问道。

“首先你必须弄清楚你那出戏是怎样形成的。”神父说，“告诉我，令尊是怎样的一个人？”

“他是个好人，很风趣、很能干，不过……”我踌躇了起来，因为我不想对外人批评我的父亲。

“不过怎样？”神父追问。

“唔，”我回答，“他很挑剔。在他看来，我什么事情都做不好。”

“他怎样挑剔你呢？”神父又问道。

父亲那年轻有为、充满活力的形象浮现在我心中：“他喜欢问我一些问题，然后在我的回答中挑毛病。”

“在那样的时候，你身上的‘能’发生什么变化呢？”

“我觉得我身上的‘能’都被吸干了，因此我就尽量不把心中的话告诉他。”

“你的意思是说，你在回答他的问题时故意含糊其辞，净说一些能够吸引他注意却又让他挑不出毛病的话。他是审问者，而你用冷漠疏远的态度保护自己，跟他捉迷藏，对不对？”

“我想是吧！”我说，“但什么是审问者呢？”

“审问者属于另一种行为戏剧。使用这种手段以取得‘能’的人，创造一出戏，在过程中不断提出问题，探查对方的内心世界，刻意找出毛病。一旦找到毛病，他就开始批评这个人的生活。如果这个策略奏效，遭受批评的人就会被扯进这出戏中。他会突然发现自己局促不安地站在审问者面前，注意他的每一个动作和想法，免得自己做错任何事或说错任何话，被审问者逮到。这种心理上的怯懦恭顺，让审问者有机会攫取他身上的‘能’。”神父瞅了我一眼，又说，“你不妨回想一下，你以前遇到这种人时心里的感受。当你被扯进这出戏时，你是不是特别小心自己的举止和言辞，以免被他挑出毛病？他能逼你放弃你自己的行为准则，能吸干你身上的‘能’，是因为你太过在意他的想法，使用他的标准来衡量、批判你自己的行为。”

这种感受，我深深体会过。任森的影像又浮现在我脑海中。

“这么说来，我父亲就是一个审问者啰？”

“唔，应该是的。”

我忽然想起我母亲扮演的角色。如果我父亲是一个审问者，那我母亲又是什么呢？

神父问我在想什么。

“我在想我妈演出的是哪一种‘控制戏’。”我说，“‘控制戏’

到底有几种啊？”

“根据手稿的分类，”桑杰士神父说，“人类操控别人以夺取‘能’的方法有两种，一种是积极的，直接强迫别人屈从他；另一种是消极的，利用别人的同情心或好奇心，争取别人的注意。譬如说，有个人用言辞或武力威胁你，如果你感到害怕，就会被迫顺从他的意志，结果你就会把你身上的‘能’转移给他。威胁你的人把你扯进一场最暴虐的‘控制戏’中。他就是第六个觉悟所说的‘胁迫者’。”神父歇口气，继续说：“另一方面，有人会向你诉说发生在他身上的种种悲惨事件，甚至暗示你该为他的遭遇负责并且提醒你说，你若不伸出援手，他就会从此沉沦在苦海中。这种人是以最消极、最柔和的手段来控制别人。手稿管这种控制戏叫‘乞怜戏’。这种手段值得我们特别注意。你有没有遇见过这样的人，一走到他面前，你就会忍不住感到愧疚，尽管你明明知道自己从来没有做过对不起他的事？”

“遇见过。”

“喏，你被扯进了乞怜者的戏剧世界中。他说的每一句台词、做出的每一个动作，目的都在让你感到愧疚，让你觉得没有尽到照顾他的责任，所以，在他面前你会产生一种罪恶感。”

我点点头。

“我们每个人演出的戏，”桑杰士神父继续说，“都可以放到从‘积极’到‘消极’的光谱上去检验。如果这个人控制别人的手段比较巧妙，专门在对方的言行里挑毛病，一步一步摧毁他的世界、攫取他的‘能’，就像令尊当年对待你那样，那么，在控制戏中这个人就是扮演‘审问者’的角色。手段最消极柔和的是‘乞怜者’。比乞邻者稍微积极一些的，就是你习惯扮演的‘冷漠者’。因此，根据积极度来排列，人间上演的控制戏大致可分成四类：胁迫、审问、冷漠、乞怜。你觉得有没有道理呢？”

“好像有道理哦！”我说，“依你看，每个人控制别人的手段都不出这四大类啰？”

“对！”神父说，“有些人在不同的情况下会使用不同的手段来控制别人，但大部分人都认定一种方式，一生重复使用。至于选择哪一种手段，就得瞧他小时候和家人的关系而定了。”

听了桑杰士神父这一番解说，我恍然大悟。小时候，我母亲控制我的方式和我父亲一模一样。我呆呆望着桑杰士神父说：“我现在知道我妈是怎样的一个人了！她跟我爸一样，也是一个‘审问者’。”

“那你小时候就受到双重的审问啰！”神父说，“难怪你的个性会变得那么冷漠。还好，你父母亲没有用胁迫的手段对待你，否则你就有苦头吃了。”

“如果他们用胁迫的手段对待我，后果会怎样呢？”

“你从此就会变成可怜兮兮的‘乞怜者’，不能自拔。你明白这个过程吗？如果你是一个小孩子，而别人一再使用暴力威胁你，想夺取你身上的‘能’，在这种情况下，冷漠并不能防止你受到伤害。你装得再矜持，也不能让他们把‘能’还给你呀。他们根本不在乎你心里想什么。他们太过强势。因此你就不得不采取低姿态，装出一副可怜兮兮的模样，希望能打动他们的同情心，迫使他们对自己的所作所为感到羞愧。如果连这一招都不管用，那么，你也只好逆来顺受，忍下这口气，等将来长大后再把满肚子的怨气发泄出来，以牙还牙，以暴力对付暴力。”神父停顿了一下，然后说，“就像你跟我提过的那家秘鲁客店老板的女儿。小孩子为了争取家人注意，以取得他们所需要的‘能’，会使用各种极端的手段。长大后，这一招就会变成他们控制别人、争夺能源的策略，也就是他们一生不停演出的一出戏。”

“我了解你所说的‘胁迫者’，”我说，“但‘审问者’又是怎样形成的呢？”

“如果你是一个小孩子，而你的家人成天忙着自己的事情，没有工夫理会你，那你会有什么反应呢？”

“不知道。”

“装出一副矜持的态度，并不能吸引他们注意——他们根本没工夫理会这些。面对冷漠的家人，你只好扮演审问者的角色，探究他们的隐私，挑出他们言行里的毛病，迫使他们对你另眼相看，对不对？‘审问者’就是这样形成的啦。”

我开始领悟了，“冷漠的人制造出‘审问者’！”

“对。”

“‘审问者’使别人变得冷漠！同样的，‘胁迫者’制造出‘乞怜者’，不然就是制造出另一个胁迫者！”

“对极了！”神父点点头，“人间的‘控制戏’就这样一代一代传演下去。但是，你必须记住：一般人往往只在别人身上看到这出戏，以为自己永远不会使用这种手段对待别人。我们必须破除这个幻觉，否则就会走进死胡同。几乎每个人在一生中——至少某些时候——都会沉迷在某一种‘控制戏’里。因此，我们必须退后一步，好好看一看自己，了解自己究竟在做什么。”

我沉默了一会儿，回头看了看桑杰士神父，问道：“我们看穿自己表演的戏，然后又怎么样呢？”

神父放慢车速，转过头来深深看了我一眼：“然后我们就会变成真正自由的人，超越我们一辈子无意识地扮演的角色。我不是说过吗？我们可以为自己的生命寻找一个更崇高的意义，同时，为我们出生在这样的家庭寻找一个精神上的原因，可以开始探索我们的真正身份。”

“快要到目的地了！”桑杰士神父说。道路在两座山峰之间蜿蜒上升。我们刚驶过右边那一片巨大的石壁，就看见前面有一间小屋，它蹲伏在另一座高耸入云、气象万千的石峰下。

“他的卡车没停在这儿。”神父说。

我们停好车子，往那间屋子走过去。神父推开前门走进屋里。我站在外头等着，深深吸了好几口气。空气冷冽，非常稀薄。头顶那一片天空灰蒙蒙暗沉沉，布满乌云。看来可能会下雨。

神父走出屋子：“屋里没人。他一定在废墟那儿。”

“到废墟怎么走啊？”我问道。

神父露出一脸疲惫的神情。“废墟在前面大约一英里半的地方。”他把卡车钥匙递给我，“沿着马路一直走，经过一座山脊，你就会看见山下那一片废墟。你开卡车去吧。我想待在屋里打坐一会儿。”

“好吧！”我爬上卡车。

我沿着马路把车开进一个小山谷，然后驶上一座山脊。蓦然间眼睛一亮，我看到了玛珠璧珠古城那无比壮观的废墟：一栋栋用切割整齐的巨石所砌成的庙宇，层层叠叠矗立在山坡上。在乌云密布的天空下，那一片苍凉的美愈发荡人心魄。

我停下车子，做了十几分钟吐纳，吸取山中的精气。一群群男女在废墟间走动。我看见一个人脖子上戴着教士的项圈，走出一座庙宇的断垣残壁，步向附近停着的一辆汽车。由于距离太远，加上这个人身上穿的是皮夹克，而不是神父的道袍，我一时不敢确定他就是我们要找的卡尔神父。

我发动引擎，把车子开近一些。那个人一听到车声就抬起头来看了一眼，脸上登时绽露出笑容，显然他认出我开的是桑杰士神父的车子。他看了看驾驶座上的我，满脸好奇地走了过来。他身材矮胖，头发棕黑，五官浮肿，一双眼眸却十分深邃湛蓝，年纪看来约莫三十岁。“我是跟桑杰士神父一起来的。”我迎上前去，自我介绍，“他现在待在你家里休息。”

那人伸出手来：“我是卡尔神父。”

我望了望他身后的废墟。从近距离看，那一块块切割整齐的巨石更让人叹为观止。

“你第一次到这儿来吧？”卡尔神父问道。

“是第一次，”我说，“很久以前就听说这个地方，却没有想到这么壮观。”

“这儿是世界上‘能场’最密集的地方之一。”他说。

我打量着他。显然，他所说的“能”和手稿提到的“能”是同样的东西。我使劲点点头，说道：“我现在正处于这样的阶段——有意识地建立我身上的“能”，检讨我控制别人的手段。”这句话实在太过矫揉造作，连我自己听了都觉得有点刺耳，但无论如何那是实话。

“你看来并不那么矜持冷漠嘛！”卡尔神父说。

我猛地一怔：“你怎么知道那是我控制别人的手段？”

“这是我培养出的直觉，也是我来这儿的原因。”

“你帮助人家看清他们控制别人的手段？”

“是的，也帮助他们认识真正的自我。”他那双眼睛闪烁着真诚的光彩。他的个性显然十分爽快，在陌生人面前直话直说，一点都不觉得忸怩。

我一时找不到话题，因此他就说：“你明了手稿预言的头五个觉悟吗？”

“大部分我都读过了，”我说，“而且我还跟好几个人讨论过。”

话刚说出口，我就知道自己又犯了语焉不详的老毛病，于是赶紧补充说："我觉得我了解头五个觉悟，第六个觉悟我还不太懂。"

卡尔神父点点头，说道："跟我谈过的人，大部分连那部手稿都没听说过呢。但他们一来到这儿，就强烈感受到这儿弥漫的'能'。这就足够让他们反省以前的生活了。"

"你怎么认识这些人的？"

他意味深长地看了我一眼："他们自己找上我的。"

"你说你帮助他们发现真正的自我，但怎样才能办到这点呢？"

他深深吸了一口气，答道："只有一个方法。我们每个人都应该回到童年的时空，检讨我们小时候的家庭生活。一旦认清自己控制别人的手段，我们就可以超越'能场'争夺所引发的冲突，开始探索家庭生活中更深一层的真相。一旦找到这个真相，我们的生命就会充满活力和生机，因为透过这个真相我们可以明了我们的真正身份、命运和现在的所作所为。"

"这点，桑杰士神父已经告诉我了！"我说，"我想知道的是，怎样才能找到这个真相呢？"

卡尔神父拉上夹克的拉链，以抵御傍晚时分山中弥漫起的寒气。"希望待会儿我们有机会讨论这个问题，"他说，"现在我得赶回去，跟桑杰士神父打个招呼。"

我昂起脖子眺望眼前那一片废墟。卡尔神父又说："随意走走看看吧，千万别感到拘束！我们晚上在家里见。"

接下来的一个半钟头，我独个儿徜徉在那一片古老的废墟里。在某些地点，我会多流连一会儿，因为那儿的气氛让我感到身心格外舒畅。一时间，我只觉得目眩神驰，不禁怀想起当初兴建这些庙宇的文明古国来。他们利用什么方法把这一块块巨石搬运上山，然后层层叠叠堆砌起来，盖成一幢幢神殿？真是匪夷所思。

在废墟间漫步了一会，我的思绪渐渐转到自身的安危上来。虽然处境未变，我却不再感到担忧和恐惧。桑杰士神父流露的那一脸自信使我心安。我一时糊涂，竟然怀疑他跟政府勾结，打算出卖我。今天下午遇到的卡尔神父，跟我也很投缘。

天渐渐黑了，我开着卡车回到卡尔神父住的地方。抵达时，我看见两位神父并肩站在屋子里。一走进大门，我就听到笑语声。他们两位正在厨房忙着准备晚餐。卡尔神父跟我打了个招呼，陪我到客厅休息。我舒适地坐在一张椅子上，面对着壁炉中一堆熊熊燃烧的柴火，四下望望，打量屋中的陈设。

客厅很宽敞，墙上镶着宽厚的木板，显得有点陈旧。我看得见另外两个房间，显然是卧室，中间隔着一条狭窄的通道。屋子里点着几支微弱的电灯泡。我仿佛听见发电机嗡嗡的运转声。

晚餐张罗妥当后，两位神父把我请到一张粗糙的木桌旁。桑杰士神父做了简短的祈祷，我们就吃起来。两位神父边吃边继续刚才的谈话。饭后大伙儿坐到火炉旁。

“卡尔神父跟威尔见过面谈过话。”桑杰士神父说。

“什么时候？”乍听这个消息，我感到惊喜交集。

“几天前，威尔经过这里，”卡尔神父说，“我是一年前跟他结识的，这回他特地来告诉我一个消息。他说，他已经查出谁在幕后唆使政府采取行动，打压那部手稿。”

“到底是谁呀？”我问道。

“枢机主教西巴斯钦！”桑杰士神父插嘴说。

“他在搞什么鬼？”我又问道。

“很明显的，”桑杰士神父说，“西巴斯钦枢机运用他在秘鲁政府中的影响力，促使军方采取行动，搜捕跟手稿有关系的人。以前，他总是静悄悄在幕后运作，避免造成教会分裂。现在他干脆撕破脸皮，准备大干。糟糕的是，他这套新策略恐怕已经奏效了。”

“怎么说？”我问道。

“除了北部教团的一些教士和茱莉亚、威尔这几个人，全秘鲁已经没有人敢私下收藏手稿的复印本了。”

“‘文生居’庄园的科学家呢？”我问道。

两位神父沉默了好一会儿，卡尔神父才说：“威尔告诉我，‘文生居’庄园已经被政府查封了。在园中工作的科学家全部遭到逮捕，研究资料也全部被没收。”

“学术界会容忍秘鲁政府这种行为吗？”我问道。

“他们还能怎样呢？”桑杰士神父说，“况且，学术界的主流派对‘文生居’进行的那种研究，本来就很嫉视。政府到处宣传说，‘文生居’那伙人干的是违法的勾当。”

“我不相信秘鲁政府敢这样蛮干下去。”

“看样子，他们是蛮干定了！”卡尔神父说，“我打了几个电话去查证，结果得到的都是同样的消息。虽然政府不愿大肆张扬，镇压行动确实在加紧进行中。”

“接下来会发生什么事呢？”我问两位神父。

卡尔神父耸耸肩膀。桑杰士神父回答说：“不太清楚。一切得看威尔找到什么而定。”

“怎么说？”我问道。

“威尔就快找到手稿失落的那一部分，也就是第九个觉悟。如果他真的找到的话，也许会引起国际学术界很大的兴趣，从而对秘鲁政府施加压力。”

“威尔有没有说他准备去哪里找？”我问卡尔神父。

“他自己也不太确定，但他说他的直觉引导他一路往北走，到中美洲危地马拉附近去找。”

“他的直觉引导他？”

“对！你明了自己的真正身份，进入第七个觉悟后，就会了解这一点。”

我呆呆地望着两位神父。这种时候，他们居然还能保持冷静，一副若无其事的模样。“你们两位怎么那么冷静？”我问道，“难道你们不怕军队突然冲进来，把我们三个全都抓走？”

两位神父只管静静瞅着我，一脸安详从容。好一会儿，桑杰士神父才开腔：“别把我们的冷静看成粗心哦！我们脸上流露出的平静，反映我们内心跟宇宙的‘能场’紧密连结。不管情况有多恶劣，我们都必须跟宇宙的‘能’保持连结。这点你懂不懂？”

“当然懂！”我说，“但我老是没法子跟宇宙的‘能’保持连结。”

两位神父脸上都绽露出笑容来。

“一旦你明了自己的真正身份，”卡尔神父说：“就比较容易跟宇宙的‘能’保持连结。”

桑杰士神父站起身来，走出客厅。他说要到厨房去洗碗。

我望了望卡尔神父：“好吧，请告诉我，我要怎样做才能弄清楚自己的真正身份？”

“桑杰士神父告诉我，”卡尔神父说，“你已经了解你父母亲控制你的方式。”

“没错，”我说，“我父母亲在我面前都扮演‘审问者’的角色，他们的审问使我的个性变得冷漠。”

“好，现在你必须超越你家中的‘能场’争夺战，开始寻找你出生在那个家庭的真正原因。”

我望着卡尔神父，一脸茫然。

“你若想找出你真正的精神身份，就必须把你的一生当做一个整体经验来看待，设法在其中发掘高一层次的意义。开始时，你不妨问问自己这些问题：我为什么会出生在这个家庭？命运作这样的安排，究竟有什么用意？”

“我不晓得。”我说。

“你说你父亲扮演‘审问者’的角色，”卡尔神父说，“除此之外，他是怎样的一个人呢？”

“你的意思是指他的个性和为人？”

“对。”

我思索了一会儿，然后回答卡尔神父：“我的父亲一直认为做人要诚实正直，但也要尽情享受人生。他是那种要活就要活得痛痛快快的人。”

“他有没有达成这个愿望呢？”

“在某种程度上，他是达成了这个愿望。但是，不晓得什么缘故，他的运气总是不好，每次他准备开始尽情享受人生的时候，霉运就会降临在他头上。”

卡尔神父眯起眼睛沉吟了一会儿，说道：“你父亲认为人生的目的就是玩乐和享受，但他自己并没有完全达成这个愿望，对不对？”

“对。”

“是什么原因呢？你有没有想过？”

“没仔细想过，但我一直觉得那是他命不好。”

“也许，他还没找到实现这种愿望的方法？”

“也许不是这个原因。”

“你母亲呢？”

“她已经过世了。”

“你觉得她的一生代表什么？”

“宗教信仰。她一生都为教会过活。基督教的教义都体现在她身上。”

“在哪一方面？”

“她热心参与小区公益活动，一生遵守上帝的戒律。”

“她遵守上帝的戒律？”

“一丝不苟，根据教会教导她的去做。”

“她说服你父亲跟她这么做吗？”

我忍不住笑了起来：“门儿都没有！我母亲要他每个礼拜上教堂，又要他参与小区公益活动。但是，就像我刚才告诉你的，他那种个性受不了这种拘束。”

“你夹在他们中间，怎么办？”卡尔神父问道。

我怔怔望着他：“我从没想过这点。”

“他们两人为了争取你的归顺，才不断地‘审问’你，以确定你不会受到另一方的价值观影响，对不对？他们两人都想说服你他们的价值观才是最正确的，对不对？”

“对！你说的没错。”

“那你怎样应付这种局面呢？”

“我想，只好尽量避免表明立场吧。”

“他们两人都在监视你，看看你到底有没有奉行他们那一套价值观，而你夹在中间，两头不讨好，就干脆跟双方都保持距离，个性就变得愈来愈冷漠了。”

“大概是这样吧！”我说。

“你母亲后来怎么了？”卡尔神父问道。

“她患上了帕金森氏症，缠绵病榻，熬了很多年才过世。”

“她的信仰一直没有动摇过吗？”

“绝对没有！”我说，“至死不渝。”

“那么，她的一生带给你什么意义、什么启示呢？”

“你指的是什么？”

“你在探索你母亲的一生对你的意义，你想知道你为什么会成为她的儿子，你出生在她的家庭到底能学到什么。每个人都把他认为正确的人生观落实在他的一生中，不管他有没有意识到这点。你必须探讨你母亲的一生究竟带给你什么启示，同时你也得了解，她的一生到底有什么缺憾。弥补那些缺憾就是你今后要努力的目标之一。”

“之一？”

“弥补你父亲生命中的缺憾是另一个目标。”

我听得一头雾水。

卡尔神父伸出手来搭在我肩膀上：“我们不单是父母亲的肉体产物，也是他们的精神产物。你既然生为这两个人的儿子，他们的一生对你整个身心就会产生难以磨灭的影响。你若想找出你真正的自我，你就必须承认，真正的你是产生在你父母亲所代表的两种人生观中间。这就是你生为他们儿子的目的：从一个更高的角度，观察他们所代表的人生信念。你这一生的使命，就是融合你父母亲的信念，创造一个更崇高的人生观。”

我点点头。

“你觉得父母亲的一生对你的启示是什么？”卡尔神父问道。

“我不太确定。”

“你心里到底怎么想呢？”

“我父亲认为，人生在世，就是要尽量发挥生命力，尽情享受眼前的生活。而他一生都在追求这个目标。我母亲一辈子都在牺牲自己，为别人服务。她觉得这是《圣经》教导我们的做人道理。”

“你呢？”卡尔神父问道，“对你父母亲的人生观，你有什么想法呢？”

“我不晓得。”

“如果要你选择的话，你会选择谁的人生观？你母亲的还是你父亲的？”

“我两个都不选。我觉得，人生没那么简单。”

卡尔神父笑了起来：“你又在躲避问题了。”

“我是说，我不知道应该怎么选。”

“如果一定要你从这两种人生观中选择一种呢？”

我踌躇了起来，苦苦思索半天，忽然心中灵光一现，想到了答案：“这两种人生观都正确，也都不正确。”

卡尔神父眼睛一亮：“怎么说？”

“我还没想得很清楚，”我回答说，“但我觉得，一个健全的人生必须包含这两种人生观。”

“你面临的问题是：怎样做到这点呢？”卡尔神父说，“一个人要怎样过包含两种人生观的生活呢？从母亲那儿你体会到，人生的目的是追求精神生活。父亲则教导你，人生在世就是吃喝玩乐，满足自己的欲望。”

“这么说，”我忍不住插嘴，“我这一生追求的目标，就是设法结合这两种生活方式啰？”

“对！”卡尔神父点点头，“对你来说，精神生活是最大的问题。你这一辈子，会一直在寻找能够满足你内心欲望的精神生活。这个难题，你父母亲解决不了，所以就把它丢给你。这是攸关你个人‘进化’的重大问题，也是你这一生的追寻。”

卡尔神父这番话把我推进了沉思中。他还说了一些话，但我没留心听。望着渐渐熄灭的炉火，我只觉得内心一片宁静。我感到有点困倦了。

卡尔神父坐在椅子上，伸了伸懒腰，说道：“我想你现在很疲累了吧！临睡之前，我想留下几句话供你参考。你可以回到床上蒙头大睡，把我们今晚谈的话忘得干干净净，以后继续演你那出老戏。你也可以在一觉醒来后仔细想想这些话，用新的眼光看待你自己。办到这一点，你就能跨出第二步，好好检讨自从出生以来发生在你身上的所有事件。你如果能把你的一生——从出世直到现在——看成一个完整的经验，你就会了解你一生在追求什么，你就会明了为什么你会出现在秘鲁，下一步你又该怎么走。”

我点点头，仔细打量他。他那两只眼睛充满温馨和关切，脸上流露出我常在威尔和桑杰士神父脸上看到的那种神情。

“晚安！”卡尔神父走进他的卧室，关上房门。我把睡袋铺在客厅地板上，才合上眼睛就睡着了。

一觉醒来，我心里思念着威尔。我很想向卡尔神父打听威尔的行踪。我躺在地板上，整个人蜷缩在睡袋里，心里正想着这件事，卡尔神父悄悄走进了客厅来，开始生火。

我拉开睡袋的拉链。卡尔神父听到声音，回过头来看了看我。

“早！”他说，“昨晚睡得好吗？”

“很好啊。”我站起身来。

他在煤块上添加一些引火的柴枝，然后又铺上几根比较粗大的木柴。

“威尔有没有告诉你，他准备到哪里去？”我问道。

卡尔神父站直身子，面向着我：“他说他要到一个朋友家里去，等一个他一直在期待的消息。我猜，那个消息跟手稿预言的第九个觉悟有关。”

“他还告诉你什么？”我问道。

“威尔说，根据他的情报，枢机主教西巴斯钦神父已经决定亲自出马，寻找失落的第九个觉悟，也就是手稿预言的最后一个觉悟。威尔担心，这份文件很快就会落入西巴斯钦神父手中。他说，谁掌握这最后一个觉悟，谁就能决定是不是让手稿流传出去，供大家研究。”

“怎么说呢？”

“我也不太清楚，”卡尔神父说，“威尔是第一个搜集和研究那些觉悟的人。他比世界上任何人都了解这些东西。他认为，这最后一个觉悟会使其他八个觉悟更清晰、更容易被人接受。”

“你觉得他的看法正确吗？”我问道。

“我不晓得，”他回答，“我对手稿预言的了解没有威尔深刻。我只知道我该做的事。”

“什么事？”

卡尔神父沉吟了一会儿才回答：“我告诉过你，我的任务是帮助别人发现他们的真正自我。我读了手稿的预言后，才晓得帮助别人了解自我是我在人生中的使命。因此，对我来说，第六个觉悟意义特别重大。我现在的任务是帮助别人达成这样的觉悟。我适合做这种工作，因为我是过来人。”

“你以前在‘控制戏’中扮演什么角色？”我问道。

卡尔神父忍俊不禁，瞅着我说：“我是一个审问者。”

“你专门在别人的言行中挑毛病、找茬儿，借以控制他们，对不对？”

“对啊。我父亲扮演乞怜者的角色，而我母亲总是装出一副矜持、冷漠的模样。他们都不太理睬我。为了引起他们注意，获取我所需要的‘能’，我只好刺探他们的隐私，把他们做错的事给抖出来。”

“你什么时候才熬过这出戏，不再以这种手段控制别人呢？”

我问道。

“大约十八个月前，那时我遇见桑杰士神父，然后开始研究手稿。”卡尔神父回答，“我仔细观察我父母亲后，发现我跟他们共同生活那么多年，都是在为我今天的使命做准备。我父亲一生最重视事业成就。他的人生目标很明确，平日作息都有固定的时刻，分秒不差。他以每天完成多少工作来衡量自己的价值。我母亲却很注重直觉，对玄秘的现象和经验十分着迷。她相信，我们每个人一生中都会受到某种精神指引，而正确的人生观就是遵从这种指引过我们的生活。”

“你父亲怎么看待你母亲的人生观呢？”

“他觉得很荒唐！”卡尔神父说。

我笑了笑，没说什么。

“夹在他们中间，你猜我怎么办？”卡尔神父问我。

我摇摇头。我不太理解他当时的处境。

“我父亲成天灌输我这样的观念：人生在世，就是为了成就一番大事业。我母亲却成天在我耳边叨念：做人要讲求内心的生活，要遵从直觉的引导。我现在了解，我的人生是这两种信念的结合。我发现，我们内心有一股力量，引导我们寻找自己在人生中的独特使命，而我们知道，若想活得快乐和满足，就必须肩负起这个使命。”

我点点头。

卡尔神父继续说：“现在你了解，我看到手稿预言的第六个觉悟时为什么会那么激动了吧？读完第六个觉悟后，我心中灵光一现：我这一生的任务就是帮助别人了解他们自己，在人生中找到目标。”

“威尔又是怎样走上现在这条路的呢？你知道吗？”

“知道，”卡尔神父说，“他跟我谈过这些经历。跟你一样，威尔在人生的戏剧中扮演冷漠者的角色。他父母亲扮演审问者，就像你父母亲。他们对人生的看法不同，互不相让，都想把自己那套人生观灌输给威尔。威尔的父亲是德国小说家。他认为，人类会不断进化，臻于完美。他一生鼓吹最纯正的人道主义情操，但纳粹党徒却利用他对人类追求完美的信念，粉饰他们屠杀‘劣等种族’的罪行。”卡尔神父歇口气，继续说：“看到自己的理念被这样歪曲利用，这位老作家伤透了心，便带着妻儿移民到南美洲。他太太是秘鲁人，在美国长大、受教育。她也是作家，但奉行的却是东方的哲学思想，认为人生的目的是追求内在的启迪，摆脱物质的羁绊，求得心灵的宁静，建立高一层次的意识。对她来说，人生不是追求完美，每个人都应该放弃使世间万物变得完美的欲望。夹在这两种人生观中间的威尔，内心是什么滋味，你知道吗？”

我摇摇头。

“他感到左右为难，”卡尔神父说，“父亲提倡追求进步和完美的西方思想；母亲则赞同东方人的看法，认为一个人只要能求得内心的宁静，就算不虚此生。当时威尔并不了解，父母亲灌输他不同的人生观，是为他日后的使命铺路——他将来会融合东西文化间的基本思想差异。长大后，他当上了工程师，担负起推动人类文明进步的任务。后来却改行当导游，带领人们遨游于山林之间，寻求内心的宁静。那部手稿的发现使他觉醒过来。手稿中预言的那几个觉悟解开了他心中的疑团，从此他深信东西方的思想确实可以融合成高一层次的真理。手稿向我们宣示：西方社会追求进步、提升人类物质文明的做法无可厚非，但我们也应该听从东方哲人的劝导，放弃以自我意志支配世间万物的欲望。人类的进化并不能光靠逻辑。我们必须建立一个比较完整的意识，一座通往上帝的内在桥梁，只有这样，我们才能以更崇高的精神指引人类的进化，使人类朝更完善的境界迈进一步。”

停歇了一会儿，卡尔神父继续说：“威尔接触到手稿预言的觉悟后，整个生命开始活跃起来。他遇见最先发现手稿并把它翻译成现代语言的荷西神父，然后又结识了‘文生居’庄园的主人，协助制定那儿的研究计划。就在这个时候，他认识了茱莉亚。当时她还在经营自己的生意，闲时也充当导游，带领游客观赏原始森林。”卡尔神父笑了笑：“威尔和茱莉亚一见如故，非常投缘，因为他们的童年经验很相似。茱莉亚的父亲喜欢讨论精神层面的问题，但思路不很清楚，一开口就语无伦次。而她母亲却是受过训练的辩论家，在大学教授演讲课程，因此特别注重清晰的思考。在这种家庭中长大的茱莉亚，一方面渴望吸收精神生活的知识，一方面又要求它必须清晰易懂。你瞧，威尔追求的是一个能够融合东西方思想、阐释人类精神生活的真理，而茱莉亚要求这个真理必须简明清晰。手稿预言的觉悟，正好都能满足两人的需求。”

“早餐准备好啦！”厨房里传来桑杰士神父的呼唤。

我吓了一跳，回过头去。没想到这位老神父已经起床了。我们结束谈话，走进厨房，享受一顿以水果和谷类为主食的早餐。饭后，卡尔神父邀我一块到废墟散散步。我本来就想再到废墟走一遭，所以就答应了。我们望望桑杰士神父，他却婉拒我们的邀请。他说他得赶到山下去打几个电话。

屋外，天空有如水晶一般晶莹剔透，阳光灿烂地照射着一座座山峰。我们一路走向废墟，脚步十分轻快。

“有没有法子联络上威尔呢？”我问道。

“没有，”卡尔神父说，“他没有告诉我他要找的朋友是谁。惟一可以找到他的地方，是北部边界附近的一个城镇伊奎多斯，但现在到那儿去并不太安全。”

“威尔怎么会到那个地方？”

“他说，他一路追寻失落的第九个觉悟，早晚会来到这个城镇。那附近有许多废墟，而且西巴斯钦枢机的传道会就在邻近的地方。”

“依你看，威尔会找到这最后的一个觉悟吗？”

“我不知道。”

我们默默走了几分钟，卡尔神父问道：“你对自己未来的行止做出了决定没有？”

“你说的是……”

“桑杰士神父告诉我，你本来想立刻回美国去，这一阵子却对手稿预言的那些觉悟产生了兴趣，想多加了解。你现在感觉如何？”卡尔神父问道。

“感到有点害怕，”我回答，“可是，不晓得为什么，我还是想留下来继续追寻这些觉悟。”

“听说，前几天有个人在你身边被杀。”

“那是真的。”

“在这种情况下，你还想留下来？”

“不想！”我说，“我只想快快逃离秘鲁，保住我这条命……可是，我还是留下来了。”

“你有没有想过，怎么会这样子呢？”卡尔神父问道。

我仔细看了看他脸上的表情：“我不知道。你知道原因吗？”

“你记不记得我们昨天晚上谈到什么地方？”

我记得清清楚楚。我说：“我们谈到我父母亲留给我的问题：如何寻找一个既能提升自己的心灵，又能满足冒险欲望的精神生活。你说，如果我仔细探讨我的成长过程，这个问题会帮助我从正确的角度看待我的一生，让我了解我目前的处境。”

卡尔神父诡秘地笑了笑：“没错，根据手稿的预言，情况的确是这样。”

“我到底该怎么做呢？”

“我们每个人都必须检讨生命中的重大事件，从心灵进化的角度，重新诠释这些事件的意义。”

我听得一头雾水，只好摇摇头。

“好好回想一下你这一生结交的重要朋友和遭逢的重大机缘，然后再想一想，这一连串的事件究竟把你带到哪儿去？”

我回想了一下童年以来的生活，却看不出特别的意义和模式。

“在长大的过程中，通常你都做些什么消遣？”卡尔神父问道。

“记不太清楚。我跟一般孩子没什么两样，喜欢读故事书。”

“哪一类的故事书？”

“大部分是神秘的推理小说、科幻小说和鬼故事。”

“童年以后呢？”

我想起祖父对我的影响，就告诉卡尔神父说，我家附近有一个湖和几座山，当初是我祖父发现的。

他若有所悟地点点头：“长大后又发生了什么事？”

“我离开家，到外面念大学。我祖父过世的时候，我不在家里。”

“你在大学主修什么？”

“社会学。”

“为什么会选这一科呢？”

“我遇见一位我喜欢的教授，”我说，“他对人性的了解让我很佩服，就决定做他的学生。”

“后来呢？”

“后来我毕业了，就去工作。”

“你喜欢你的工作吗？”

“喜欢。”我说，“我对这份工作的兴趣，维持了好长的一段时间。”

“然后情况有了变化？”卡尔神父问道。

“我觉得，我从事的工作并不完整。我的职务是辅导感情受过创伤的青少年。原本我对自己很有信心，觉得我能帮助这些青少年摆脱他们的过去，展开新的生活，不再以叛逆的行为惩罚自己。最后我却发现，我的辅导方法具有严重的缺陷。”

“于是你就……”

“辞职了。”

“然后呢？”

“然后一个老朋友来找我，谈到手稿的事。”

“于是你就到秘鲁来了？”

“对。”

“你对你在秘鲁的遭遇有什么看法？”

“我怀疑自己疯了，”我说，“我担心我早晚会被人杀掉。”

“我是问你，对这几天的经验进展情形，你有什么看法呢？”

“我不懂你指的是什么。”

“你来到秘鲁以后所遭遇的事情，桑杰士神父都告诉我了，”

卡尔神父说，“一连串的机缘让你接触到手稿预言的几个不同的觉悟，就在你最需要它们的时候。这种机缘真是奇妙极了。”

“这种机缘显示什么意义呢？”我问道。

卡尔神父停下脚步，转身面对着我，说道：“这显示你已经做好准备。就像这儿的所有人一样，你的生命正面临一个转折点：你需要那部手稿的启示，让你的生命继续‘进化’下去。现在你不妨想一想，你一生经历的事件是怎样连结在一起的。小时候，你就对神秘的事情感兴趣。在这份兴趣的导引下，长大后你就开始研究人性的奥秘。机缘巧合之下，你遇到了那位教授。他凝聚你的兴趣，引导你探索人世间最大的一个奥秘：人类在这个星球上的处境，人生到底为了什么。你发现，在某种程度上，人生的意义牵涉到如何摆脱过去的羁绊，让我们的生命发展下去。于是你就选择了辅导青少年的工作。”他歇口气，继续说：“要一直等到你接触手稿预言的觉悟之后，你才会明了你辅导那些青少年的方法到底有什么缺陷。现在你总算了解，感情受过创伤的孩子若想让自己的生命成长，就必须做我们每个人都该做的事：连结足够的‘能’，看透自己所演的控制戏——也就是你所说的‘叛逆’，开始踏上精神的探索之旅，而这个旅程正是你长久以来一直想了解的。朋友，从一个比较高的角度看看你一生经历的事件吧！你会发现，孩提时代的那些兴趣、成长过程中的那些阶段，实际上只有一个作用：为你今天到秘鲁来探寻手稿预言的觉悟铺路。你一生都在追寻一个能提升你的心灵，加速你生命进化的精神生活。你成长的那个地方的山林——你祖父建立的家园，提供你所需要的‘能’，使你有勇气来到秘鲁。你今天出现在这里，因为只有在这个地方，才能让你生命的进化继续下去。你的一生是一条漫长的路，把你带到此刻、此地。”

说到这儿，卡尔神父的脸上绽露出笑容来：“一旦你把一生的事件整合完成，你就会像手稿预言的那样，对你的精神历程产生清晰的认知。根据手稿的启示，我们每个人都必须痛下工夫，彻底清理过去的生活经验。我们大多数人都有一出控制戏需要超越，一旦办到这点，就能开始了解为什么我们会出生在那个家庭，成为我们父母亲的儿女，而我们一生曲曲折折的经验究竟有什么作用，会把我们带到哪个地方。我们的生活都有一个精神上的目标、一个使命，但以往我们并没有充分意识到它的存在。如今只要我们把它完整地带进意识中，我们的生命就会开始起飞。”

“朋友，”卡尔神父对我说，“你已经找到了你的精神目标。现在你必须勇往直前，让人生的机缘指引你如何实现这个目标、执行这个使命。你来到秘鲁以后，一直依赖威尔和桑杰士神父提供你所需要的‘能’。现在，时机到了，你必须学习利用你自己的‘能’，推动你自己生命的进化——有意识地。”

他还想再说下去，这时我们却看见桑杰士神父那辆卡车朝我们飞驰过来。老神父把车子停到我们身旁，摇下车窗。

“出了什么事吗？”卡尔神父问道。

“我得马上收拾行李，赶回传道会馆去！”桑杰士神父说，

“军队已经开进会馆了……西巴斯钦枢机也赶到那儿坐镇指挥。”

我跟卡尔神父跳上车后，桑杰士神父就把车开回卡尔神父的屋子。路上，他告诉我们，军队把存放在传道会馆的手稿复印本全部没收了，现在正准备查封会馆。

回到卡尔神父的屋子后，桑杰士神父立刻把随身携带的东西打包。我站在一旁，心中犹疑不定。卡尔神父走到老神父身边，对他说：“我想我该跟你一块去。”

老神父回过头来，问道：“你仔细考虑过了？”

“考虑过了！我觉得我应该这么做。”

“为了什么呢？”

“我自己现在也不知道。”

老神父瞅着他，好一会儿才说：“随你吧！”然后又埋头收拾起行李来。

我把身子倚靠在门框上，问道：“我该怎么办？”

两位神父同时回过头来望了望我。

“你自己决定。”卡尔神父说。

我呆了一呆。

“这件事你得自己作主。”桑杰士神父说。

他们居然撒手不管！我真不敢相信。如果我跟他们一块走，铁定会被秘鲁军队抓去。不跟他们走，难道我就独个儿留在这里吗？

“拜托，”我说，“我真的不知道该怎么办。你们两位非得帮我不可。能不能把我送到别人家里暂时躲一躲？”

两位神父面面相觑。

“恐怕不行。”卡尔神父说。

我望着两位神父，一阵寒意袭上心头。

卡尔神父对我笑了笑，说道：“千万要沉住气，别忘了你的真正身份。”

桑杰士神父打开一只袋子，拿出一个硬纸夹：“这是第六个觉悟的复印本，也许它能帮助你做决定。”

我接过那份文件。老神父又望望卡尔神父，问道：“你什么时候可以动身？”

“我得先联络几个人，可能需要一个钟头。”

老神父看了看我，吩咐道：“你把第六个觉悟读一读吧，再好好想一想，然后我们再谈。”

两位神父分头忙自己的事情去了。我走出屋外，找一块大石头坐下来，打开手稿复印本。第六个觉悟的内容跟两位神父所讲的完全相同。它说，人类想了解儿童时期学习到的控制别人、攫取‘能场’的手段，就必须彻底清理自己过去的生活经验。一旦摆脱了这个恶习，我们就会发现更高层次的自我，了解我们在人类进化过程中扮演的角色。

我只花了二十多分钟的时间，就把这份文件读了一遍。看完后，我终于了解这个觉悟的真谛：我们若想进入很多人都模模糊糊体会过的那种特殊心灵状态——让神奇的机缘引导我们，在人生中一步步向前迈进——就必须先认清自己的真正身份、了解真正的自我。

就在这一刻，卡尔神父绕过屋子走过来，看见了我。“读完了吗？”他走到我身边，问道。他的神态一如往常的温馨和亲切。

“读完了。”

“我陪你坐一会儿，好吗？”

“我正想邀你坐下来呢。”

他在我右手边坐下来，沉吟了一会儿，说道：“你来这儿是为了探寻人生的真相，你明白吗？”

“我想是吧！但现在我该怎么办呢？”

“现在你要相信，你一定会找到人生的真相。”

“怎么找？我现在已经害怕得要死。”

“你一定要了解，这件事关系重大，”卡尔神父说，“你现在正在寻找的真相，重要性不亚于宇宙的进化本身，因为只有它才能让进化继续下去。你明白吗？桑杰士神父告诉我，前不久在一座山峰上，你心中灵光一现，看到了宇宙进化的整个过程。你看到物质如何从‘氢’元素的简单振动，一路进化到人类的出现。你想知道，人类如何将这个进化过程继续下去。现在你找到了答案：人类出生在各自的历史情境中，找到各自的信仰目标。每个人都会跟另一个人结合，但夫妻两人往往各有不同的人生信仰。这样的结合所产生的下一代，在机缘的引导下，就会调和父母亲所代表的两种信念，把它们融合成一个更高层次的人生观。你读过第五个觉悟，我想你一定知道，每次我们身上充满了‘能’，一个机缘就会出现，引导我们在人生中往前迈出一步，那时我们就会把这个层次的‘能’贮存进我们心中，让我们的生命在更高的层次振动。我们的孩子从我们身上继承这个层次的振动，进一步把它提高。人类就这样不断进化下去。”停歇了一会儿，卡尔神父继续说：“我们这一代和我们的父祖辈有个不同的地方，那就是我们开始有意识地推动我们的进化，加速进化的过程。不管你心中有多害怕，你现在没有选择的余地。一旦你发现了人生的真相，你就不可能将它一笔勾销。如果你刻意回避它，你就会一辈子感到不满足，总觉得自己错过了什么。”

“但我现在该怎么办呢？”我问道。

“我不知道，只有你自己晓得。”卡尔神父说，“但我觉得你不妨先给自己增添一些‘能’。”

桑杰士神父从屋角绕过来，一看见我们，就垂下眼皮放轻脚步，仿佛不愿干扰到我们似的。我尽量集中心思，把注意力投注到屋子周围一座座耸立的石峰上。我深深吸了一口气，蓦然惊觉：这一整个早晨我一直沉溺在自己的烦恼中，无视于这群山之美与壮伟，简直是目光如豆。

我凝神眺望着周遭的景致，真心诚意地赞赏我所看到的一切。我又开始感受到那种与万物融为一体的亲近。骤然间，眼前的一草一木、一花一石都展现出格外亮丽的光华，而我自己也觉得身心特别舒畅。

我看了看两位神父。他们静静打量着我，显然在观察我身上“能场”活动的情形。

“我气色怎样？”我问道。

“比刚才好多了！”桑杰士神父说，“你就待在这儿，尽量增添你身上的‘能’。我们的行李还没收拾完，再过二十分钟才能出发。”他苦笑了一下：“然后，你便可以开始你的追寻了。”

投入进化的洪流中

圣 境 预 言 书

两位神父回到屋里后，我又花了几分钟时间观赏群山展现的美丽风姿，试图吸进更多的“能”。渐渐地，我的注意力消散了。不知不觉我就想起威尔来。他现在人在哪里？就要找到第九个觉悟了吗？

我想象他在丛林里奔跑逃窜，手里紧紧抓着第九个觉悟的手抄本，身后到处都是追兵。我想象枢机主教西巴斯钦出现在丛林中，指挥军警搜捕威尔。我猜想，这位德高望重的大主教也许对手稿预言的觉悟有所误解，担心它误导民众，所以才会那么嫉视它。我觉得，只要我们弄清楚他究竟误解了哪一部分，就能说服他改变态度。

想着想着，玛乔莉的身影突然浮现在我脑海中。她现在人在哪里？我盼望再见到她，但到哪儿去找她呢？

屋子前门开合的声音把我带回现实中来。我又觉得浑身疲软，心绪不宁。桑杰士神父绕过屋子，朝我坐的地方走来，脚步轻快而稳健。

他在我身旁坐下，问道："你决定了今后的行动吗？"

我摇摇头。

"你的气色看来不怎么好哦。"他说。

"我觉得很虚弱。"

"也许你没有按部就班，一步一步建立你身上的'能'。"

"我不懂你的意思。"

"我把我个人吸取'能'的方法传授给你吧！"桑杰士神父说，"也许，我那一套可以帮助你建立你个人的方法。"

我点点头，示意他说下去。

"首先，"他开始解释，"我把注意力集中在周遭的环境上，就像你所做的。接着，我努力回想当我身体充满'能'时眼前一切东西会变成什么模样。我注意每一样东西——尤其是植物——所展现的风貌和独特的美，回想它们身上的色彩逐渐发光发亮的样子。你懂得我的意思吗？"

"我懂！我自己也是这么做的。"

"然后呢，"神父继续说，"我尽量感受那种特殊的亲近——不管那个东西离我多远，我都觉得自己能够碰触它、连结它，然后把它吸进体内。"

"把它吸进体内？"

"约翰神父没教你这一招吗？"

“没有啊。”

桑杰士神父显得很困惑：“也许他打算过一阵子再回来传授你这一招。约翰神父的教学方法非常戏剧化。他常常走开，让学生独个儿思考他刚教过的东西，然后在恰当的时机走回来，点醒这个学生。我猜，他原本打算再跟你谈一谈，但我们匆匆忙忙就离开了传道会馆，错失了机会。”

“你能不能把这一招传授给我呢？”

“你记不记得，你那天在山峰上经历的那种浑身舒畅的感觉？”桑杰士神父问我。

“记得呀。”

“如果想再经历一次这种舒畅的感觉，就必须把刚刚连结到的‘能’吸进体内。”

我边听边模仿他的动作。光听他的讲解，就能够加强我和周遭的“能场”之间的连结。我周围的每一样东西都变得格外明艳，格外有生气，连那些石头都散发出白色的光芒来。桑杰士神父身上的“能场”变得愈来愈宽广，发出蓝光。他正在进行有意识的深呼吸，把吸进的每一口气保留五秒钟，然后再徐徐吐出来。我照着他的法子做。

神父解释道：“当我们想象每一口气都把周遭的‘能’吸进我们体内，像气球一样把我们填满时，我们就会感到浑身是劲，满心舒畅，整个人仿佛要飘浮起来。”

模仿神父的法子吸了几口气后，我开始产生这种感觉。

“把周遭的‘能’吸进后，”神父继续说，“我就扪心自问，这一刻我内心的情感是否正当。我上次跟你说过，要检验自己是否和周遭的‘能’产生真正的连结，这是最正确的方法。”

“你所说的情感是指‘爱’吗？”我问道。

“对！我们在传道会馆讨论过，‘爱’并不是知识上的观念，也不是一种道德戒律或其他东西。它是潜藏在我们内心深处的一种感情。当我们跟充塞宇宙的‘能’产生连结时，这种爱就会在我们心中浮现。当然，宇宙的‘能’就是上帝的‘能’。”

桑杰士神父瞅着我，眼光有点涣散。“瞧，现在你已经办到了！”他说，“你需要的就是这个层次的‘能’。我帮了你一些忙，但主要还是靠你自己保持它。”

“你帮了我一些忙？什么意思？”

桑杰士神父摇了摇头：“现在先别追究这个，以后你接触到第八个觉悟时，自然会了解。”

这时，卡尔神父从屋角绕过来，看了看我们两人，脸上露出喜色。他一边朝我们走过来一边打量我：“今后何去何从，你决定了吗？”

这个问题让我感到苦恼。我觉得自己身上的“能”开始流失了。

“别又再扮演‘冷漠者’的角色哦！”卡尔神父说，“你现在必须表明立场，不能再逃避了。你刚刚有没有在想，下一步你该怎么办？”

“我什么都没想，”我说，“这就是问题所在。”

“你确定吗？当一个人跟周遭的‘能’连结上时，他的思维方式是会改变的哦。”

我听得一头雾水。

卡尔神父开始解释：“一旦你停止演出‘控制戏’，你平日为了以逻辑控制事件的发展所进行的理性思考就会中断。当你内心充满‘能’时，别的思维方式就会从更高层次的自我产生出来，进入你的心灵中。这就是所谓的直觉。这种思考方式给人完全不同的感受。它出现在你心灵深处，有时候以白日梦或灵感的形态显现，特地前来引导你，给你指点迷津。”

我还是不懂。

“告诉我们，刚才你一个人坐在这里想什么？”卡尔神父问道。

“我记不太清楚了。”

“仔细想一想。”

我集中精神想了一会儿，说：“我记得我在想威尔的事，想他是不是就快找到第九个觉悟了，我也在想西巴斯钦枢机打压手稿的行动。”

“还有呢？”

“我想起玛乔莉。我很想知道她现在的情况。但是，这些事情跟我下一步行动有关系吗？”

“让我解释一下，”桑杰士神父说，“当你取得足够的‘能’

时，你就会有意识地推动自身的进化，让它运作起来，产生种种机缘际遇，带领你前进。你以非常明确的方式推动你的进化。首先，就像我刚说的，你贮集足够分量的'能'，然后开始回想你个人最基本的人生问题。也就是你父母留给你的问题，因为这个问题为你的进化提供一个完整的架构。然后，在人生的旅途中，你站稳脚跟，开始探索目前面临的比较迫切、比较小的问题。这些小问题往往跟你那个大问题有关连，能够帮助你弄清楚在你一生的追寻中，目前你究竟处于怎样的一种情况。一旦意识到目前面临的问题，通常你的直觉会指引你该怎么做，往哪个方向走。对于下一步行动，通常你会有某种预感，除非你搞错了问题。你该明白，人生最大的困难不在求取答案，而在认清面临的问题。你只要把问题弄清楚，答案自然会出现。"

桑杰士神父歇口气，继续说："你凭着自己的直觉，预感到下一步可能会发生什么事情后，就必须随时保持警戒，步步为营。机缘早晚会出现，把你导引到你的直觉所显示的那个方向。你明白吗？"

"我想我明白。"

"因此，"他继续说，"你刚才对威尔、西巴斯钦和玛乔莉的思念就显得特别重要，对不对？想想你一生的经历，再想想这些思念为什么会在这一刻出现。你长大离家后，一直在探索怎样把精神生活变成一种提升心灵的冒险行动，对不对？"

"对！"我回答。

“在成长的过程中，你对玄秘的事情特别感兴趣，长大后开始研究社会学，后来又从事心理辅导的工作，但那时你还不明白为什么你会有这些偏好。然后，你开始觉醒了。就在这个时候，你听说秘鲁发现了一部古老的手稿，于是你就跑到秘鲁来，一个一个把手稿预言的觉悟找到，而每一个觉悟都能帮助你了解你所追寻的精神生活。如今你既然已经醒悟，就应该认清目前面临的问题，等待答案的出现，把自身的进化往前推动一步。”

我只管呆呆地望着桑杰士神父。

“你现在心里有什么疑问？”桑杰士神父问道。

“唔，我想知道其他几个觉悟的内容，”我说，“尤其想知道威尔究竟会不会找到第九个觉悟。我也想知道玛乔莉现在到底怎么了。此外，我还想知道西巴斯钦到底是怎样的一个人。”

“对你这些疑问，你的直觉有没有提供任何答案？”

“我不知道。我刚才在想，我会再遇到玛乔莉。我也在想象威尔被军警追捕。这意味着什么呢？”

“威尔是在哪里被军警追捕的？”

“在丛林里。”

“也许，这意味着你应该进入丛林去。伊奎多斯镇就在丛林里。玛乔莉怎么啦？”

“在想象中，我又遇见她了。”

“西巴斯钦呢？”

“我想象，他之所以打压那部手稿，是因为他误解了手稿的预言。因此，只要我们弄清楚他心里到底在想什么，为什么他会那样仇视这部手稿，我们就能改变他的态度。”

两位神父面面相觑，满脸惊讶。

“这意味什么呢？”我问道。

卡尔神父反问我：“你觉得呢？”

自从那次在山峰上经历过神奇的境界后，我第一次感觉到自己浑身充满了“能”，信心十足。我望着两位神父，说道：“我想，这意味着我必须进入丛林去，设法查明是手稿的哪一部分预言引起教会恐慌。”

卡尔神父脸上绽露出笑容来：“妙极了！你可以开我的卡车去。”

我点点头，跟着两位神父绕到屋子前面汽车停放的地方。我的行李已经堆放在卡尔神父的车子上，旁边还放着一些食物和水。桑杰士神父的车子也装上了行李。

“你要记住一点，”桑杰士神父说，“路上尽量找机会停下来，和周遭的‘能’重新连结。让你体内一直充满着‘能’，让你内心一直充满着爱。记住，只要你内心充满爱，不管任何人或任何东西都无法吸空你的‘能’。事实上，从你体内流出的‘能’会产生一股气流，以相同的比率把外面的‘能’吸进你体内。你身上的‘能’就永远不会减少。但你必须一直意识到这个程序的运作，尤其在跟别人交往的时候。”

他刚说完，卡尔神父就很有默契地走上前来，对我说：“手稿预言的觉悟，你只剩下两个还没有接触到：第七和第八个。第七个觉悟告诉我们如何有意识地推动我们身心的进化，如何对宇宙提供的每一桩机缘和每一个答案保持警觉。”他拿出一份薄薄的文件，递到我手里：“这是第七个觉悟，简明扼要，谈的是人生中突然冒出来为我们指点方向的机缘和念头。至于第八个觉悟，时机来临时你自然会找到。它告诉我们，别人把我们寻求问题的答案带给我们时，我们应该怎么回报他们。此外，它也预言一个全新的伦理会产生——在这个伦理之下，人类互相帮助，推动彼此的身心进化。”

“你现在不能把第八个觉悟交给我吗？”我问道。

卡尔神父微微一笑，伸出一只手来搭到我的肩膀上：“我们觉得现在还不是时机。我们也得听从我们的直觉呀。一旦你把人生的根本问题弄清楚了，你自然会得到第八个觉悟。”

我告诉他，我明白他的意思。两位神父拥抱了我一下，祝福我。卡尔神父用坚定的口气说，我们不久就会再见面，而我一定会找到我来秘鲁寻求的人生答案。

我们正要爬上各自的车辆，桑杰士神父突然回过头来对我说：“我忽然有个直觉，想告诉你一件事。记住，让你对美和光的知觉引领你一路前进。能够提供你答案的地方和人，通常都会展现特别迷人的光彩，让你眼睛一亮。关于这点，将来你会了解得更多。”

我点点头，爬上卡尔神父借我的卡车，跟随着两位神父的车子，沿着崎岖的石头路开了好几英里，来到一个三岔路口。桑杰士神父把手伸出后车窗，向我挥了一挥，然后两位神父就朝东驶去了。我呆呆望着他们的背影，好半晌才掉转车头，一路往北驶向亚马孙河盆地。

我感到一阵烦躁。一连开了三个多钟头的车，我现在正在一个十字路口，面对眼前两条道路，不知何去何从。

根据地图判断，左边那条路沿着一条山脉往北迤逦一百英里，然后骤然转向东方，通到伊奎多斯镇。右边那条路往东穿过一座丛林，抵达相同的目的地。

我深深吸了一口气，定了定神，然后匆匆瞄了一眼后视镜。附近看不见一个人影。事实上，我已经一个多钟头没有看见任何人了——路上没遇到一辆过往的汽车，也看不到一个赶路的本地人。我设法按捺住焦躁的心情。我知道如果我想作出正确的抉择，就必须放松心情，和周遭的“能”保持连结。

我把注意力集中在周遭的景物上。右边那条丛林路蜿蜒穿过一株株大树，地上散布着一块块峥嵘的大石头，四处丛生着热带灌木。左边那条路穿过山区，看起来比较荒凉。极目所见，只有一株孤零零的老树，此外净是一堆堆草木不生的石头。

我望着右边那条路，遵照桑杰士神父的指示，召唤起心中那份对宇宙万物的爱。果然，眼前那片树林顿时显露出无比青翠的光彩。我又以同样的心境看看左边那片石头地，只觉得眼睛一亮，看到了路旁一簇开着小花的野草。那些草儿灰斑斑的不很起眼，但那一朵朵小白花，从远处望去，却形成一个样式独特的图案。奇怪刚才我没注意到这些花儿，如今它们却在我面前展露迷人的风姿。我把视线的焦点扩大一些，涵盖左边路上的所有景物，只见那一堆堆石头和一摊摊棕色的砂礫突然变得缤纷亮丽起来。一簇簇紫蓝、琥珀、赭红色的光彩蓦然出现在原本荒芜的山区上。

我回头望望右边那座树林。它依旧十分苍翠美丽，但比起左边那条山路，却要逊色得多。这怎么可能呢？片刻之前，右边那条路看起来不是比较迷人吗？我又望望左边，那一片耀眼的光彩加强了我的直觉。

我拿定了主意，立刻发动卡车引擎，朝左边那条道路驶去，确信自己的选择是对的。路面崎岖不平，布满石头和辙迹。车子颠簸前进，我的身体却变得轻盈起来。我挺直腰背，端坐在驾驶座上，两手轻灵地操纵着方向盘，觉得毫不费劲。

一连两个小时，我一边开着车子，一边吃着卡尔神父替我准备的那篮食物，路上看不见一个人影。道路迂回曲折，忽上忽下，翻越过一座又一座的山丘。在一座山丘顶上，我看见两辆旧车子停放在道路右边的树丛里，车上并没有人。我心想大概是两辆已经报废的车子，被丢弃在山里头。前面，道路骤然向左转，蜿蜒通到底下一个宽广的山谷。山顶上视野十分开阔，可以看到数英里外的地方。

我猛然停下车子。山谷中央，道路两旁停放着三四辆军车，一小队士兵站在车旁。一股冷汗窜上我背脊。前面道路已经被封锁。我把车子开离山顶，藏到两块大石头后面，然后爬下车来，跑到山崖边观察谷中的动静。一辆军车正往山谷对面驶去。

突然我听见后面有个声音，回头一看，原来是我在“文生居”庄园认识的那位生态学家菲尔。

他看见我，也很惊讶，一面向我跑过来一面问道：“你怎么会到这里来？”

“我想去伊奎多斯镇。”

菲尔脸上露出焦虑的神色：“我们也想去那儿，但现在风声很紧，秘鲁政府为了那部手稿已经出动军警抓人了。我们正在考虑，要不要冒险通过前面的封锁线。我们一共四个人。”他朝左边点点头。我看得见树林里藏着两三个人。

“你去伊奎多斯干什么？”菲尔问道。

“去找威尔。我们在库拉镇分手，听说他要去伊奎多斯，寻找失落的那部分手稿。”

菲尔吓了一跳：“他想找死啊？军方禁止任何人私自收藏手稿。你没听说‘文生居’庄园发生的事吗？”

“听到一些消息。你呢，听到了什么？”

“出事的时候，我人不在那儿。听说军警冲进去，把私自收藏手稿复印本的人全都抓了起来。所有的客人都被扣留盘问，戴尔和其他几位科学家被押走，没有人知道他们的下落。”

“你知道秘鲁政府为什么要打压那部手稿吗？”

“不知道。”菲尔摇摇头，“我一看苗头不对，就决定回伊奎多斯把我的研究资料拿走，然后离开秘鲁。”

我把离开“文生居”后发生的事一五一十告诉他，山脊上发生枪战那部分讲得特别详细。

“老天！发生那样的事，你还敢在这里混啊？”

听菲尔这么一说，我的自信心动摇了起来，但嘴里还只管替自己辩解：“老哥，若是我们撒手不管，秘鲁政府就会全面封杀这部手稿，全世界的人都不会知道它的存在，而我觉得它预言的那些觉悟非常重要！”

“重要到你愿意为它赔上自己一条命？”他问道。

路上忽然响起汽车声。我们回头一看，只见好几辆军用卡车驶过山谷，朝我们开过来。

“糟了！”菲尔叫起来，“他们来抓我们了！”

我们还没来得及躲藏，就听见马路另一头也有好几辆军车开过来。

“他们把我们包围起来了！”菲尔脸一白，大声叫嚷。

我跑回车上，把那篮食物倒进行李袋，然后拿出装着手稿复印本的硬纸夹，塞进袋里，但转念一想，又把它塞到驾驶座底下。

车声越来越大。我穿过马路，朝菲尔奔逃的那个方向跑去。在山坡上，我看见菲尔和其他几个人挤成一团，躲在一堆石头后面。我跟他们挤在一起，心里直盼望那些军车一路开过去，没有停下来。我开的那辆卡车藏在树林里，从马路上看不见，而其他两辆车子看起来就像报废的，希望那些士兵不会起疑。

从南边开来的军车首先抵达，没想到他们竟然停在那两辆车子旁。我们都吓呆了。

“不准动！我们是警察。”有人大喝一声。我们顿时僵住了。好几个士兵全副武装从我们后面小心翼翼走上来，把我们全身搜查一遍，拿走所有东西，然后押着我们回到马路上。几十个士兵正在搜查那两辆车子。菲尔和几个同伴被押上一辆军车，载走了。车子经过我面前时，我看见菲尔坐在车上，吓得面无血色。

我被带到马路对面，在山顶附近坐下来。几个士兵背着自动步枪站在我身旁。过了一会儿，一个军官走过来，把装着手稿复印本的硬纸夹扔到我脚跟前，接着又丢下卡尔神父那辆卡车的钥匙。

“这些复印本是你的吗？”他问道。

我望着他，没有回答。

“这些钥匙是在你身上找到的，”他说，“手稿复印本在车里找到。再问你一次，这些东西是不是你的？”

“没有律师在场，我不想回答你的问题。”我结结巴巴地说。军官冷笑了一声，吩咐了士兵们几句，掉头走开了。那几个士兵把我押到一辆吉普车上，要我坐在驾驶座旁边，两个士兵端着枪坐在后座。吉普车后面，一队士兵爬上一辆军用卡车。过了一会儿，两辆车子一前一后开下山丘，往北驶进山谷。

我心中乱成一团，各种念头纷至沓来。他们要把我带到哪里去？我怎么会落到这步田地？两位神父辛辛苦苦教导我，而我在路上的第一天就出事情。刚才在十字路口，我还信心满满，觉得自己选择的路绝对不会错。这条路是两条路里头较吸引人的呀！究竟哪里出了差错呢？

我深深吸了一口气，设法使自己镇定下来，好好思考对策。我会以“不知情”为由替自己辩护。我会告诉他们，我是个普通的观光客，没有任何不良企图，只是一时大意，跟一些不该交往的人厮混了几天。拜托，让我回美国去吧！

我那两只放在膝盖上的手只管颤抖不停。后座那个士兵把水壶递过来，但我一口都喝不下，又把水壶递还给他，发现他很年轻，脸上绽露着纯真的笑容。菲尔刚才那副惊惶的神色忽然闪过我的脑际。秘鲁军警会怎样修理他呢？

我又忽然想到，刚才跟菲尔在山丘上相遇，是冥冥中注定的一种机缘。但这个机缘显示什么意义呢？如果那些士兵没有出现，我们会谈论什么事情？谈话被打断之前，我一再告诉菲尔手稿的预言对人类非常重要，而菲尔一再劝我不要蹚浑水，趁早回美国去，免得被抓。他这番劝告来得太迟了一些。

一连好几个小时，车中没有任何人说话。从车窗望出去，道路两旁的地形愈来愈平坦，空气也渐渐闷热起来。半路上，那个年轻的士兵打开一罐军用口粮递给我，闻起来像是马铃薯拌牛肉，但我一点胃口也没有，实在咽不下。太阳下山后，天黑得很快。

我呆呆地望着车头灯照射下的路面，脑子里一片空白，不知不觉就合上了眼睛，睡着了，梦见自己在逃命。有一个看不见的敌人在追逐我。我在几百堆熊熊燃烧的篝火间逃窜，寻找一把能够开启知识宝库的神秘钥匙。最后，我在一堆大火中看到这把钥匙，于是就一头冲了进去……

我惊醒过来，吓出了一身冷汗。车上的士兵一个个瞄着我，满脸疑惑。我摇摇头，把身体靠在车门上，望着窗外那一片暗沉沉的大地，强忍着内心的惊慌。我孤零零地流落异乡，被一群士兵押送到一个黑暗的地方，没有人在乎我做什么噩梦。

约莫午夜时分，车子开到一栋两层楼高、灯光幽暗的石砌建筑物前。我们沿着一条小路走进院子，绕过前门，从侧门进入屋里，然后走下阶梯，进入一个狭小的厅堂。内墙也是石头砌成的，天花板铺着大块大块的粗糙木板。光溜溜的电灯泡悬吊在天花板下，发出暗淡的光芒。我们穿过另一道门，来到一排牢房前。一个士兵赶了过来，打开一间牢房，要我进去。

房间里摆着三张窄床、一张木桌和一瓶花。出乎我意料之外，这间牢房居然打扫得十分干净。我走进去时，一个看来顶多十八九岁的秘鲁男孩从门后探出头来，怯生生地打量着我。士兵把门关上，走开了。我在一张窄床上坐下来。那个小伙子伸出手，把油灯的灯芯挑高。灯光照亮了他的脸庞，我这才发现他是印第安人。

“你会讲英文吗？”我问道。

“一点点。”

“这是哪里？”

“普库巴镇附近的一个地方。”

“这儿是监狱吗？”

“不是。我们来这里是接受问话的，问有关手稿的事。”

“你在这里待了多久？”

他睁开棕色的眼睛，羞涩地望着我说：“两个月。”

“他们对你怎样？”我问道。

“他们劝导我不要相信手稿的预言。”他说，“他们也要我说出还有谁收藏手稿复印本。”

“他们怎样劝导你？”

“跟我聊。”

“只是聊天而已，没有恐吓你？”

“只是聊天。”

“他们有没有说什么时候放你回去呢？”

“没有。”

我沉吟了一下。他好奇地望了望我，问道：“你被他们抓起来，是因为私自收藏手稿复印本吗？”

“对！你呢？”

“我也是。我住在附近一间孤儿院。我们院长把那部手稿当做课本，教导我们。他让我教院里的小孩。警察来的时候，他逃掉了，我被抓了起来。”

“你看过几个觉悟？”我问道。

“已经被发现的那几个，我都看过了。你呢？”

“嗯，除了第七和第八个，我也都看过。我有第七个觉悟的复印本，但还没来得及看就被抓起来了。”

小伙子打了个哈欠，问道：“可以睡了吗？”

“嗯，”我心不在焉地说，“去睡吧。”

我躺在窄床上，合起眼睛，思潮起伏不已。我现在该怎么办？我怎么会让自己落在秘鲁军警手里呢？我逃得了吗？我拟出几个逃亡计划，然后迷迷糊糊睡着了。

我又做了个鲜明的梦。梦中我还在寻找那把钥匙，但这回我是迷失在一座不见天日的森林里。好久好久，我像没头苍蝇一般四处乱钻，盼望有人出现，为我指点迷津。忽然间雷电交加，大雨倾盆而下，淹没了整座森林。我掉进一条山涧里，被洪水一路冲刷到河中，大浪迎面扑来，几乎让我没顶。我使尽力气跟激流搏斗，好不容易才抓住岸边的岩石，爬上岸来，然后一步一步攀上河边险峻的峭壁。我用尽了爬山的各种技巧，发挥了所有的意志力，最后还是被困在半山壁上，进退不得。我紧紧攀附在岩面上，低头一看，顿时呆住了。原来这条河一路穿过森林，缓缓流向一处美丽的沙滩和草地。就在那片草地上，我看到了钥匙，四周环绕着鲜花。忽然，我滑了一跤。我惨叫一声，整个人从悬崖上摔落下来，一头栽进河里。

我倏地从床上坐起来，大口大口喘着气。同房的那个印第安小伙子连忙走过来查看。他显然已经起床了。

“怎么啦？”他问道。

我喘回了气，望望四周，发现自己身在一间牢房里。这时我才注意到牢房里有一扇窗，外面的天空已经露出鱼肚白。

“没什么，只是做了一场噩梦！”我说。

他松了一口气，脸上绽露出笑容来，瞅着我意味深长地说：“噩梦会传递重要的信息哦。”

“信息？什么意思？”我一边起床穿衣一边问道。

他有点忸怩不安，显然不习惯向外人解释事情。“手稿预言的第七个觉悟谈到梦。”他说。

“它怎么说？”我追问道。

“它告诉我们怎样……嗯……”

“解梦？”

“对！”

“它怎么教我们解梦？”

“它叫我们比较梦中的故事和生活中的经验。”

我想了一想，不明白这句话指的是什么：“比较故事和经验？什么意思？”

印第安小伙子羞涩地垂下头来，不敢正眼看我：“你想解你的梦吗？”

我点点头，把整个梦一五一十告诉他。

他专注地听着，听完后说："把梦中发生的事跟你的现实生活做个比较吧。"

我呆呆望着他："从哪里开始？"

"从开头的地方开始呀。梦开始的时候，你在做什么呢？"印第安小伙子问道。

"我在森林里寻找一把钥匙。"

"那时你心里有什么感觉？"

"我感到迷失。"

"现在，把这个梦境跟你在现实生活中的境遇做个比较吧。"

"两者之间说不定还真有点关联呢！"我说，"在现实生活中，我正在寻找有关手稿的一些答案，而且我真的感到迷失。"

"在现实生活中，你身上还发生什么事？"他问道。

"我被抓了。我怎么躲都躲不过这一劫！现在只好希望能说服他们，放我回美国去。"

"你希望自己没被抓？到现在你还在反抗？"

"当然。"

"后来在梦中发生了什么事？"

"我跟河水搏斗。"

"为什么呢？"印第安小伙子问道。

我慢慢明白他问这些话的用意了。"因为那个时候我担心河水会把我淹死呀！"我回答他。

“如果你没跟河水搏斗，结果会怎样呢？”

“河水会把我送到钥匙那儿。你的意思是，如果我不反抗眼前的处境，就会得到我正在寻找的那些答案？”

这个印第安小伙子又忸怩不安起来：“这不是我说的哦，这是你的梦告诉你的哦。”

我思索了一会儿。“这就是我的梦传达出的信息吗？”我在心里问自己。

印第安小伙子抬起头来看看我，问道：“如果你再做这个梦，你希望改变哪一点？”

“我不会再抗拒河水，即使它看起来想把我淹死！”我回答他，“这回我学乖啦。”

“现在谁在威胁你呢？”他问道。

“那些士兵。他们把我抓来关在这里。”

“你现在懂得你那个梦传达出的信息了吗？”

“你的意思是说，我的梦告诉我要以积极的、正面的态度看待我被逮捕的事？”

他没回答，只是微笑。

我坐在窄床上，背靠着墙。这个梦经过印第安小伙子一解，我豁然开朗了。原来，我在十字路口所做的选择并没有错——这一切都注定要发生。

“你叫什么名字啊？”我问道。

“巴布罗。”

我对他笑了一笑，报上自己的姓名，然后告诉他我来秘鲁的缘由以及抵达后的遭遇。巴布罗坐在他那张窄床上，把两只手肘放在膝盖上。他的头发又黑又短，身体非常消瘦。

“你怎么会来这儿？”巴布罗问道。

“想打听手稿的事呀！”我回答。

“你到底想打听什么？”他追问。

“想打听第七个觉悟到底在讲什么，也想打听几个朋友的下落，他们名叫威尔和玛乔莉……顺便打听教会到底为什么要打压那部手稿。”

“这儿有很多教士，你可以跟他们谈谈。”巴布罗说。

我沉吟了一下，然后问他：“除了你刚刚说的以外，第七个觉悟对梦境还有没有别的看法？”

巴布罗告诉我，梦出现在我们的睡眠中，是要告诉我们在日常生活中没有察觉到的一些事情。接着，他又说了一些什么，但我没有留神听，因为我心里想起了玛乔莉。她那张脸庞清晰地浮现在我的脑海中。我正在思考，她现在到底怎么了，却看见她笑盈盈朝我跑了过来。

我猛地醒过来，发现巴布罗已经停止说话。“对不起，我一时想到别的事情，”我望了他一眼，抱歉地说道，“你刚才在说什么？”

“也没什么，”他回答。“你在想什么啊？”他又问。

“在想一个朋友。也没什么啦。”

他满脸好奇，正要追问下去，这时有个人朝我们这间牢房走过来。从铁栅门望出去，我们看见一个士兵把门闩拉开。

“吃早餐的时候到了！”巴布罗说。

士兵把门打开，脸一扬，打个手势叫我们出来。巴布罗带领着我走下石板铺成的走廊，爬上一道阶梯，来到一个小小的餐厅。角落里站着四五个士兵。有两男一女正排队站在食物台前，等待领取餐点。

我停下脚步，定睛一看，那个女的竟然是玛乔莉！这时她正好回过头来，看见我，吓了一跳，连忙伸手捂住嘴巴，眼睛睁得老大。我回头瞄了瞄跟在身后的士兵。他正朝角落里的几个士兵走过去，满面笑容，叽叽呱呱说着西班牙语。我跟随巴布罗穿过餐厅，排在队伍后面。

玛乔莉正在领取餐点。其他两个人把盘子端到一张桌子上，边吃边聊。玛乔莉不时回过头来看看我，咬住嘴唇，忍着不跟我打招呼。巴布罗看在眼里，知道我们两个有交情，便带着询问的眼光望着我。

玛乔莉把食物端到一张桌子上。领到餐点后，我们走过去陪她一块儿坐下来。士兵们聚在一起只顾聊天，连一眼也懒得看我们。

“天哪，没想到会在这儿遇见你！”玛乔莉说，“你怎么会到这里来？”

“我在几位神父那里躲了一阵子，然后出来找威尔，昨天被他们抓到。你呢？待在这里多久了？”我问她。

“那天他们在山脊上抓到我，就把我送到这里来了。”

我发现巴布罗正好奇地打量着我们，于是就把他介绍给玛乔莉。

“这位女士想必就是玛乔莉啰？”巴布罗说。

他们寒暄了几句后，我问玛乔莉：“还发生了什么事情？”

“然后就被关在这里啦，”她说，“我连自己为什么会被拘留都弄不清楚。每天，他们带我去见一位教士或军官，接受他的盘问。他们想知道谁在‘文生居’跟我接头。他们也想查出谁还收藏着手稿复印本。天天问这两个问题！”

玛乔莉凄然一笑。看她那副楚楚可怜的模样，我心中顿时涌起无限的怜爱。玛乔莉打眼角狠狠瞪了我一眼。我们都低声笑了起来，然后就默默吃早餐。门开了，一位教士走进来，身上的装扮非常正式。陪在他身边的那人看来是个高级军官。

“那位就是大主教。”巴布罗说。

士兵们倏地立正、敬礼。那位军官吩咐了他们几句，就陪着大主教穿过餐厅走向厨房。主教一直打量着我，我们的视线接触了好几秒钟。我把视线挪开，继续吃我的早餐，不愿引起注意。主教和军官穿过厨房，从后门走出去。

“那位就是找你问话的教士吗？”我问玛乔莉。

“不是，”她摇摇头，“我从没见过他。”

“我认得那位教士，”巴布罗说，“他昨天才到。他是枢机主教西巴斯钦。”

我顿时坐直起来：“他就是西巴斯钦？”

“你以前听说过这个人吗？”玛乔莉问道。

“听说过，”我说，“他在幕后策划教会打压手稿的行动。我以为他现在还在桑杰士神父的传道会馆。”

“桑杰士神父又是谁？”

我正想告诉她，却看见那个押送我们的士兵走过来，打个手势，要我和巴布罗跟他走。

“活动筋骨的时间到了。”巴布罗说。

玛乔莉和我互相看了一眼。她的眼中充满焦虑。

“别担心！”我说，“下次在餐厅见面时再说。不会有什么事的。”

走出餐厅后，我却开始怀疑我的乐观有点不切实际。这帮人随时可以让我们消失得无影无踪。那个士兵押着我们走进一个窄小的厅堂，然后穿过一道门，来到楼梯口。我们走下楼梯，进入一个四周都围着高大石墙的院子。士兵站在入口处守着。巴布罗点点头，示意我跟随他沿着墙脚踱步。他一面活动筋骨，一面弯下腰来，摘取墙边花圃上长着的花儿。

“第七个觉悟还讲些什么？”我问巴布罗。

他弯下腰，又摘了一朵花：“它说，在人生中引导我们的不单单是我们睡觉时做的梦。白天的思维和意念，甚至白日梦，也能够指引我们人生的方向。”

“唔，卡尔神父也提到这点。告诉我，白日梦怎样指引我们？”

“白日梦在我们心中呈现一幅景象、一个发生中的事件，向我们暗示在现实生活中这个事件可能会发生。如果我们留心白日梦显现的征兆，就能够为生命中的转折点预先做准备。”

我看了他一眼：“告诉你，巴布罗，今天早上我心中出现一个影像，暗示我会遇到玛乔莉。后来我果然在餐厅遇到了她。”

巴布罗微微一笑。

我悄悄打了个寒噤。我果然来对了地方。透过直觉，我预知某件事情会发生。在这之前，好几次我心想会再遇到玛乔莉，如今这个意念果然实现了。机缘真的会发生。我心头的一个结终于解开了。

“我心中不常出现这样的意念。”我说。

巴布罗望望四周，然后说：“根据第七个觉悟的说法，我们每个人心中出现的这种意念，比我们所察觉的要多得多。辨认这种意念最有效的方法，就是从客观的角度观测它们。每当一个意志产生时，我们就问：为什么？为什么它偏偏在这个时候出现？它跟我面临的人生问题有什么关联？采取观察者的立场，能帮助我们扬弃支配一切事物的欲望。它把我们投入进化的洪流中。”

“如果心中出现消极的意念，又该怎么办呢？”我问道，“我指的是那些引起我们恐慌的、不祥的念头和征兆，譬如说我们心爱的人受伤，或者发现我们苦苦追求的理想破灭。”

“很简单！”巴布罗说，“第七个觉悟告诉我们，引起我们恐慌的念头一出现，就应该立刻加以制止。然后运用意志力将另一个念头，也就是积极的、能产生正面效果的意念，引进我们心灵中。消极的念头在我们心灵中出现的次数，很快就会减少到最低的程度。从此，你的直觉就会产生正面的效用。手稿告诉我们，这之后如果消极的念头再出现，我们应该很认真地看待它。譬如说，你心中忽然出现不祥的预感，你搭乘卡车一定会出事，那么，当有人邀你搭乘他的卡车时，你就应该拒绝。”

我们绕着院子散步了一周，现在正朝那个士兵走过去。经过他跟前时，我和巴布罗都闭上嘴巴。巴布罗又摘了一朵花，我则做了一个深呼吸。空气闷热而潮湿，墙外那些热带植物长得十分茂密。我发现几只蚊子。

“过来！”士兵忽然叫了起来。

他把我们押进屋里，回到我们的牢房。巴布罗先进去。当我准备跨入牢房时，士兵却举起一只手挡住我的去路。

“你不要进去！”他说，然后押着我步下走廊，爬上另一道阶梯，穿过昨晚我们走进的那扇门，来到屋外。停车场上，我看见西巴斯钦枢机钻进一辆大轿车的后座。司机替他关上车门。好一会儿，西巴斯钦只管瞅着我，然后转开脸去，吩咐司机几句话。车子“嗖”的开走了。

士兵伸出手肘撞了我一下，示意我走向屋子的前门。我们进入屋内的一间办公室。士兵要我坐在一张木椅上，面对一张金属制的白色办公桌。不出几分钟，就有一位个子瘦小、头发浅茶色、年纪约莫三十岁的教士走进来，往桌子后面一坐，正眼也不看我一眼。他花了整整一分钟时间，把桌上那份卷宗浏览了一遍，然后抬起头来打量我。一副圆形的金框眼镜架在他的鼻梁上，为他那张脸庞增添了几分学究气息。

“你因为非法持有国家文件被逮捕，”他不动声色地说，“我今天来这里，是帮助检察单位决定是否对你提起公诉。希望你合作。”

我点点头。

“你从哪里取得手稿的翻译本？”他问道。

“我不明白，”我说，“一份古老手稿的复印本怎么会是非法的呢？”

“秘鲁政府自有它的理由，”教士说，“请回答我的问题。”

“教会怎么会跟这件事扯上关系呢？”我问道。

“因为这部手稿的预言违反了我们的宗教传统，”教士说，“它歪曲了我们的精神本质，而且……”

“慢着！”我打断他的话，“我只想弄清楚一点。我是个普通的观光客，对这部手稿产生了兴趣，如此而已。我不会危害到任何人。我只是想知道，为什么手稿的预言会引起那么大的恐慌。”

教士显得很困惑，仿佛在考虑究竟应该采取什么策略来对付我，才能使我就范。我要求他对我的疑问提出具体而明确的答复。

“教会认为，这部手稿的预言会误导我们的民众。”教士开始回答我的疑问，措辞非常谨慎，“它会让民众产生错觉，以为每个人都可以依照自己的意愿选择自己的生活方式，不必理会《圣经》的教导。”

“你指的是《圣经》里的哪些教导？”

“譬如说，十戒中的一条：当孝敬父母。”

“手稿的预言怎么会违反这条戒律？”

“手稿把人生所有问题归咎于做父母亲的人，因而破坏了家庭的伦理。”

“根据我的了解，手稿谈的是如何化解亲子之间积聚已久的仇怨，”我说，“它还教导我们，如何用正面的、积极的眼光看待自己的童年生活。”

“不对！”教士说，“这是谬论。做儿女的本来就不应该对父母心存怨恨。”

“做父母的人难道不会犯错吗？”

“父母都是为了子女好，纵使有些做法不当，子女也应该体谅他们。”

“这不正是手稿所讲的吗？一旦我们以正面的、积极的眼光看待自己的童年，不就会原谅父母亲了吗？”

教士显然动气了，嗓门拉高了起来。“手稿的作者依据什么权威发表这些谬论？凭什么要我们相信他的预言？”他愈说愈气，索性从办公桌后面走出来，绕到我面前，俯下身来狠狠瞪着我，

“你简直就是一派胡言！你是研究宗教的学者吗？我看不像嘛！手稿的预言会混淆老百姓的思想，你就是活生生的证据！你难道不明白，若没有法律和权威，这个世界就不会有秩序？你怎么可以对这方面的权威专家提出质疑呢？”

我只管呆呆地看着他，一言不发。他愈发恼怒起来，咆哮道：“听着！你所犯的罪可以让你坐上好几年的牢。你坐过秘鲁的监牢吗？你们老美太过好奇，想体验一下我们监狱里的生活，对不对？我可以安排！明白吗？我可以安排！”他伸出一只手蒙住自己的眼睛，深深吸了一口气，似乎想让自己的心情平复下来。停歇了一会儿他才继续说：“我今天来这儿的目的，是想查出谁私藏手稿复印本，从哪里取得。我再问你一次：你那些手稿翻译本是从哪里取得的？”

我被他这顿咆哮吓呆了。没想到刚才问他那些问题，会让他恼怒成这个样子。如果我拒绝合作，他会怎么处置我呢？但我能把桑杰士和卡尔两位神父扯出来吗？

“在回答你的问题之前，”我说，“我需要一些时间考虑考虑。”

他脸色一变，仿佛又要咆哮起来，但立刻克制自己，只显露出一脸疲惫的神情。“明天早上给我答复。”说完，他打个手势，示意站在门口的士兵把我带出办公室。我跟着士兵走下长廊，直接回到牢房中。

我默默走向我那张窄床，躺下来，只觉得心力交瘁，整个人疲惫不堪。巴布罗正从铁条窗口望出去。

“你刚才是跟西巴斯钦枢机谈话吗？”他问道。

“跟另外一位教士。他想知道是谁给我那些手稿复印本。”

“你怎么回答？”

“我没回答。我要求他给我一些时间，让我考虑考虑。他答应明天早上才听我的答复。”

“他有没有谈到手稿的预言呢？”巴布罗问道。

我直直望着巴布罗的眼睛，这回他并没有羞涩地垂下头去。“谈到一些，”我说，“他说手稿的预言会破坏传统的权威，然后就开始咆哮起来，恐吓我。”

巴布罗脸上露出惊讶的神色：“那位教士头发茶褐色，戴着一副圆形眼镜，对不对？”

“对啊。”

“他是柯斯度士神父，”巴布罗说，“你还跟他说了什么？”

“我告诉他，我不认为手稿的预言会对传统造成危害，后来他就开始威胁我，说要把我送进牢里去。”我问巴布罗，“你觉得他真会把我关进牢里吗？”

“难说。”巴布罗走过来，坐在我对面那张窄床上。我看得出他有心事，但这时我心里又是害怕又是疲累，于是就闭上眼睛，没有理会他。也不知睡了多少时候，我才被巴布罗给摇醒过来。

“吃午餐的时间到啦！”他说。

我们跟随卫兵走进楼上的餐厅，领取一盘马铃薯拌牛软骨做成的食物。早餐时看到的那两位男士这时也走进餐厅，但玛乔莉却没跟他们在一块儿。

“玛乔莉在哪里？”我尽量压低嗓门向他们探问。那两个人脸上顿时露出惊慌的神色，而卫兵这时也狠狠向我瞪了过来。

“他们两位大概不会讲英文。”巴布罗说。

“我在想，玛乔莉现在会在哪里呢？”我说。

巴布罗的回答我并没有留心听。这会儿，我突然有一股逃亡的欲望。一幅景象浮现在我脑海中：我匆匆忙忙跑下一条街道，然后俯下身子逃窜进一扇门里，终于获得自由。

“你心里在想什么啊？”巴布罗问道。

“我在幻想逃亡，”我说，“你刚才说什么？”

“听着，”巴布罗说，“千万别把你这个念头当做无聊的幻想。它可能会救你一命。告诉我，是怎样的逃亡？”

“我想象自己跑下一条巷子或街道什么的，然后穿过一扇门。印象里我好像逃亡成功了。”

“你觉得这个意象代表什么意义？”巴布罗问道。

“我不知道，”我说，“它跟我们刚才谈的事情好像没有什么逻辑关联。”

“你还记得我们刚才谈什么吗？”

“记得！我在问，玛乔莉现在到底在哪里呢？”

“你不以为玛乔莉和你的逃亡念头有某种关联吗？”

“我想不会有明显的关联吧。”

“隐秘的关联呢？”

“我还是看不出任何关联。玛乔莉怎么会跟逃亡扯上关系呢？难道她已经逃出这里？”

巴布罗沉吟了一会儿，说：“你想象的是你自己的逃亡。”

“对呀！也许我准备一个人逃亡，”我瞅了巴布罗一眼，“也说不定我会带着玛乔莉一块儿逃亡呢。”

“这跟我猜想的一样！”巴布罗说。

“可是，她现在人在哪里呢？”

“我不知道。”

我们陷入了沉默，只管低头吃着午餐。我觉得很饿，但面对眼前这盘粗硬油腻的食物，实在倒尽胃口。不知怎的，我只觉得浑身倦怠，反而把饥饿忘掉了。

我发现巴布罗也食不下咽。

“我们还是回牢房去吧！”巴布罗说。

我点点头，于是他就向卫兵打个手势，要他把我们带回去。一进入牢房，我就舒展四肢平躺在窄床上。巴布罗在床边坐下来，端详着我。

“你身上的能量似乎下降了。”他说。

“是下降了，”我说，“但我不清楚什么地方出了差错。”

“你现在想吸进一些‘能’吗？”

“我今天还没吸取‘能’。今天中午吃的那种食物，对补充体内的‘能’毫无帮助。”

“可是，如果你吸取万物的‘能’，就不需要很多食物。”巴布罗伸出胳臂，使劲一挥，表示他强调“万物”。

“我晓得，但身在这种地方，要我召唤起心中对万物的爱，着实不容易啊。”

他意味深长地打量着我：“可是，不这么做的话，就会对你自己造成伤害哦。”

“怎么说？”

“你的身体是在某一个层次上振动。如果你让身上的能量降得太低，你的身体就会遭受病痛。这就是心理紧张和生理疾病之间的关系。爱能使我们的身体维持正常的振动，让我们常保身心健康。千万别小觑它！”

“让我试一试！”我说。

我照桑杰士神父教我的法子做，立刻就感到身心舒畅许多，周围的所有东西也都展露出耀眼的光彩来。我合上眼睛，把全副心思集中在这份感觉上。

“好极了！”巴布罗说。

我睁开眼睛来，看他正笑嘻嘻地瞅着我。他那张脸孔依然带着稚气，身体也显得发育不全，但两只眼睛如今却散发出智慧的光芒来。

“我看见周围的‘能’流入你身体。”他说。

我发现巴布罗身边围绕着一圈淡绿色的“能场”。他刚摘来插进桌上那只花瓶的鲜花，也显得格外亮丽。

“要想真正了解第七个觉悟，进而参与人类进化的过程，”

巴布罗说，“我们必须把手稿预言的所有觉悟结合成一种生存方式。”

我静静听着。

“你能不能用一两句话告诉我，自从接触了手稿预言的觉悟后，你对世界的看法起了什么转变？”巴布罗问道。

我思索了一会儿，然后回答：“我仿佛大梦初醒，发现这个世界原来是充满奥秘的。如果我们认清自己，如果我们踏上正途，这个人世间就满足了我们的一切需求。”

“然后呢？”他继续问下去。

“然后我们就准备开始推动我们身心的进化。”

“那么，我们怎样参与这个过程呢？”

我考虑了一会儿才回答：“我们必须把自己目前面临的人生问题牢牢记在心里，然后寻求指引，而指引往往会出现在梦境中，出现在我们的直觉意念里，或出现在周边灵光乍现的事物上。”我又停顿了一会，设法把所有觉悟串联在一起，然后补充说：“我们建立我们的‘能’，勇敢面对我们的处境，正视我们的问题，就会得到某种直觉的指引，告诉我们应该怎么做、怎么走，然后机缘就会出现，促使我们往直觉指点的方向前进。”

“对了！对了！”巴布罗叫了起来，“这个方法完全正确。每当这些机缘把我们带到一个新的人生境界，我们就会成长一些，变成更完整的人，在更高的一个振动层次上生存。”

他兴奋得向我挨了过来。我发现他身上笼罩着一圈无比丰沛的“能场”。他整个人显得容光焕发、神采飞扬，不像我刚见到他时那副青涩、羞赧的模样。他浑身散发出一种智慧的力量。

“巴布罗，你是怎么搞的？”我说道，“比起刚见到你时，你现在显得成熟、自信和有学问多了。”

他哈哈大笑：“你刚来时，我故意让我身上的‘能’消散掉，以为你会帮我把它收回来呢，后来才发现你还没学会这一招。这个本事要到第八觉悟才学得会。”

我感到十分困惑：“你指的到底是什么？”

“你必须了解，那些神奇地出现在我们面前的人生答案，事实上都是由别人提供的。想想你来到秘鲁后所学到的东西，你所追寻的人生答案，不都是通过你在某种机缘中遇到的那些人传送到你面前的吗？”

我仔细想了想自己的经历，发现情况果然如此。我总是在节骨眼上遇见贵人：莎琳、杜普森、威尔、戴尔、玛乔莉、菲尔、雷诺、桑杰士神父和卡尔神父，加上现在这位巴布罗。

“连那部手稿也是某一个人写成的，”巴布罗补充说，“但是，你遇见的人并不是每一个都拥有足够的‘能’，或清晰的口齿和思路，把信息完整地传达给你。你必须帮助他们，方法就是提供一些‘能’给他们。”停顿了一会儿，他又说：“你告诉过我，你学会如何集中心思欣赏一株植物的美，然后把你的‘能’投射到它身上。记得吗？”

“记得。”

“喏，你也应该用同样的方式对待一个人。你的‘能’传达到他身上后，就会帮助他看清出现在他眼前的真理，然后他就会把这个真理传递给你。”他继续说，“柯斯度士神父就是一个例子。他有一个重要的信息要传达给你，但你没有帮助他把信息显现出来。你一味地要求他回答你的问题，结果就在你们两人之间制造出一场竞争，抢夺周遭的‘能’。一感觉到这点，他童年戏剧中的那个‘胁迫者’就冒了出来，主导你们之间的谈话。”

“在他面前，我到底应该怎样应对呢？”我问道。

巴布罗没有回答。这时我们听到牢房外响起脚步声。

柯斯度士神父走了进来。

他向巴布罗点点头，脸上露出一丝笑容。巴布罗嘻嘻一笑，看来他还真喜欢这位教士。柯斯度士神父朝我望过来，脸色变得十分严峻。我心头一颤。

“西巴斯钦枢机想见见你，”他说，“今天下午我们会送你去伊奎多斯镇。我劝你回答他所有问题。”

“他为什么想见我？”我问道。

“因为你开的那辆卡车是我们一位教士所有的，因此，我们猜测是他把手稿复印本交给你。我们属下的教士竟然不守法，这是挺严重的罪行。”他一边说一边板起脸孔瞅着我。

我瞄了巴布罗一眼。他点点头，示意我说下去。于是我就用温和的语气询问柯斯度士神父：“你认为，那部手稿的预言伤害到你们的宗教？”

他以高高在上的神态看着我，答道："何止我们的宗教，世界上所有宗教都受到了伤害。你以为这个世界是一团混乱吗？告诉你，上帝在控制一切，他安排我们的命运。我们的职责是遵守上帝制定的戒律。进化只不过是一个神话罢了。上帝按照他自己的意愿，规划人类的未来。有些人说，人类有能力控制自己的进化。说这种话的人把上帝的意愿完全否定掉。结果人类就会变得愈来愈自私，愈来愈有分歧。他们把自己的进化置于上帝的规划之上，这个世界也就充满纷争，永无宁日了。"

我想不出其他问题来问这位教士。他又打量了我一会儿，然后用比较和善的口气说："希望你跟西巴斯钦枢机合作。"

他回头望望巴布罗，一脸骄傲，显然为自己刚才的表现感到很得意。巴布罗没说什么，只对他笑了笑，点点头。柯斯度士神父转身走出牢房，卫兵把门锁上。巴布罗坐在床边，身体往前倾，满面笑容望着我，那副神态跟我初见他时简直判若两人。自信写在他脸庞上。

我呆呆瞅着他，好一会儿才挤出笑容来。

"刚才发生了什么事，你知道吗？"他问道。

我故作幽默："我发现我现在麻烦更大了！"

巴布罗哈哈大笑："还有呢？"

"我不知道你指的是什么。"

"你来这儿，有什么目的？"

"找寻玛乔莉和威尔。"

“喏，你已经找到其中一位了！另一个目的呢？”

“我觉得，这些教士打压手稿并不是出于恶意，而是因为他们误解了它的预言。我想知道他们的看法。不知怎的，我总觉得我们能够说服他们放弃打压手稿的行动。”说到这里，我才恍然大悟，明白了巴布罗问这些话的用意。我在此时此地遇见柯斯度士神父，不啻为天赐良机，让我了解为什么手稿预言会使教士们感到不安。

“你接到的信息是什么呢？”巴布罗又问道。

“信息？”

“对！信息。”

我怔怔瞅着他：“我接到的信息是，教士们感到不安，是因为手稿主张人类可参与进化的过程。对不对？”

“对！”巴布罗点点头。

“这倒可以理解，”我说，“对他们来说，物质进化论已经够糟了，而手稿居然主张把进化的观念推广到日常生活，应用在我们的起居作息上，甚至推广到人类的整个历史。这在教士们看来简直就是洪水猛兽嘛，万万不能接受。他们担心，这样的进化会使世界大乱，人类互相残杀。难怪他们会费那么大的劲儿打压这部手稿。”

“你能够说服他们改变想法吗？”巴布罗问道。

“不能……我的意思是，我自己对这个手稿的内容也还了解得不够。”

“一个人若想说服他们，必须具备什么条件呢？”

“他必须知道一个根本的真理，那就是：当每个人都遵从手稿预言的那些觉悟，开始推动自身的进化后，人类会怎样彼此相待？”

巴布罗脸上绽出了笑容。

“怎么啦？”我也跟着他傻笑。

“人类会怎样彼此相待，这个问题在下一个觉悟，也就是第八个觉悟，会得到解答。你原先的问题——教士们为什么会那样仇视手稿的预言——已经获得解答，而这个答案现在又引出另一个问题来了。”

“对！”我一时陷入了沉思中，“我必须去寻找第八个觉悟，我必须离开这里。”

“别太急躁哦！”巴布罗提醒我，“在踏出下一步之前，你得先充分把握住第七个觉悟。”

“你不认为我已经把握住了？”我问道，“我不是已经投入进化的洪流了吗？”

“你会的，只要你常常记住你面临的人生问题。连那些还没有觉醒的人有时候也会误打误撞，碰到一些人生答案，回想起来才领悟到那是一种机缘。受过第七个觉悟启发的人，当人生答案出现在眼前时，往往能够马上掌握住它。这个觉悟提升了日常经验。”他停歇了一会儿，又说，“我们必须假定每个事件都有意义，都包含一个跟我们的人生问题有某种关联的信息。这个假定尤其适用于我们通常所说的‘坏事’。第七个觉悟提醒我们，每个事件，不管表面看来有多糟，都有好的一面，而我们的职责就是把这一面找出来。就拿你自己来说吧。你刚来这里时，觉得被他们抓进牢里是倒霉透顶的一件事，但现在呢，你却发现那是一桩难得的机缘。你在这里找到了你需要的一些答案。”

巴布罗说得没错。但如果我真的在这儿找到了一些答案，把自己的身心进化往前推进了一步，那么，巴布罗自己呢？我想他一定也有相同的收获吧。

突然，牢房外的走廊响起了脚步声。巴布罗睁着眼睛看着我，脸上的表情变得十分严肃。

“听好！”他说，“记住我告诉你的话，第八个觉悟正等着你去寻找。它讲的是‘人际伦理’——人类应该如何彼此相待，以便分享更多的信息。切记：不要过于急躁，先站稳你的脚跟。你现在面临的问题是……”

“怎样找到威尔和第八个觉悟，”我说，“还有，怎样找到玛乔莉。”

“关于玛乔莉，你的直觉告诉你什么？”

我想了一想说：“直觉告诉我，我会逃出去……我们两人会逃出去。”

我们听到有人来到了牢房门口。

“我有没有给你带来启发？”我急忙问巴布罗。

“当然有啦！”他说，“你来之前，我不晓得自己为什么会在这儿。我隐约觉得，我来这儿的目的，是把第七个觉悟的信息传达给某一个人，但我怀疑自己是否有这个本事。我不以为自己知道的够多。你却使我发现，我有这个能力。这就是你带给我的启示之一。"

"还有别的吗？"

"有！你凭你的直觉认定，教士们可以经由我们的劝导改变对手稿的态度，这对我也是一种启示呢。如今，我觉得我有责任说服柯斯度士神父改变观点。"

他话刚说完，一个卫兵就打开了牢房的门，挥挥手叫我出去。

我望了望巴布罗。

"我想告诉你第八个觉悟提到的一个观念。"他说。

卫兵狠狠瞪了他一眼，然后抓住我的胳臂，把我揪出牢房，反手把门关上。巴布罗趴在铁栅上望着我的背影。

"第八个觉悟提醒我们一件事！"他大声说，"它提醒我们，如果我们太过迷恋一个人的话……我们的心灵成长便会被遏阻！"

人际伦理

圣　境　预　言　书

我跟随卫兵爬上阶梯，走进灿烂的阳光中。巴布罗的告诫在我脑际回响不停。迷恋某一个人？这话到底是什么意思？怎样的一种迷恋呢？

卫兵押着我走下一条小径，来到停车的地方。两个士兵站在一辆军用吉普车旁。我们朝吉普车走过去时，那两个士兵都睁大眼睛打量着我。我走近一看，发现吉普车后座已经坐着一个人。是玛乔莉！她看来脸色苍白，神情焦躁。我们还没来得及打个照面，身后的卫兵就一把抓住我的胳臂，把我推进玛乔莉身旁的座位。两个士兵爬进了吉普车前座。开车的那个士兵匆匆回过头来，瞄了我们一眼，然后发动引擎，往北驶去。

“你们会讲英文吗？”我问这两个士兵。

坐在驾驶座旁边的那个士兵一身肌肉十分结实。他回过头来，呆呆地望着我，操着我听不懂的西班牙语叽里呱啦了几句，然后摔开脸去，不再理我。

我转头看看身旁的玛乔莉，悄声问道：“你还好吗？”

“我……嗯……”她哽咽了起来。我看到两行泪水流淌过她的脸颊。

“不会有事的，别担心！”我伸出一只胳膊揽住她的肩膀。她抬起头来瞅着我，凄楚地笑了笑，然后把头靠在我的肩膀上。我只觉得心头一下变得很温暖。

一整个钟头，车子在未铺柏油的道路上颠颠簸簸地行驶着。车窗外的景色愈来愈苍翠，愈来愈像热带丛林。车子转了一个弯后，我看见茂密的林木间出现一座小镇，马路两旁出现一栋栋木板房子。

前面约莫一百码的地方，一辆大卡车挡在路中央。好几个士兵挥手示意我们停车。他们身后停着其他车子，有几辆闪烁着黄灯。我心里开始戒备。停车后，一个士兵走到车旁，操着西班牙语跟车上两个士兵交谈了几句，我只听懂一个字：gasoline（汽油）。押解我们的两个士兵跳下吉普车，站在外面和马路上的士兵聊天，不时回过头来瞄瞄我们。他们身上带着武器。

我发现马路左边有一条小街。就在我观览街上的店铺和门庭时，我的知觉突然起了转变。那些建筑物的形状和色彩一下子变得非常突出，十分耀眼。

我压低嗓门唤了玛乔莉一声。她抬起头来，但还没来得及开腔，一阵惊天动地的爆炸声几乎把我们震出车外。车子前面的马路上，一堆火光蹿起，士兵们被炸得纷纷扑倒在地上。刹那间，我们眼前一片昏黑，到处都是浓烟和漫天飞舞的灰烬。

“跑啊！”我大叫一声，把玛乔莉拖出吉普车。马路上一片混乱，我们趁机跑进我刚才发现的那条小街，身后不断响起呼叫声和呻吟声。在满街浓烟的笼罩下，我们跑了约莫五十码，突然，我发现左边有一扇开着的门。

“我们进去！”我喊叫一声，拉着玛乔莉冲进屋子。一跨过门槛，我就回身扑到门上，把它紧紧关住，转身一望，却看见一个中年妇人正睁着眼睛瞪着我们。糟了！我们误闯进人家的屋子。

我挤出笑容来，打量着她，却发现她对两个陌生人在大爆炸后闯进她家，非但不感到惊慌和生气，反而觉得很好玩，脸上居然还挂着一抹笑容，一副很无可奈何的样子，仿佛她心里早有准备，知道怎样接待我们。她身边一张椅子上坐着一个约莫四岁的小孩。

“快跟我来！”她用英文说，“他们马上就会派人来找你们！”在她的带领下，我们穿过陈设简单的客厅和后面的一条走廊，然后走下木板搭成的阶梯，进入一个狭长的地窖。那个小孩一路跟在她身边。我们急急忙忙穿过地窖，再爬上一道阶梯，来到开向巷子的一扇门。

巷中停放着一辆小轿车，那位妇人打开车门，催促我们进去。她要我们在后座躺下来，然后拿出一条毯子盖在我们身上，这才开动车子朝北驶去。自从进入她的家门后，我就没吭过声，浑浑噩噩任由她摆布，这时我才醒悟过来，明白发生了什么事。一股暖流通过我全身，我觉得自己体内此刻充满了“能”。我在牢房里凭着直觉预感到的逃亡，如今果然实现。

玛乔莉躺在我身旁，紧紧闭着眼睛。

“你还好吗？”我悄声问道。

她抬起头来瞅着我，点点头，眼眶中盈满泪水。

在路上奔驰了约莫十五分钟后，那位妇人说：“你们现在可以坐起来了。”

我掀开毯子，望望窗外。从周遭的景色看来，我们似乎是在爆炸发生前的那条路上行驶，但走得更北了。

“请问你贵姓？”我问那位妇人。

她回过头来看了我一眼，脸上依然挂着淡淡的笑容。看来她大约四十岁，身材姣好，一头及肩的发丝乌溜溜的。

“我叫卡拉·狄兹，”她说，“那是我女儿玛蕾妲。”

女孩儿坐在妈妈身边，回头笑嘻嘻地望着我们，眼睛睁得又圆又大，充满好奇。她那一头长发丝又黑又亮。

我告诉卡拉我们的名字，然后问她：“你为什么帮助我们？”

卡拉的笑容更灿烂了：“你们是因为那部手稿的关系才逃避士兵的追捕，对不对？”

“对！你怎么知道？”

“我也读过那部手稿呀。”

“你要把我们带去哪里？”

“不知道，”她说，“我正要问你呢。”

我瞄了玛乔莉一眼，发现她正专注地看着我。“现在我也不知道该去哪里，”我说，“在被捕之前，我是想去伊奎多斯镇。”

“去那里有什么事吗？”卡拉问道。

“去找一位朋友。他在追查第九个觉悟的下落。”

“那样做很危险的。”

“我晓得。”

“我们带你们去吧！”卡拉回头对女儿说，“你说好不好啊，玛蕾妲？”

小丫头咯咯一笑：“当然好啊。”好一副老气横秋的口气，不像四岁的小女孩。

“刚才为什么会发生爆炸呢？”我问卡拉。

“依我看，是运汽油的卡车发生爆炸，”她回答，“爆炸前那辆卡车发生意外，结果汽油漏了出来。”

卡拉毫不犹豫，立刻对两个陌生人伸出援手，这使我感到惊讶，于是就趁机问她：“你怎么知道我们是逃避士兵的追捕呢？”

她深深吸了一口气。“昨天有很多辆军车经过我们村子，往北边开去。这个现象很不寻常，使我想起两个月前我的朋友被抓时的情景。我跟那几个朋友一起研究手稿的预言。在这个村子里，我们是惟一收藏有全部八个觉悟的人。后来士兵来了，把我的朋友抓走，从此我再也没有听到他们的消息。”歇了一会儿，她继续说，“昨天我看到很多军车经过我们村子，就知道军方还在搜捕私藏手稿复印本的老百姓。而这些被抓的人，就像我朋友一样，可能需要帮助。我愿意尽力帮助这些人。你们来到我家之前，我碰巧正在想着这件事，而你们就在这个时候闯进来，所以我一点都不感到惊讶啦。我想这也是一种机缘吧。”

卡拉停下来歇口气，然后问道：“你有过这样的经验吗？”

“有！”我说。

卡拉把车速放慢。前面有个十字路口。

“我觉得我们应该右转，”她说，“走右边的路比较花时间，但也比较安全。”

卡拉把车子转到右边时，坐在她身旁的玛蕾妲往左边滑了过去，幸好她紧紧抓住坐垫，才没一头栽到座位底下。小妮子咯咯笑了起来。玛乔莉瞅着她，眼光中充满爱怜。

“玛蕾妲今年几岁啦？”玛乔莉问卡拉。

卡拉显得有点不高兴，但随即用温和的口气说：“请你把玛蕾妲当大人看待，有话就直接问她，别当她不存在似的，好吗？”

“哦，真抱歉！”玛乔莉说。

“我今年五岁了！”玛蕾妲骄傲地说。

“你研究过第八个觉悟吗？”卡拉问玛乔莉。

“没研究过，”玛乔莉说，“我只看到第三个觉悟。”

“我正想找第八个觉悟来看一看。”我问卡拉，“你有复印本吗？”

“没有，”卡拉说，“复印本全都被军方没收了。”

“第八个觉悟有没有提到大人应该怎样对待孩子？”

“有。”卡拉说，“它告诉我们，人类应该如何相处，如何建立健全的人际关系。它还谈到其他很多事情，譬如说，如何把自身的“能”投射到别人身上，如何避免过于迷恋某一个人。”

又是那个告诫！我正想问卡拉，她说的“迷恋”究竟指什么，玛乔莉却抢先说：“你能不能告诉我们第八个觉悟讲的是什么？”

“第八个觉悟告诉我们，”卡拉开始解释，“在处理一般的人际关系时如何以新的方式运用我们的‘能’。但一切得从头开始——从小孩子开始。”

“我们应该怎样看待儿童呢？”我问道。

“我们必须了解儿童在人类进化过程中所扮演的角色：他们是终点，也是起点，引领人类继续前进。但是，在学会推动自己的身心进化之前，儿童需要大人持续不断地、毫无条件地把‘能’提供给他们。对待儿童最糟的方式，就是在纠正他们的行为时趁机夺取他们的‘能’，把他们的心灵吸干。你想必已经知道，儿童为了自保，就学会运用手段操纵别人——套用手稿的说法，他们就开始表演起‘控制戏’来了。事实上这是可以避免的，只要大人随时提供儿童他们所需要的‘能’。因此，我们应该让孩子们参与大人的谈话，尤其在谈论他们的事情时。我们也应该量力而行，不要生养太多孩子，这样我们才能全心全意照顾他们。”

“这些都是手稿说的吗？”我问道。

“对！”卡拉说，“手稿特别提到孩子的数目。”

我感到很困惑：“一对夫妻应该生几个孩子，真的那么重要吗？”

卡拉一面开车一面回过头来瞄瞄我：“因为任何一个大人，在同一个时候，只能全心全意照顾一个小孩呀。如果一个家庭里儿童的数目超过大人，大人就会照应不过来，没办法提供孩子足够的‘能’。于是，孩子们就开始互相竞争，在父母面前争宠。”

“手足间就产生隔阂了！”我说。

“对啊。手稿说，这个问题比一般人想象的还严重。很多大人喜欢生养一大堆孩子，组成一个大家庭。但是，儿童应该通过大人认识这个世界，学会待人处世的道理，不应该在同辈间互相模仿、瞎摸索。在有些地方，儿童在街头结党厮混。手稿预言，人类总有一天会了解，他们不该把孩子带到这个世界，除非在这个世界上，每一个儿童都至少有一个大人在全心全意照顾他。”

“可是，”我说，“很多父母必须外出工作，赚钱养家。难道他们就没有资格生养孩子吗？”

“那倒不一定，”卡拉回答，“手稿预言，人类总有一天会把家庭扩展到血缘之外，这样一来我们就可以让别人照顾我们的孩子，提供他们‘一对一’的关怀。儿童所需要的‘能’，不一定非得来自父母亲不可。事实上，最好是让父母之外的人来提供。但是，不管谁在照顾这个孩子，都必须给他‘一对一’的关怀。”

“嗯，”我说，“这点你倒是办到了！玛蕾妲这个小女孩在你的调教之下，看起来非常成熟、懂事。”

卡拉皱了皱眉头说：“这话你不必跟我讲，你应该直接告诉玛蕾妲。”

“哦，好吧！”我瞅着这个小丫头说，“玛蕾妲，你看起来像个十足的小大人啰。”

玛蕾妲害羞地别开脸去，过了一会儿才说：“谢谢你。”

卡拉伸出一只手来搂了女儿一下，然后回头望了望我，骄傲地说：“过去两年来，我一直遵照手稿的指示，处理我跟女儿玛蕾妲的关系。是不是啊，玛蕾妲？”

小妮子脸上绽出笑靥，点点头。

卡拉继续说：“我供给玛蕾妲她所需要的‘能’，用她听得懂的词汇和句法告诉她事情的真相。当她问到一般小孩子总会问的问题时，我会认真回答，尽量避免给她一些荒诞不经的答案，让自己乐一乐。”

我笑了笑：“就像有些美国母亲哄孩子说‘小婴儿是鹳鸟妈妈带来的’，对不对？”

“对！但这些说法还有文化上的根源，不算太糟，反正孩子们很快就弄清楚是怎么回事。最糟的是大人们临时编造的谎言，因为他们想让自己乐一乐，也因为他们觉得事情的真相太复杂，不是小孩子所能理解的。这些大人的做法不对。事实上，我们可以配合儿童的理解能力，把事情的真相向他们表达，只需动点脑筋而已。”

“关于这个问题，手稿到底怎么说？”

“它说，我们应该找出法子，把事情的真相告诉孩子们。”

我不怎么赞同这种见解。我一向喜欢哄着孩子们玩。

“孩子们不都知道大人在哄着他们玩吗？”我说，“你刚才说的那一套，会让孩子太快长大，剥夺了童年生活应该有的一些乐趣。”

卡拉回头瞪了我一眼：“玛蕾妲的童年生活并不缺乐趣啊！我们母女俩在一起玩各种游戏，追赶啦、翻筋斗啦、扮家家酒啦，就像别的孩子一样。惟一不同的是，我们在玩过家家的时候，玛蕾妲知道我们在假装。”

我点点头。她这番话未尝没有道理。

“玛蕾妲充满自信心，”卡拉继续说，“因为我常陪在她身边，随时给她‘一对一’的关怀。我不在家的时候，住在隔壁的姊妹就会过来陪玛蕾妲。她总是找得到大人回答她的问题。就因为她受到这种真诚的关注，她从不觉得有必要做出一些乖张的行为，以吸引大人注意。她身上总是有充足的‘能’，因此她有信心，这一辈子她永远都不会缺乏‘能’。由于这份信心的缘故，那个过渡时期——小时候从大人身上获取‘能’，到长大后从宇宙万物那儿吸取‘能’——对她来说，并不是很难熬的阶段。”

我望了望窗外的景色。车子正穿过一座浓密的热带丛林。虽然在车中看不见太阳，但依我判断，太阳已经西斜，就快要下山了。

“我们今晚能赶到伊奎多斯镇吗？”我问道。

“不行，”卡拉说，“今晚我们在我认识的一户人家那儿过夜。”

“就在这附近吗？”

“对！那是我朋友的家。他在野生动物保护局工作。”

“他在政府机关做事？”

“亚马孙河流域有一部分是保护区。他是地方主管官员，很有点影响力。他名叫璜·辛顿。别担心吧！他相信手稿的预言，但警察和军队从不骚扰他。”

我们抵达卡拉这位朋友的家时，天已经完全黑了。我们四周的丛林响起夜鸟的鸣叫，空气闷热而潮湿。茂密的林木中出现一块空地，尽头矗立着一栋灯火通明，用木板搭成的大房子，附近还有两间很大的建筑物，旁边停放着好几辆吉普车。另一辆车子被吊了起来，两个人点着灯在修理车子的底盘。

一个身材瘦削、穿着名牌衣服的秘鲁男子应声开门，看见卡拉，脸上立刻堆出笑容，但一瞥见她身后站着的玛乔莉、玛蕾妲和我，那张笑脸顿时就僵住了。他显得很紧张，操着西班牙语跟卡拉说了一些什么，卡拉苦苦哀求他。但他的神态和语调显示他并不欢迎我们今晚住在他家。

我从门缝望进去，看见玄关上站着一个女人。我上前两步，仔细一瞧，发现她竟是我和桑杰士神父前往玛珠璧珠废墟路上遇见的茱莉亚。这时她也回过头来，看到了我，愣了一愣，连忙走上前来拍拍门口那个男子的肩膀，把嘴巴凑到他耳朵上悄悄说了几句话。那个叫辛顿的男子点点头，一脸无奈地把门打开。他把我们带进起居室时，我们向他自我介绍。茱莉亚端详着我，说道："我们又见面了。"她穿着鲜红色的凉衫和卡其长裤，裤管上有两只口袋。

"是啊，我们又见面了！"我说。

一个秘鲁仆人拦住辛顿，跟他说了几句话，两个人就走出了起居室。茱莉亚在咖啡桌旁一张椅子上坐下，然后打个手势，要我们坐在对面一张长沙发上。玛乔莉显得很惊慌，只管睁着眼睛瞅着我。卡拉看在眼里，连忙走过来拉住玛乔莉的手，说道："我们去倒杯热茶喝吧。"

玛乔莉一面跟着卡拉走出起居室，一面回过头望着我。我对她笑了笑，望着她们绕过转角处走进厨房，然后回过头来面对茱莉亚。

"你觉得这桩机缘意味什么呢？"她问道。

"什么机缘？"我心不在焉地反问。

"我们又再见面，不期而遇啊。"

"呃……我不知道。"

"你怎么会跟卡拉凑在一起？打算到哪里去？"

"她救了我们。玛乔莉和我被秘鲁军队扣留，后来我们逃了出去，碰巧遇到卡拉。"

茱莉亚显然很感兴趣："告诉我，到底发生了什么事？"

我往后一仰，靠在沙发上，把事情的经过一五一十向她诉说。我从借用卡尔神父的车子出门说起，一直说到在路上被军队抓到，最后告诉她我们逃亡的经过。

“卡拉答应带你们去伊奎多斯镇？”茱莉亚问道。

“对！”

“你为什么去那儿？”

“威尔告诉卡尔神父，他打算去伊奎多斯镇。威尔在追查第九个觉悟的下落，他显然已经掌握了一些线索。而且，为了某种原因，西巴斯钦枢机也去了那儿。”

茱莉亚点点头：“唔，西巴斯钦在伊奎多斯镇附近设有一个传道会，专门吸收印第安信徒。他就是在那个地区建立起名声的。”

“你呢？”我问道，“怎么会待在这里？”

茱莉亚告诉我，她也打算寻找第九个觉悟，但手头上连一条线索都没有，这几天忽然特别思念老朋友辛顿，于是就前来探望他。

我心不在焉地听着。玛乔莉和卡拉已经走出厨房，手里拿着一杯茶站在走廊上聊天。玛乔莉向我望过来，发现我在注视她，但没说什么。

“她对手稿了解多少？”茱莉亚一面问我，一面朝玛乔莉点点头。

“她只读过第三个觉悟。”我回答。

“如果她想离开秘鲁的话，我们有办法把她弄出去。”

我回过头来望着她：“用什么方法？”

“罗兰度明天就要去巴西。我们在那儿的美国大使馆有几位朋友，他们可以把玛乔莉弄回美国去。我们用这种方式帮助过一些美国友人。”

我望着她，不置可否地点了点头。听了她那番话，我心里感到很矛盾。我知道，为了玛乔莉着想，最好马上让她离开秘鲁，但内心深处我又渴望她留下来，陪伴我。只要她在身边，我就会感到浑身充满活力，仿佛变了个人似的。

“我得跟她谈一谈。”我告诉茱莉亚。

“当然。”茱莉亚点点头，“我们待会儿再聊。”

我站起身来朝玛乔莉走过去。卡拉走进了厨房。玛乔莉绕过走廊的一个转角处，不见了。我赶上前去时，发现她正倚在墙上。

我把玛乔莉拥进怀里，只觉得一颗心怦怦乱跳。

“感觉到我身上的‘能’吗？”我把嘴巴凑到她耳朵上，悄声说。

“哇，好强烈！”她说，“怎么啦？”

“不知道。我感到我们身上的‘能’连结起来了。”

我望望四周，没有人看得见我们，于是我们就热烈地拥吻起来。好一会儿我才把她放开，往后退出一步，看着她那张脸庞。她整个人变了个样，显得容光焕发，使我想起在“文生居”庄园初见她的情景，也使我想到我们在库拉镇餐馆的那场谈话。只要她在我身边，我就感觉到一股汹涌澎湃的“能”袭卷我们。

她紧紧地搂住我，说道：“自从在‘文生居’遇见你后，我就一直想跟你在一起。开始时我还有点犹豫，但我感受到我们之间存在的‘能’，那种感觉真美妙，以前从来没有过。”

我从眼角瞄见卡拉笑眯眯朝我们走过来。她告诉我们，晚餐已经准备好了，于是我们走进饭厅，发现一顿丰盛的自助餐正等待着我们，桌上堆满新鲜的水果、蔬菜和面包。每个人都拿了满满一盘食物，围坐在一张大桌子旁。玛蕾妲唱了一首祈福歌。接下来的一个半钟头，大伙儿无拘无束地吃着聊着。主人辛顿也放松了戒备，开始谈笑风生，为晚宴增添欢乐的气氛，使我们忘却逃亡的恐慌。玛乔莉兴致很高，不时开怀大笑。坐在她身旁，我感到无比的温馨幸福。

饭后，辛顿把我们带回起居室，享用甜酒、鸡蛋和牛乳调成的甜点。我陪着玛乔莉坐在长沙发上，聊起我们各自的童年生活和成长过程。两颗心愈来愈贴近。惟一的障碍是，她定居在美国西海岸，而我却住在南部。玛乔莉并不觉得这是个严重的问题。她开心地笑起来，说道：“我好想马上就回到美国哦！在西海岸和南部之间两头跑多有趣啊！”

我坐直身子，收敛起脸上的笑容，瞅着玛乔莉认真地说：“茱莉亚刚才告诉我，她可以马上安排送你回美国。”

“当然是我们两个人一起走啰，对不对？”玛乔莉问道。

“不，我……我还不能走。”

“为什么？”她问道，“我不能把你留在这儿，一个人走。但我也不能在这儿多待一天，我已经受不了了。”

“你先走一步，过几天我就会回美国。”

“不行！”她抬高嗓门，“要走就一起走！”

卡拉把女儿安顿到床上后又走回起居室，看了看我和玛乔莉，连忙把脸转开，望向别的地方。辛顿和茱莉亚正聊得起劲，并没有注意到玛乔莉发脾气。

“拜托！”玛乔莉说，“我们回美国去吧。”

我避开她的眼光。

“好，不走拉倒！你留下吧！”她站起身来，气冲冲地走进卧室。

我望着玛乔莉的背影，心头一疼。刚才和她相拥时我身上蓄积的“能”，一下子消散无踪，我忽然感到非常虚弱和困惑。我想摆脱这种感觉，就安慰自己说：毕竟我们交往还没那么深，犯不着为她改变决定。但我转念一想，觉得她的要求也不算过分，也许我真应该回美国。我留在这儿又能改变什么？回美国后，说不定我能号召一些人声援那部手稿，同时保住我这条命，何乐而不为？我站起身来，准备追上前去向玛乔莉认错，但不知怎的又坐回沙发上。我心中乱成一团。

“我能不能跟你谈一谈？”卡拉忽然问道。我没发现她站在沙发旁边。

“好啊。”我说。

她坐下来望着我，眼神中充满关怀。“对不起，我无意中听到你们刚才的谈话，”她说，“我想，在做决定之前，也许你想知道第八个觉悟对‘迷恋’的看法。”

“是的，我很想了解一下。”

“当我们对自己有清晰的认识，开始推动自己的身心进化后，我们的成长可能会突然遭到遏止，因为我们迷恋上另一个人。”

“你是指我和玛乔莉，对不对？”

“让我先把迷恋的过程向你解释一下，”卡拉说，“然后你自己再判断。”

“好吧。”

“首先我必须承认，对手稿的这部分预言，我原本也不太了解，直到我遇到了雷诺教授。在他的开导下，我才明白迷恋究竟是怎么回事。”

“雷诺？”我惊呼起来，“我认识他。我在研究第四个觉悟的时候遇到他。”

“哦，”卡拉说，“我遇到他的时候，我们都在研究第八个觉悟。他在我家坐了好几天。”

我点点头，心里想，这桩机缘可真奇妙。

“雷诺教授说，手稿提出迷恋的观点，以解释男女情爱中所产生的权力斗争。我们常在思索，为什么爱情的甜美感觉会消失？为什么与恋人、伴侣会反目成仇？现在我们总算找到了答案。这跟两个当事人之间流通的‘能’有关。”卡拉继续说，“爱情萌芽时，两个当事人都在不知不觉中把自己的‘能’传送给对方，彼此都感到十分幸福快乐。我们管这种美好的感觉叫‘恋爱’。不幸的是，一旦恋爱中的男女开始期望对方提供这种感觉，他们就会跟宇宙的‘能’切断关系，更加依赖彼此互相供应所需要的‘能’。然后他们会开始感到‘能’越来越短缺，于是停止把自己的‘能’传送给对方，便又再演起‘控制戏’来，试图控制和操纵对方，夺取对方的‘能’。就这样，一段浪漫的爱情就变质成一场世俗的权力斗争。”

卡拉停歇下来，显得有点迟疑，仿佛不能确定我究竟是否了解，过了一会儿才补充说：“雷诺告诉我，人类的这种迷恋倾向可以用心理学的观点解释。这样也许你比较能够了解吧？”

我点点头，示意她说下去。

“雷诺说，问题的根源在我们的童年。由于童年的家庭生活充满为了争夺‘能’而引发的竞争，我们都无法完成一个重要的心理程序，那就是融合我们人格中的异性面。”

“我们的什么？”

“就拿我来说吧，”卡拉继续说，“身为一个女人，我无法融合我人格中的男性面；而你呢，则无法融合你人格中的女性面。我们之所以会被异性吸引，是因为我们还不懂得运用自己身上的异性能。你知道吗？我们可以开发的那种内在的神秘能源，在属性上既是男性也是女性。我们总有一天会开发它。但是，当我们开始推动自身的进化时，必须非常小心。融合的过程很漫长，需要花很多时间。如果我们过早和一个异性人物建立关系，以获取我们所需要的女性能或男性能，我们就会阻碍宇宙能的供应。”

我告诉卡拉，她这番话我听不懂。

“你不妨想想，在一个理想的家庭中这种融合应该如何进行，”卡拉解释说，“这样你也许就会了解我的意思。在任何一个家庭，孩子最初都是从大人身上吸取‘能’。通常，认同和融合同性家长的‘能’比较容易达成，但由于性别的不同，吸取另一位家长的‘能’就困难多了。我们就拿一个小女孩做例子吧。当她第一次试图融合她的男性面时，她发现自己深深受到父亲吸引。她一天到晚腻在父亲身边，寸步不离。根据手稿的说法，她真正想要的是男性能，因为男性能可以补助她的女性面。这种男性能使她产生圆满和幸福的感觉。但她有个错误的观念，以为吸取这种‘能’的惟一方法，就是和她父亲保持密切的接触。”

卡拉歇口气，又说：“有趣的是，由于她直觉地认为这种‘能’原本就该属于她，她有权随意支配它，因此，她就开始想指挥她的父亲，把他当做自己身体的一部分。在她心目中，父亲是完美的、无所不能的，能够满足她各种稀奇古怪的要求。在一个不太理想的家庭中，这就会在父女之间造成权力冲突。她开始装模作样，使出各种招数来操纵她父亲，以讹取她想要的‘能’。‘控制戏’就这样形成了。”接着卡拉话锋一转：“但在一个理想的家庭中，父亲会超然于竞争之上。他会继续以坦诚的态度处理和女儿的关系，无条件提供她足够的‘能’，尽管他不能满足女儿的每一个要求。值得注意的是，理想的父亲永远是心胸开阔、勤于沟通的。在女儿心目中他是完美的化身，是无所不能的超人，但如果他能够坦白告诉她自己是个怎么样的人、从事什么样的工作，那么这个小女孩就能够吸收、融和父亲的做人态度和行事风格，不再对他抱持不切实际的幻想。最后，她会把父亲当成一个有血有肉、优缺点兼备的‘人’来看待。一旦这种良性竞争产生，这个小女孩很容易就能跨越过渡阶段——以往她从父亲身上吸取异性能，现在则把它当做弥漫宇宙的整体能的一部分加以吸收。”

“问题是，”卡拉继续说，“直到今天，大多数家长还在跟自己的子女争夺‘能’。这种现象对我们每个人的身心都造成深远的影响。由于这种竞争存在，我们都还不能够解决异性能的问题。我们都还困在这样的阶段——在我们自己的身体外面，在对我们具有吸引力的理想异性人物身上，寻找我们所需要的异性能。你现在明白问题的症结所在吗？”

“嗯，”我说，“我想我明白了。”

“在培养有意识的进化能力时，”卡拉继续说，“我们会遭遇到一个棘手的问题。我告诉过你，根据第八个觉悟的说法，一旦我们开始推动自己的身心进化，就会自动接收到异性能。它来自宇宙的‘能’，很自然地注入我们体内。但我们必须小心，因为这个时候如果有一个人出现，直接把异性能提供给我们，我们就可能把真正的能源切断……然后开始退化。”说到这里，她忽然想到什么，咯咯笑了起来。

“什么事情那么好笑啊？”我问道。

“雷诺教授曾经做过一个比喻，”卡拉说，“他说，在学会避免这种情况发生之前，我们每个人都在摸索，模样就像一个有缺口的圆圈。你知道吗？我们的身心就像英文字母C，有个大缺口。我们很容易受到异性人物吸引，而这个异性人物其实也是一个有缺口的圆圈，他出现在我们眼前，跟我们结合，以这种方式把圆圈的缺口补起来，使我们心中充满‘能’，充满幸福的感觉。而事实上，跟我们结合的是另一个也在外面寻找另一半的人。真正的完整感，只有我们跟宇宙完成结合时才会产生。雷诺教授说，这是典型的相互依赖的关系，先天上就存在着严重的问题，而且立刻就会显露出来。”

她迟疑着，仿佛期待我说些什么似的，但我只是点点头，没有表示意见。

“你瞧，”她继续说，“这两个人以为他们已经结合成一体，成为一个完整的人——成为一个圆，但事实上那只是利益的结合，一方提供女性能，另一方则供应男性能。结果，这个所谓完整的人就具备了两个自我，变成双头马车。双方都争着控制他们所创造的这个完整的人，因此，就像童年时代，他们开始运用手段支配对方，把对方当成自己身体的一部分似的。这种幻觉往往变质成权力斗争。到头来，双方都被迫漠视对方的存在，甚至摧毁对方的意志，以便将这个完整的自我引导到他们设定的那个方向。当然，这种伎俩不会产生效果，至少现在不管用了。在过去，也许会有一方——通常是妇女，偶尔也会是男人——心甘情愿地服从另一方的指挥。但我们现在开始觉醒了，再也没有人愿意屈服。”

我想起第一个觉悟曾经提到，亲密的人际关系中存在着尖锐的权力斗争。我也想到跟莎琳在餐馆见面时，看见一个妇人怒气冲冲地离开她身边的男人。“看来，这个世界不再有浪漫的爱情了！”我说。

“哦，我们还是可以享有浪漫的爱情，”卡拉回答，“但是，首先我们必须依靠自己的力量，把我们圆圈的缺口补起来。我们必须稳定和宇宙交流的管道。这需要时间，但以后我们再也不必为那个问题伤脑筋，可以享有手稿所说的更高层次的男女关系。以后，我们跟另一个完整的人建立浪漫的关系时，就会创造出‘特等的人’。但是，这种关系不会阻挠各自的身心进化。”

“你觉得玛乔莉和我现在遇到的就是这个问题——阻挠彼此的身心进化？”我问道。

“对！”

“那么，我们应该怎么避开这些纠葛？”我又问道。

“方法有两个：一是避免被‘一见钟情’的感觉所蛊惑，一是学习跟异性建立精神上的友谊。但要记住，建立精神情谊的对象，必须是愿意把自己的内心和真面目完全袒露出来的人——就像在一个理想的家庭中，异性家长会向子女显露他们真正的自我。一旦我们明了这些异性朋友的内心世界，我们对异性不切实际的幻想就会破除，而我们又会跟宇宙连结在一起。”她歇了口气又说，“也请记住，这是不容易办到的，尤其当你准备脱离一个相互依赖的关系时。那种感觉，简直就像硬生生把连结两个人的‘能’撕开，双方都会感到疼痛。但痛归痛，我们还是非得这么做不可。相互依赖可不是少数人罹患的新疾病，我们每个人都曾依赖过别人，但现在都在想法子摆脱这个习性。一个人感到孤单的时候，就会追求相互依赖的关系，体验那种关系刚建立时的充实感和幸福感。但重要的是，你得了解伴侣的内心世界，然后在进化的路途上往前跨出一步。总有一天，你会遇到值得你建立真正浪漫关系的人。”停歇了一会儿，卡拉继续说：“说不定，你和玛乔莉两人的身心进化得更成熟后，你们才会发现彼此真正属于对方。但请记住：你们现在的关系是不会有好结果的。”

辛顿走过来打断我们的谈话。他告诉我们他现在想歇息了，我们的房间也已经准备妥当。我们感谢他热诚的招待。辛顿回房后，卡拉说：“我也想睡了，以后再谈吧。”

我点点头，看着她走出起居室，忽然觉得有人把一只手搭到我的肩膀上，回头一看，原来是茱莉亚。

“我要回房去了！”她说，“你知道你的房间在哪儿吗？我可以带路。”

“请带路。”我说。转念一想，我又问道：“玛乔莉的房间在哪里？”

茱莉亚微微一笑，带领我走下长廊，停驻在一个房间的门口。“她的房间离你的房间很远呢！”她说，“辛顿先生是非常保守的人。”

我对她笑了笑，道声晚安，然后走进我的房间，捧着肚子笑着入睡。

一觉醒来，我闻到咖啡的香味，扑鼻的浓香弥漫整间屋子。我穿好衣服，走进起居室。一个上了年纪的男仆递来一杯新鲜的葡萄汁，我接到手里。

“早啊！”茱莉亚在我身后招呼了一声。

我转过身去：“你也早啊。”

她深深看了我一眼，问道：“你知道我们为什么会再相遇吗？你想出了原因没有？”

“还没，”我说，“我没工夫想这个问题。我一直在想‘迷恋’到底是怎么回事。”

“唔，”茱莉亚说，“我看得出来。”

“怎么看出来的？”

“看你身上的‘能场’，我就知道是怎么回事。”

“我的‘能场’看起来怎么样？”

“你的‘能’和玛乔莉的‘能’连结在一起。你坐在这儿，她待在她房间里，而你的‘能场’一路延伸到她的房间，依附在她的‘能场’上。”

我摇摇头。

茱莉亚笑了笑说：“你已经切断跟宇宙的连结了。你迷恋上玛乔莉的‘能’，把它当做代用品。所有的迷恋都是这个样子——你透过某一个人或某一件东西，跟宇宙的‘能’搭上线。在这种情况下，你就应该振奋起你身上的‘能’，把全副心思集中在你现在该做的事情上。”

我点点头，走出屋外。茱莉亚在起居室里等候。接下来的十分钟，我运用桑杰士神父教我的法子，建立自己身上的‘能’。渐渐地，宇宙万物的美又回到我的视界中，我觉得整个身心都舒畅了起来。我回到屋里。“你现在气色看起来好多了！”茱莉亚说。

“我也觉得舒服多了！”我说。

“说说看，你现在心里还有什么疑问？”她问道。

我思索了一分钟。我已经找到玛乔莉——这个疑团已经解开了。但我还得找出威尔的下落。我也想知道，如果世界上的人都遵守这九个觉悟，他们会如何彼此相待呢？如果手稿的预言对人心的影响是正面的，为什么西巴斯钦枢机和其他教士会那么担心呢？

我看了看茱莉亚：“我还得进一步了解第八个觉悟的内容。我也想找到威尔，说不定第九个觉悟就在他手上。”

“明天我就要去伊奎多斯镇，”茱莉亚说，“你想跟我一块去吗？”

我一时踌躇起来。

“威尔会在那儿哦！”茱莉亚补上一句。

“你怎么知道？”

“因为昨天晚上我忽然有个预感，我会在伊奎多斯镇遇见威尔。”

我没说什么。

“我也预感到，”她又说，“我们两人会结伴去伊奎多斯镇。不管你喜不喜欢，你已经被牵连进这件事了。”

“牵连进什么事啊？”我问道。

茱莉亚吃吃一笑：“赶在西巴斯钦枢机之前，把手稿预言的最后一个觉悟找到呀。”

听她这么一说，我心中登时浮现起一幅景象：我和茱莉亚结伴来到伊奎多斯镇，但不知怎的，后来却分道扬镳了。我模模糊糊感到自己身上负有一个使命。

我又看了看茱莉亚。她还在笑着。

“你的魂儿到哪里去了呀？”她问道。

“抱歉！我在想一件事情。”

“很重要吗？”

“不晓得。我忽然有个预感，我们一块来到伊奎多斯镇……然后我们就分手了。”

这时罗兰度走进起居室来。

“我把你要的补给品都带来了。”他对茱莉亚说。他认出了我，礼貌地点点头。

“谢谢你啊，”茱莉亚说，“有没有看到很多士兵？”

“没有，一个也没有。”罗兰度说。

这时玛乔莉走进起居室来。我心中一乱，耳边听到茱莉亚对罗兰度说，玛乔莉要跟他穿过边界进入巴西，再从巴西安排行程回美国。

我走到玛乔莉身边。“昨晚睡得好吗？”我问道。

她瞅着我，满脸幽怨，仿佛在考虑到底要不要继续生我的气。“不怎么好。”她回答。

我朝罗兰度点点头，对玛乔莉说：“他是茱莉亚的朋友，今天早上带你进入巴西，然后安排你回美国。”

玛乔莉脸色“嗖”的一白。

“别怕，你不会有事的，”我说，“他们帮助过其他美国人。美国驻巴西大使馆有他们认识的人。你很快就可以回家啦。”

她点点头：“我是担心你啊。”

“我不会有事的，别担心。一回到美国，我就打电话给你。”

辛顿从后面走过来，宣布早餐已经准备好了。大伙儿走进饭厅。餐后，茱莉亚和罗兰度立刻忙碌起来。茱莉亚解释说，罗兰度和玛乔莉必须在天黑之前穿过边界，而这趟旅程需要一整天的时间。

玛乔莉把辛顿送她的几件衣服收拾进行囊。我趁着茱莉亚和罗兰度在门口讲话，悄悄把玛乔莉拉到一旁。

“什么都别担心，”我说，“把眼睛睁大一点。说不定你会看到手稿预言的其他几个觉悟。”

她笑了笑，但没说什么。我跟茱莉亚站在一块，看着罗兰度帮助玛乔莉把行囊装进他那辆小轿车里。车子驶离时，我和玛乔莉互望了一眼。

“他们会平安抵达巴西吗？”我问茱莉亚。

她瞅着我，眨个眼：“当然会啦。我们也得上路了。我替你准备了几件衣服。”她交给我一袋衣服。我们把衣服和数箱食物搬到她那辆小货车上，然后向辛顿、卡拉和玛蕾妲道别，朝东北方驶向伊奎多斯镇。

我们一路往东北走，道路两旁的景色愈来愈具有热带丛林的风味，人烟非常稀少。我开始思索第八个觉悟的涵义。显然，它讲的是人类将来会以什么方式彼此相待，但这点我还不十分了解。卡拉跟我讨论过大人应该怎样对待儿童。她也曾告诫我，别轻易迷恋上一个人。巴布罗和卡拉都曾提到，有一种方法，可以让我们把自己的‘能’有意识地投射到别人身上。这又是怎么一回事呢？

我转头看了看茱莉亚，说道：“我还不太了解第八个觉悟。”

“我们对待别人的方式，”她解释说，“决定我们身心进化的速度，也决定我们的人生问题是否很快获得解答。”

“这是什么意思？”我问道。

“想想你自己的经验吧！”她说，“你的人生问题是怎样得到解答的？”

“在节骨眼上总是会有人出现，解答我的问题。”

“你有没有敞开胸怀，接纳他们带给你的信息？”

“唔，没有。我的个性比较孤傲冷漠。”

“带给你信息的人，有没有被你的态度吓退？”

“没有，他们还是那么开朗、热心。他们……”我一时结巴起来，找不到恰当的措辞。

“他们有没有帮助你打开心胸呢？”茱莉亚问道，“有没有把爱心和‘能’灌注到你身上呢？”

茱莉亚这番话勾起了我一连串的回忆。我想起初抵秘鲁首都利玛时，威尔在我彷徨无助中伸出援手。我想起桑杰士神父的慈爱，也想起卡尔神父、巴布罗和卡拉热诚的关怀和教诲。现在我又遇到了茱莉亚。这几个人的眼睛都有一种特殊的神韵。

“有，”我说，“你们都这样帮助过我。”

“这就对啦，”茱莉亚说，“我们这样帮助你是刻意的。我们这么做，是遵照第八个觉悟的指示。帮助你提升你的心灵，认清你的真正自我，我们就能够探索你带给我们的信息。这点你明白吗？让你吸收到宇宙的‘能’，对我们自己也有莫大的好处。”

“关于这一点，手稿究竟怎么说？”我问道。

“它说，每当有人出现在我们生命中时，他一定会给我们带来某种信息。人生中并没有纯粹巧合的相遇。我们是否能够接收到信息，得看我们如何对待这些邂逅。假如我们遇到一个人，和他聊了起来，但在谈话中却没发现跟我们现在面对的问题有关的信息时，那并不表示没有信息存在。那只是表示，由于某种缘故，我们自己错失了这个信息。”她沉吟了一会儿，问道，“你有没有这样的经验——遇到一个老朋友或以前认识的人，跟他聊了一分钟后分手，同一天或同一个星期却又再遇见他？”

“有啊。”我回答。

“通常你会说些什么呢？你大概会说：‘咦？怎么又碰到你了？’然后打个哈哈就忙你的去了。”

“我大概会这么做。”

“但是，手稿告诉我们，遇到这种情况时，我们应该搁下手头上的事，不管有多重要，好好探索一下我们究竟有什么信息要带给这个人，而他又有什么信息要带给我们。手稿预言，一旦人类体悟到这点，我们的人际交往和互动就会缓慢下来，变得比较从容，比较有意义。”

“这不是很难办到吗？说不定那个人会以为你在疯言疯语呢！”我说。

“是不容易办到，不过别担心，手稿为我们制定了一套程序。”

“你的意思是，手稿具体、明确地指示我们如何相处？”

“没错。”

“手稿怎么说呢？”

“你记不记得第三个觉悟提到，在‘能’的世界中，人类是最独特的，因为他们能够有意识地投射自己的‘能’？”茱莉亚问道。

“记得。”我回答。

“你还记得怎么做吗？”茱莉亚又问道。

我想起约翰神父教我的方法：“记得。首先我们把心神集中在一件东西上，全心全意欣赏它的美，直到有足够的‘能’进入我们体内，让我们感受到爱。这时我们就可以把‘能’传送回去。”

“对啊，同样的方法也可以用在人的身上。我们全心全意欣赏一个人的容貌和神情，直到他浑身散发出光彩来，变得十分耀眼，这时我们就可以把我们的‘能’传送给他，帮助他提升心灵。当然，首先我们自己必须保持高度的‘能’，这样才能引导外面的‘能’进入我们体内，经由我们传送到另一个人身上。我们愈是欣赏这个人的整体神貌，包括内在的美，就会有愈多的‘能’流入他们体内，而我们自己吸收到的‘能’自然也愈多。”茱莉亚扑哧笑了起来，说道，“这是利人利己的事情，何乐而不为呢？我们愈是欣赏别人，愈是付出我们的爱，流入我们体内的‘能’也就愈多。这就是为什么我会说，爱别人，帮别人充实他们身上的‘能’，对我们自己也有莫大的好处。”

“这话我以前听过，”我说，“桑杰士神父常说。”

我仔细打量茱莉亚，那种感觉就像第一次望进她的人格深处。她一面开车，一面回过头来看了看我，然后又把视线挪回前面的马路上。

"'能'的投射，在我们身上产生很大的作用。"她说，"比如说，就在这一刻，你在我身上注入了大量的'能'。我感觉得出来，我感受到的是一种莫名的舒畅，跟你说话的时候，思路也变得清晰起来。"停歇了一会儿，她继续说："因为你给了我额外的'能'，所以我就更明了自己带来的信息，而且能够更有效地把这个信息传达给你。而你呢，也更能领悟我说的话。这一来，你就会更完整地看到真正的我——高一层次的我，然后更深刻地，全心全意地欣赏它，同时也把更多的'能'注入到我身上，使我更了解我带给你的信息。如此周而复始，循环不息。两个人或更多的人进行这样的交流，会产生无比舒畅的感觉，因为我们互相提携，彼此激励。你明白吗，这样交流跟相互依赖的关系完全不同。相互依赖的关系也是以这样的方式开始，但很快就变质成一种控制游戏，因为他们开始迷恋上对方，结果就切断了'能'的来源，身心变得枯竭了。我们进行真正的'能'的投射时，是不带任何条件或意图的，两个人只是单纯地等待对方带来的信息。"

倾听着茱莉亚这席话，我忽然想到一个问题。巴布罗曾说，我之所以接收不到柯斯度士神父带来的信息，是因为我引发了他童年的"控制戏"。

"如果对方已经在演'控制戏'，而且还想办法把我们扯进去，那我们该怎么办？"我问茱莉亚，"怎样才能避免掉进这个陷阱呢？"

茱莉亚毫不思索："手稿说，只要我们不配合他，他就唱不成戏了。"

"我不懂。"我说。

茱莉亚只顾望着前面的马路，仿佛陷入沉思中。忽然她说："这附近有一间店铺，我们去买些汽油吧。"

我看了看油量表，发现油箱里的汽油还有一半。

"我们还有很多汽油啊。"我说。

"我知道，"她说，"但我忽然有个念头，想停下来把油箱加满。我们就这么办吧。"

"好吧。"

"就在那条路上。"她指了指右边。

车子转进那条岔路，在丛林中行驶了约莫一英里，来到一间看似渔民补给站的店铺前。铺子就在河边，码头上停泊着好几艘渔船。茱莉亚把车子开到铁锈斑斑的加油器前，走进店里寻找老板。

我钻出车外，伸伸懒腰，绕过铺子走到河边。天气非常闷热。虽然丛林里浓密的树木遮挡住了阳光，但我仍然感觉得到，太阳就在我头顶上。再过一会儿，气温就会上升到火烧般的程度。

突然，有人在我身后气冲冲地操着西班牙语，不知说着什么。回头一看，我发现一个又矮又壮的秘鲁人正凶巴巴地打量着我，嘴里叽呱不停。

“我听不懂你说什么。”

他改说英文：“你是什么人？来这里干什么？”

我不想招惹他：“我们只想买点汽油，买完就上路。”我转过身子，面对着河，希望他会走开。

他却走到我身边来，“你这个老美最好告诉我，你是干什么的。”

我又回头看看他。他板起脸孔，盯着我。

“我是美国人，”我说，“我朋友开车，我不知道我们要去哪里。”

“原来是一个迷路的美国人！”他悻悻然说。

“没错。”我说。

“美国佬，你站在这里干什么？”

“不干什么。”我想摆脱他，走回车子旁，“我没招惹你，请别纠缠我。”

就在这个时候，我发现茱莉亚站在车子旁。我朝她望去时，那个秘鲁人也转过身子看了看她。

“该上路啦！”茱莉亚说，“这家店停业了。”

“你是做什么的？”秘鲁男子恶狠狠地质问她。

“你怎么那么凶啊？”茱莉亚反问道。

那人的脸色柔和了下来：“我是看守这个地方的人。”

“你很尽责嘛，但这样凶巴巴地向人问话，谁敢回答你呀？”茱莉亚说。

那人睁大眼睛打量着茱莉亚。

“我们要去伊奎多斯。”茱莉亚说，“桑杰士神父和卡尔神父是我们的同事，你认识他们吗？”

他摇摇头。茱莉亚提到两位神父，使他的态度又缓和许多。他终于点点头，走开去了。

“我们走吧！”茱莉亚说。

我们爬上卡车，继续赶我们的路。这时我才发现自己刚才太慌张了，一颗心到现在还怦怦跳。

“店铺里有没有发生什么事？”我问茱莉亚。

她转头看看我：“你的意思是说……”

“我的意思是说，店铺里有没有发生什么事，使你产生预感，停下车来加油。”

她笑了起来：“没有！事情都发生在店铺外面。”

我茫然望着她。

“你还没弄清楚是怎么回事吗？”她问道。

“还没。”我摇摇头。

“我问你，在我们来到那家店之前，你心里在想什么？”

“我只想下车来伸伸懒腰，活动活动筋骨。”

“在那之前呢？我们在谈话的时候，你问了我什么？”

我思索了好一会儿。那时我们在谈论童年时期演出的“控制戏”。我终于记起来了：“你谈到一些事情，让我感到很困惑。你说，如果我们不配合的话，对方的‘控制戏’就演不成了。我不懂这是什么意思。”

“你现在懂了吗？”

“不全懂，”我摇摇头，“你到底指的是什么？”

“刚才店铺外面发生的事情证明，如果你配合对方演出‘控制戏’的话，结果会造成怎样的局面。”

“我还是不懂。”

茱莉亚转过头来瞥了我一眼：“那个人刚才对你演什么戏？”

“他在扮演‘胁迫者’的角色呀。”

“对！那你扮演什么角色呢？”

“我只想摆脱他的纠缠。”

“这我知道！我是问你，在这出戏中你到底扮演什么角色。”

“唔，我又演我那个‘冷漠者’的角色了。可是他不理会我那种冷漠的态度，还是一直纠缠着我。”

“然后呢？”

我被她追问得有点恼怒了，但我尽力控制自己的情绪，没有爆发出来。“然后我就装出可怜兮兮的样子，求他放过我。”我瞅了茱莉亚一眼，说道。

她脸上露出了笑容：“我说得没错吧？”

“我发现，你不费什么力气就把他摆平了嘛！”我说。

“因为我不配合他演戏呀。记住，每个人的控制戏都是在童年时期形成的，都是为了响应别人对他们演的戏。所以呢，每个人的戏都需要另一个人来配合，这才演得成呀。扮演‘胁迫者’

角色的人，为了取得别人的‘能’，就需要一个人扮演‘乞怜者’或另一个‘胁迫者’来跟他演对手戏。”

“你怎么应付这种局面呢？”我还是感到很困惑。

“如果我想配合他演戏，我大概会扮演另一个‘胁迫者’，比他还凶！”茱莉亚说，“当然，一言不合可能就会打上一架啰。可是我不想配合他。我遵从手稿的指示，当面拆穿他演的戏。每一出控制戏都是隐秘的战略，目的在夺取别人的‘能’。那个人胁迫你，就是想趁机抢夺你的‘能’。他想在我身上如法炮制时，我就当面拆穿他。”

“所以你就质问他：你这个人怎么那么凶？”

“对！手稿说，只要我们拆穿对方为了夺取‘能’所使出的隐秘伎俩，把它摊在天光下，好好正视它，这个人的戏就演不成了，他的伎俩也不再瞒得住我们了。这个方法很简单。跟人打交道时，记住，打开天窗说亮话是最好的策略。它会使对方变得更真诚，向你显露他的真面目。”

“唔，我懂了！”我说，“记得我以前也拆穿过别人演的戏，可是，那个时候我并不晓得其中的意义。”

“当然啦！我们都是过来人。现在我们才开始了解这个问题的严重性。要想解决这个问题，我们必须看穿对方演的戏，面对他的真正自我，同时还得把自身的‘能’尽量输送给他。一旦他发现‘能’的来源不虞匮乏，他就不必挖空心思，使出手段来讹取‘能’了。”

“刚才纠缠我的那个家伙，究竟有什么地方引起你的关怀和注意？”我问茱莉亚。

“唔，我把他当成一个缺乏安全感、急需取得‘能’的小男孩。而且，他带给你一个及时的信息，对不对？”

我看了看茱莉亚。她憋着嘴忍着笑。

“原来，你在那间店铺前停车，就是想让我体验一下如何对付一个演戏的人，对不对？”我问她。

“来到这间店铺之前，这就是你心中的疑问，不是吗？”她反问我。

我笑了笑，心里头感到舒畅多了：“唔，你说得没错。”

一只蚊子绕着我的脸嗡嗡乱飞，不让我好好打个盹儿。我转头看看茱莉亚。她仿佛想起一件开心的事，脸上布满笑容。离开河边的补给站后，一连几个钟头我们都没有吭声，只管咀嚼着茱莉亚为这趟旅程所准备的食物。

“你没睡着？”茱莉亚问道。

“没。”我又问，“伊奎多斯镇还有多远？”

“市镇离这儿大约还有三十英里。但史都华客栈就在几分钟车程外。那是一间小旅馆，也是猎人的补给站。老板是英国人，对手稿的预言一向很支持。”茱莉亚脸上又绽露出笑容来，“我们在一起度过很多美好时光。他一定会在店里，除非有事出门去了。也许他知道威尔的下落。我希望他能提供我们一些线索。”

她把车子停到路边，转头看着我说："我们最好先弄清楚目前的情况，稳扎稳打。我们在辛顿家里重逢之前，我到处打听第九个觉悟的下落，但一点线索都没有，整个人就像没头苍蝇一样到处乱飞。后来，不知怎的，我老是想到辛顿，于是就决定到他家走一趟，没想到竟然遇见了你。你告诉我，你也在找威尔，而且听说他现在人在伊奎多斯镇。那时我就有个预感，我们两人会一块去寻找第九个觉悟。但后来你又告诉我说，你有个预感，我们会在半路上分手，各走各的路。情况大致就是这样，对不对？"

"对！"我说。

"现在我告诉你吧，听了你那番话后，我就忽然想起威利·史都华和他开的客栈。我有个预感，在他店里会有重要的事情发生。"

我点点头。

她把车子开回马路上，转了个弯。"客栈就在前面！"茱莉亚说。

前面约莫两百码的地方，马路陡然向右转。一栋双层的维多利亚式楼宇就矗立在那儿。

茱莉亚把车子开进碎石铺成的停车场。好几个人在门廊上聊天。我打开车门正要跳下车来，茱莉亚忽然拍拍我的肩膀，说道："记住，这些人出现在这儿，都不是偶然的巧合。仔细留意他们给你带来的信息。"

我跟着她走上门廊。那几个衣装体面的秘鲁男子心不在焉地朝我们点点头，看着我们走进屋里。进入玄关后，茱莉亚指了指餐厅，要我去挑一张台子坐下来等她，然后就去寻找主人。

我望望四周。餐厅里摆着十来张台子，排列成两排。我挑选中间一张台子坐下来，背靠着墙。三个秘鲁人随即走进餐厅，坐在我对面一张台子旁。不久又走进一个人，在我右边二十英尺外一张台子旁坐下来，他的背梁斜斜对着我。他那副容貌显然不是秘鲁人，也许是欧洲人。

茱莉亚走进餐厅，看见我，就走过来坐在我对面。

“主人不在，”她说，“他的伙计没听说过威尔这个人。”

“现在怎么办呢？”我问道。

她瞅着我，耸耸肩膀：“我不知道。我们姑且坐在这里，看看有谁会给我们带来信息吧。”

“这个人会是谁呢？”

“我不知道。”

“你怎么知道我们会遇到贵人呢？”我忽然感到怀疑起来。来到秘鲁后，我亲身经历过那么多神奇的机缘，但我还是怀疑世间会有心想事成这种好事。

“别忘了第三个觉悟哦！”茱莉亚说，“宇宙中充满‘能’，它会回应我们的期望。人也是宇宙‘能’的一部分，因此，当我们遭遇问题时，自然会有人出现提供我们答案。”

她望了望餐厅内的其他客人：“这些人我全都不认识，但只要跟他们深谈一会儿，我们就会接收到他们带给我们的信息，七拼八凑，就能找到问题的答案。”

我瞥了她一眼。她倾身向前，朝我俯过身子来：“拜托你，好好记住：在路上和我们相遇的人，都会带给我们某种信息，否则他们会走另一条路，或在我们来到之前就离开了。这些人在这个节骨眼上出现在这儿，不会是无缘无故的！”

我瞅着她，心里不相信事情会那么简单。

“最困难的是，”她说，“既然我们不可能跟这儿每一个人都打交道，那么应该如何挑选一个人作为说话的对象呢？”

“那你要怎样选择？”我问道。

“手稿说，我们应该注意一些征兆。”

我专心听茱莉亚解释，但不知怎么却回头一望，看了看坐在我右边的那个男子。这时他碰巧也回过头来，望了望我。刹那间，我们的视线接触了。他立刻掉转头去，又自顾自吃他的东西。我也把视线挪回来。

“你刚说什么征兆啊？”我问茱莉亚。

“就像那样的征兆呀！”她回答。

“像什么？”

“就像你刚刚做的那个动作嘛！”她朝坐在我右边的那个男子点点头。

“你到底在说什么？”

茱莉亚又倾身向前，瞅着我说：“手稿说，四目交接就是一个征兆，表示这两个人应该好好聚一聚，谈一谈。”

“这种现象不是常常发生吗？”

“是，没错。”她说，“但大多数人并不把它当一回事，转眼就忘得干干净净，又忙自己的事情去了。”

我点点头：“手稿还提到哪些征兆？”

“似曾相识的感觉，”她回答，“你遇到一个人，觉得很面熟，但你知道自己以前从没见过他。”

听茱莉亚这么一说，我想起了初见杜普森和雷诺的情景。第一眼看到他们时，我就觉得十分面善。

“手稿有没有解释，为什么有些陌生人看起来那么面熟？”我问茱莉亚。

“谈得不多。它只说，我们跟某一些人同属于一个思维团体。思维团体通常是基于共同的兴趣和利益演化而成的。他们的想法一样，因此就产生出相同的脸部表情和外在经验。凭着直觉，我们就能认出和我们同属于一个思维团体的人，而通常他们总会给我们带来一些信息。”

我又回头看看坐在我右边的那个人。他看起来果然有点面熟。不可思议的是，当我望着他时，他也回过头来瞅了我一眼。我马上把视线挪回茱莉亚身上。

“你一定要跟那个人谈一谈！”茱莉亚说。

我没有回答她。我不习惯就这样走到一个陌生人面前，跟他攀谈。我只想离开这儿，继续赶路去伊奎多斯镇。我正想向茱莉亚提议现在就上路，她却先开腔了：“我们现在应该留在这儿，不必急着赶路去伊奎多斯。我们先得把这件事完成。你这人怎么这么倔强，打死也不愿意上前去跟一个陌生人攀谈？”

“你怎么知道？”我问道。

“知道什么？”她说。

“知道我心里在想什么呀。”

“这有什么稀奇！只消看一看你的表情就知道了。”

“怎么说？”

“当你在更深的一个层次认识一个人时，你就能够看穿他戴的面具，直视他最真实的自我。只要你专注在这个层次上，就能够从他们脸上微妙的表情，看出他们心里在想什么。这是很自然的现象呀。”

“在我听来，这却像是精神感应。”我说。

她吃吃笑起来：“精神感应也是挺自然的现象呀。”

我又回头看看那个人。这次他却没有向我望过来。

“你最好把你身上的‘能’聚集起来，鼓起勇气上前跟他攀谈，免得错失良机。”茱莉亚说。

我集中心神，提升我身上的能量，直到我感觉身心强健多了，才对茱莉亚说：“我到底要跟那个人说什么呀？”

“真话，”茱莉亚说，“把真话用一种你认为他能体会的方式讲出来。”

“好吧，就这么办。”

我站起身来，推开我坐的那把椅子，朝那人坐的地方走过去。他看起来很害羞，一副坐立不安的样子，使我想起第一次见面时的巴布罗。我设法看透他外表的不安，直望进他的内心。这一来我仿佛就看到了他脸上出现新的表情。那是一种洋溢着“能”的神态。

“你好！”我说，“你看起来不像秘鲁本地人嘛。希望你能帮我点忙。我在找一位叫威尔·詹姆士的朋友。”

“坐下来谈吧。”他说话的声调带着北欧斯堪的那维亚地区的口音，“我是爱德蒙·康诺尔教授。”

他向我伸出手来，说道：“对不起，我不认识你这位叫威尔的朋友。”

我向他说明自己的姓名和身份，然后告诉他，威尔正在寻找手稿预言的第九个觉悟。我之所以告诉他这件事，是因为我有个预感，他可能牵连其中。

“这部手稿我很熟悉，”康诺尔教授说，“我来这儿就是为了鉴定它的真伪。”

“一个人来的吗？”

“我跟杜普森教授约好在这里见面，可是到现在他都还没露面。我不知道他为什么爽约。他向我保证，我抵达这儿时，他一定会及时赶来。”

“你认识杜普森？”

“认识。这次学术界检视手稿的活动就是他发起的。”

“他现在怎么了？他会不会来赴约？”

康诺尔教授望着我，满脸疑惑："我们约好在这里见面的呀。难道出了什么差错吗？"

我心头一沉。现在我明白了，杜普森是在他被秘鲁军警逮捕之前跟康诺尔约好在这儿见面的。"我跟杜普森在飞机上认识，"我向康诺尔解释，"那时我正要到秘鲁来。杜普森是在利玛被捕的。他以后的遭遇，我就不知道了。"

"被捕！天哪！"

"你最后一次跟他谈话是在什么时候？"我问道。

"几个礼拜前。当时大家说好不见不散。他向我保证，不论出了什么事情，他都一定会打电话通知我。"

"他为什么跟你相约在这里见面，而不在利玛呢？"

"他说，这附近有一座废墟，他计划到这儿来一趟，跟一位科学家见面谈谈。"

"他有没有提到他会在哪里跟这位科学家见面？"

"有。他说他会去……呃……我记得是圣路易。你为什么问这个呢？"康诺尔教授问道。

"我不知道……我只是想……"

话还没说完，两件事同时发生了。首先，我心中忽然出现一个预感：我会再遇见杜普森，而见面的地点是两旁长满大树的一条道路上。就在预感发生的刹那，我抬头望出窗外，竟然看到桑杰士神父走上门廊的阶梯。他脸色憔悴，一身衣服污秽不堪。停车场上，另一位神父坐在一辆老旧的车子里等候。

“那是谁？”康诺尔教授问道。

“那是桑杰士神父！”我兴奋得大叫起来。

我回头望望茱莉亚，但她已经离开了我们原先坐的那张台子。我站起身来，迎向走进餐厅的桑杰士神父。他一看见我，顿时停住脚步，脸上露出无比讶异的神色，但立刻就走了过来，拥抱我。

“你还好吗？”他问道。

“还好。”我说，“你怎么会到这儿来？”

一脸疲惫的桑杰士神父，咯咯干笑了两声：“我走投无路了，只好拼命逃到这里来。这会儿有好几百个士兵正朝这个方向开进。”

“他们来干什么？”康诺尔教授走过来，站在我身后问道。

“抱歉，”桑杰士神父说，“我不知道军方在打什么主意，我只知道路上的士兵很多。”

我介绍他们两位认识，然后把康诺尔的处境告诉桑杰士神父。康诺尔显得很惊慌。

“我非得离开不可，”他说，“但我没有交通工具。”

“保罗神父在外面等着，”桑杰士神父说，“他马上就要回利玛。你愿意的话，可以搭他的便车。”

“我当然愿意！”康诺尔教授说。

“可是，如果他们半路遇到士兵，那可怎么办？”我问道。

“我想他们不会盘查保罗神父的车子，”桑杰士神父说，“他只是个普通的神父。”

就在这个时候，茱莉亚回到餐厅来，看到了桑杰士神父。两人热烈地拥抱了一下，然后我向茱莉亚介绍康诺尔。这位教授神色愈来愈慌张。谈了几分钟，桑杰士神父告诉他，保罗神父准备上路了。康诺尔立刻回房收拾行李，匆匆忙忙拎到餐厅来。桑杰士神父和茱莉亚送他到门外，我则站在餐厅里向他道别。我想静下心来思考一下。我知道，在这儿跟康诺尔相遇具有某种意义，桑杰士神父在这儿找到我们，意义尤其不寻常，但我一时还猜不透个中玄机。

不久，茱莉亚又走进餐厅，在我身边坐下来。“我跟你说过，这儿会发生一些事情，”她说，“如果我们没停留在这间客栈，就不会遇到桑杰士神父，也无缘结识康诺尔教授。说说看，你从康诺尔那儿学到了什么？”

“我自己也不清楚。”我问，“桑杰士神父到哪里去了？”

“他开了个房间，想休息一会儿。他两天没睡觉了。”

我垂下眼睛来。我知道桑杰士神父实在很累，但听到他现在不能见我，心中不免感到失望。我很想跟他谈一谈，希望他能帮我理清眼前发生的这些事情，尤其是那些士兵的动向。我感到很不安，真想跟康诺尔一起逃离这个地方。

茱莉亚看出我焦躁的心情。“想开点！”她说，“放松心情，告诉我你对第八个觉悟有什么想法。”

我看了看她，设法让自己振作起来：“我不知道应该从何说起。”

“你认为第八个觉悟到底在讲什么呢？”

我回想了一下说：“它讲的是如何处理人与人之间的关系——我们应该如何对待儿童和成年人。它也谈到怎样辨识、破除别人演出的控制戏，怎样和他们建立新的关系，怎样把自己的‘能’专注地传送到他们身上。”

“还有呢？”茱莉亚问道。

我专注地看了看她脸上的表情，立刻就明白了她的意思：“如果我们能用敏锐的眼光，慎选谈话的对象，我们就能得到想要的答案。”

茱莉亚开心地笑起来。

“我已经了解第八个觉悟了吗？”我问道。

“可以打九十分，”她说，“但还差一点儿。你已经了解，一个人可以用他的‘能’提升另一个人。现在，你马上就会看到，当一个团体里的所有成员都懂得以这种方式互动时会有什么样的效果产生。”

我走到门廊上，在一张锻铁制成的椅子上坐下来。过了几分钟，茱莉亚也走出屋外，在我身边坐下。我们刚静静吃完一顿悠闲的晚餐，饭后坐到外头享受夜晚的空气。桑杰士神父在房间里休息了三个钟头，我又开始感到焦躁起来。当他突然走出屋子，在我们身旁坐下时，我心头一块大石头顿时落地。

“你打听到了威尔的消息吗？”我问他。

我问他这话时，他却只顾挪动椅子，面对茱莉亚和我坐下来。我发现，他小心翼翼调整椅子的位置，跟茱莉亚和我保持同样的距离。

“唔，”他终于开腔，“打听到一些。”

他又停顿下来，仿佛陷入沉思中，于是我又问道：“到底打听到什么消息呢？”

“别急，让我慢慢告诉你，”他说，“卡尔神父和我赶回我的传道会时，原以为西巴斯钦枢机会带着一大队士兵，在那儿等着我们。我们以为会面对一场宗教审判。不料，就在我们赶到传道会之前的几个钟头，西巴斯钦枢机突然接到一个信息，匆匆忙忙带着士兵走了。”桑杰士神父歇口气，继续说：“当时我们并不知道发生了什么事，直到昨天有一位你认识的柯斯度士神父来到我们传道会，带来威尔的口信。显然，威尔以前跟卡尔神父聊天时曾谈到我的传道会，留下深刻的印象，如今他根据直觉判断我们需要他托柯斯度士神父带来的信息。柯斯度士神父已经决定加入我们的行列，维护手稿的安全。”

“当时西巴斯钦枢机为什么会匆匆忙忙离开呢？”我问桑杰士神父。

“因为他要赶回去，加紧实行他的计划，”桑杰士神父说，“有人向他报告说，柯斯度士神父准备采取行动，揭发他企图销毁第九个觉悟的阴谋。”

“西巴斯钦已经找到第九个觉悟了？”

“还没有，但快找到了。他们发现另一份文件，上面记载了第九个觉悟的下落。”

“它会在什么地方呢？”茱莉亚问道。

“在塞莱斯廷废墟。”桑杰士神父回答。

“那是什么地方？”我问道。

茱莉亚望着我，说道：“那是离这儿大约六十英里的一个古迹，参加发掘工作的全都是秘鲁科学家，不准外人参与，隐秘得很。整个废墟包含好几重的古老神殿，第一重神殿是玛雅人遗留的，第二重属于印加文明。显然这两个文明都相信这个地点具有特殊的意义。”

我忽然发觉，桑杰士神父聆听我们说话，神情格外专注。我发言时，他会把视线焦点集中在我身上，目不转睛。轮到茱莉亚发言，他就把视线完全转移到她身上去。他显然刻意在做这个动作。我正感到纳闷，这时谈话中止了，桑杰士神父和茱莉亚都望着我，眼中充满期待。

“怎么啦？”我问道。

桑杰士神父笑了笑：“是你发言的时候了。”

“我们三个人轮流发言吗？”我问道。

“不，”茱莉亚说，“我们正在进行有意识的谈话。‘能’流向你时，你就应该发言。每个人都是如此。我们看得出来，‘能’现在已经流到你那边了。”

我听得一头雾水。

桑杰士神父望着我，眼中充满慈蔼的神色："第八个觉悟教导我们如何在一个团体中进行有意识的互动。但要避免过分造作，只要了解整个程序就可以了。一个团体中的成员谈话时，任何一个时候，都只有一个人具有最强有力的意见。如果其他人都够机警的话，他们就会察觉现在该由谁发言了。于是他们就把自己的'能'有意识地集中到这个人身上，帮助他清晰地、完整地把意见表达出来。在谈话进行的过程中，其他人也会发觉自己具有最强有力的意见，想要发表。如果你专心聆听别人的谈话，就会察觉什么时候该轮到你发言。你心中自然会涌现出想要发表的意见。"

桑杰士神父把眼光转移到茱莉亚身上。

茱莉亚问我："你有没有想要发表却还没有机会表达出来的意见？"

我思索了一下，说："我心里在想，不管是谁发言，桑杰士神父都会专注地看着他。这是什么缘故呢？有没有特殊的意义呢？"

桑杰士神父答道："这种谈话方式的关键在于：该轮到你时，你就发言；轮到别人发言时，你就把你的'能'投射到他身上。"

"这种谈话在进行时，"茱莉亚插嘴说，"很容易出现差错。有些人在群体中很容易自我膨胀。他们把强有力的意见表达出来后，由于‘能’的爆发使他们感到非常舒畅，就喋喋不休地讲下去，没完没了，尽管这个时候的‘能’早就该转移到别人身上。他们企图垄断整个团体的谈话。其他人就开始畏缩，即使他们感到自己有意见要表达，也不敢贸然开口。一旦这种情况发生，团体就会分裂，成员不能从他们所交流的信息中获得最大的益处。有时候，团体中的某些成员不喜欢另一些成员。这种现象也会产生恶果。被排斥的成员接收不到‘能’，没有机会发言，而其他成员也就无从分享他们的意见。”

茱莉亚停歇下来。我们都望着桑杰士神父。

神父深深吸了一口气，说道："人们被排斥的方式，值得我们注意。当我们不喜欢一个人或觉得受他威胁时，很自然地，我们就会把注意力集中在他外表让我们看不顺眼的地方。不幸的是，这一来我们非但看不到这个人内心的美，非但不能够把我们的‘能’传送给他，反而剥夺他自己原有的‘能’，对他造成伤害。他会突然感到自己变得丑陋，变得不那么有自信心，因为我们吸走了他们身上的‘能’。”

"因此，"茱莉亚说，"刚才我们所谈的那一套程序变得非常重要。社会上充满狂暴的竞争，人们都拼命互相摧残。"

"我们应该记住，"桑杰士神父说，"在一个功能健全的团体，人们所做的正好相反。他们把自己的‘能’传送到每一个成员身上，增加每一个成员的‘能’和振动的频率。这一来，成员个人的‘能’就会互相融洽，汇集成一股共同的‘能’，而这个团体也仿佛变成了单一的、拥有许多个头颅的躯体。有时这个头颅代表全体发言，有时另一个头颅代表大家说话。以这种方式运作的团体，每一个成员都知道自己应该在什么时候发言，应该说些什么话，因为这样的群体生活使他能够用更清晰的眼光看待人生。第八个觉悟讨论浪漫的男女关系时，谈到'高一层次的人'，指的就是这样的人。其他团体也能用同样的方式结合成一体。"

桑杰士神父这番话，使我突然想起柯斯度士神父和巴布罗。难道这个印第安小伙子终于改变了这位神父的心意，说服他加入维护手稿的行列？巴布罗完成这个使命，难道也是第八个觉悟的力量所致？

"柯斯度士神父现在人在哪里？"我问道。

听我这么一问，桑杰士神父和茱莉亚都显得有点惊讶，但神父很快就回答："他和卡尔神父决定去利玛，把西巴斯钦枢机的图谋向教会领导人报告。"

"我想，这就是卡尔神父坚持陪你返回传道会的原因，"我说，"他知道他还有其他使命。"

"对！"桑杰士神父说。

谈话停顿了下来。我们三人你望望我，我望望你，都等待别人提出意见。

桑杰士神父终于开口："现在的问题是，我们三人下一步路该怎么走？"

茱莉亚先回答："我心里一直有个预感，我跟第九个觉悟早晚会牵扯在一起，我会把它弄到手，保藏一段时间，然后……我也不知道后来怎样。"

桑杰士神父和我都专注地望着她。

"在我的预感中，这件事发生在一个特别的地方……"她说，"我想起来了，在我的预感中出现的地方是在废墟——塞莱斯廷废墟。在一座座神殿之间有一个特殊的地点。我差点儿忘了。"她抬头望了望我们："这就是我应该去的地方。我得赶去塞莱斯廷废墟一趟。"

茱莉亚说完后，她跟桑杰士神父都把眼光转向我。

"我不知道我下一步该怎么走，"我说，"在这之前，我一直很想知道为什么西巴斯钦枢机和他手下那帮人会那么厌恶手稿的预言。现在我已经找到了答案。原来，他们害怕的是手稿提出的一个观念：人类应该追求心灵的进化。可是，现在我就不知道下一步该怎么走了……军队马上就要来了……看来西巴斯钦会抢先一步找到第九个觉悟……我不知道该怎么办。我一直在想，应该有人能够说服西巴斯钦，劝他不要销毁第九个觉悟。而我有个预感，我跟这件事有点牵连。"

我停下来歇口气。我的思绪又回到杜普森身上，然后又突然转到第九个觉悟——刹那间心中一亮，我终于领悟：第九个觉悟所要揭露的是，人类以这种进化方式演变下去，最后会达到什么境界。在这之前，我一直在想，受到手稿预言影响的人类，将会如何彼此相待，而今这个问题我已经在第八个觉悟找到解答。顺理成章地，接下来的问题应该是：这一切会把人类带到哪里？人类社会将会发生什么变革？第九个觉悟所要解答的，应该就是这个问题。

我有个预感，第九个觉悟所揭示的答案，可以用来纾解西巴斯钦对人类意识进化的恐惧——只要他肯听听别人的解说。

“我还是觉得，应该有人能够说服西巴斯钦枢机改变态度，支持手稿的预言！”我斩钉截铁地说。

“你认为自己就是那个说服他的人？”神父问我。

“不……不，我没那个本事。我是陪另一个人去见他，而这个人认识他，能够跟他沟通。”

说这话时，我和茱莉亚同时望向桑杰士神父。

神父勉强挤出笑容来，一副无可奈何的模样。“长久以来，西巴斯钦枢机和我都尽力避免为这部手稿而公开决裂。他一直都是我的上司，也一直把我当爱徒看待。说实在的，我也很崇敬他。但我心里一直有个预感，总有一天我们的关系会变质。你第一次提到这件事时，我心里就有数，说服他的任务会落在我肩上。我的一生就是为这桩使命做准备。”他深深看了我和茱莉亚一眼，继续说，“我母亲是改革派基督徒。她最不喜欢在传福音时拿罪恶来胁迫民众。她觉得，人们信教是为了爱，而不是因为恐惧。我父亲和她正好相反。他是严守教规的人，后来当上了教士。就像西巴斯钦枢机，他绝对相信传统和权威。在父母亲的双重影响下，我一方面愿意在教会权威下从事我的工作，另一方面也无时无刻不在寻找法子，消解教会的权威，求取更高层次的宗教经验。”桑杰士神父歇口气又说：“和西巴斯钦枢机打交道，是我该走的下一步路。在这之前，我一直不肯接受这桩使命，但现在我知道，我必须到西巴斯钦设在伊奎多斯镇的传道会走一遭。”

“我陪你一块儿去！”我说。

兴起中的文化

圣 境 预 言 书

北上的公路蜿蜒穿梭在浓密的丛林中，跨越好几条大溪——桑杰士神父告诉我，那些都是亚马孙河的支流。那天我们一早起床，匆匆向茱莉亚道别，爬进神父借来的那辆装有特大号轮胎的四轮传动卡车，离开住宿的客栈。一路行驶，地势渐渐升高，树木愈来愈稀疏，但也长得更加高大。

“这个地方看起来蛮像‘文生居’庄园。”我告诉桑杰士神父。

他看了看我，微微一笑，说道：“我们现在进入一个长五十英里、宽二十英里的地区，跟其他地方大不相同。这儿的能量比较高，一直延伸到塞莱斯廷废墟，周围都是没有人烟的原始丛林。”

公路右边的丛林边缘，我看到一块开垦出来的土地。“那是什么？”我伸出手来指了一指，问桑杰士神父。

“那个嘛，”他说，“是政府推行的农业发展计划。”

一大片树木已经被推土机连根铲除，聚成一堆，其中有些还被火焚烧过。一群牛漫游在被雨水冲蚀的土壤上，懒洋洋地啃食着野草。我们经过时，好几头牛被车声吸引，回过头来望了望。我又发现一块刚被推土机夷平的土地。看来，秘鲁政府的农业发展计划，正在向我们刚才经过的森林区推进。

“简直是乱搞！”我说。

“是啊，”桑杰士神父说，“连西巴斯钦枢机都很不以为然。”

我想起菲尔。也许他就在这儿从事森林保育工作。他现在到底怎么了？突然，我又想起杜普森。康诺尔教授告诉我，杜普森跟他约好在史都华客栈见面。为什么康诺尔会出现在那家客栈，告诉我这件事？杜普森现在人在哪里？已经被递解出境？蹲在秘鲁的苦牢里？奇怪的是，我心中同时浮现出菲尔和杜普森的影像。

“西巴斯钦的传道会离这儿还有多远？”我问道。

“大约一个小时的车程，”桑杰士神父说，“你现在感觉如何？”

“什么意思？”

“我是指你身上的能量。”

“很高嘛！”我说，“这儿风景太美了。”

“我们三人昨天晚上的谈话，你觉得怎么样？”桑杰士神父问道。

“我觉得非常有趣。”

“你了解其中的意义吗？”

“你指的是，我们谈话的时候，意见轮流在我们心中涌现的奇妙现象？”

“是，”神父说，“但你了解这种现象所代表的更深一层的意义吗？”

“这我就不知道了。”

“唔，我一直在想这个问题。在这种有意识地建立起来的人际关系中，每个人都帮助别人发掘他们的优点、发挥他们的长处，而不再像以往那样，只想凌驾在别人之上。这样的待人处世态度，总有一天会被全人类接受。想想看，到那个时候，每个人的能量和进化的速度会有多快！”

“对！”我说，“我一直在想，等到有一天全人类的能量都提高了，人类的文化会产生什么改变呢？”

神父看了看我，眼中充满赞许。“我也想知道这个问题的答案。”他说。

我们互相望了一会儿，等待对方提出下一个意见。神父终于先开口：“这个问题的答案一定在第九个觉悟。它一定会向我们解释人类文化向前演进会带来什么结果。”

“我也是这么想！”我说。

桑杰士神父把车速减缓下来。我们正朝一个十字路口驶过去，神父显得有些踌躇，仿佛一时拿不定主意该走哪条路。

“我们会经过圣路易镇吗？”我问道。

神父凝神看了看我。“除非我们在这个路口左转，”他说，“你为什么问这个呢？”

“康诺尔教授告诉我，杜普森去史都华客栈跟他见面时，会经过圣路易镇，”我说，“我觉得这是个重要的信息。”

我们又互相望了一会儿。

“在十字路口前，你把车速减慢下来，为什么呢？”我问道。

神父耸耸肩膀：“我也不知道是怎么回事。去伊奎多斯镇最近的路就是往前直走，但不晓得什么缘故，我一时犹豫了起来。”

我悄悄打了个寒噤。

神父眉毛一扬，开朗地笑了起来：“看来我们还是应该走圣路易镇那条路啰？”

我点了点头，忽然感到一股能量涌到我身上。刹那间我明白了：在史都华客栈结识康诺尔教授，是一桩具有特殊意义的机缘。桑杰士神父把车子转到左边那条路，朝圣路易镇驶去。一路上我留心望着马路两旁，三四十分钟过去了，却没发现任何不寻常的迹象。我们穿过圣路易镇，什么事都没发生。然后，突然间，我们身后响起一阵汽车喇叭声。我们回头一望，只见一辆银灰色的吉普车朝我们飞驰而来，开车的那个人正急促地向我们招手。他看起来挺面熟的。

“那是菲尔！”我说。

神父把车子开到路旁停下。菲尔跳下吉普车，跑到我们那辆卡车旁，抓住我的手，朝桑杰士神父点点头。

“我不晓得你们到这儿来干什么，”他说，“但我要提醒你们，前面的马路被一大队士兵封锁了。你们最好掉转车头折回去，跟我们一起避避风头。”

“你怎么知道我们会来这里？”我问道。

“我哪里知道！”他说，“我只是碰巧抬起头来，看见你们开车经过。我们的车子就停在离这儿半英里远的地方。”他望望四周：“我们最好马上离开这条路！”

“请你带路吧！”桑杰士神父说。

菲尔掉转吉普车车头，朝圣路易镇那个方向开去。我们一路尾随。他转进东边一条岔路，然后停下车。这时树丛后面走出一个人，迎上前来。我一看，整个人呆住了。那个人可不就是杜普森！

我跳下卡车，朝他走过去。他看见我，又惊又喜，紧紧把我搂住。

“太高兴看到你了！”他说。

“我也一样！”我说，“我还以为你被枪打中了呢。”

杜普森拍了拍我的背。“我没被枪打中，我只是吓得昏了过去。他们也没对我怎样，只把我关起来。后来有几位支持手稿的官员把我放了。这阵子我一直在逃亡。”他停下来歇口气，满脸笑容望着我，“现在看见你平安无事，我真高兴。菲尔告诉我，他在‘文生居’庄园遇见你，后来你们两个一起被捕。听到这个消息，我心里真难过。我早该料到我们会重逢的。你们现在要上哪儿去？”

“去见枢机主教西巴斯钦。我们担心他打算销毁手稿预言的最后一个觉悟。”

杜普森点点头，正想说什么，这时桑杰士神父走了过来。

我立刻介绍他们两人认识。

“我记得我在利玛听人提起你的名字，”杜普森对神父说，“好像跟两位教士被捕的案子有关联。”

“这两位教士是卡尔神父和柯斯度士神父？”我问杜普森。

“好像就是这两个名字。”

桑杰士神父只淡淡地摇了摇头。我端详他一会儿，然后回过头去，跟杜普森聊起别后的情况。他告诉我，他已经研读过现有的全部八个觉悟。他似乎急着想告诉我什么，但我打断他的话，告诉他我们遇见了康诺尔教授，现在他已经回利玛去了。

“回利玛简直就是自投罗网，”杜普森说，“我很抱歉，不能及时赶到史都华客栈跟他见面，但我得先去圣路易镇见一位科学家。我没找到他，却遇见了菲尔，然后……”

“然后怎么啦？”桑杰士神父问道。

“我们坐下来慢慢谈好吗？”杜普森说，“说来也许你们不会相信。菲尔找到了第九个觉悟的一部分复印本！”

没有人坐下来。

“他找到的是翻译版？”桑杰士神父问道。

“对。”

菲尔一直待在他的车子里，不知道在忙什么。这时他走了过来。

“你找到了第九个觉悟的一部分？”我问他。

“不是我找到的，”他说，“是别人送给我的。我们一起被捕后，我被押解到另一个市镇。我不晓得那是什么地方。没多久，西巴斯钦枢机就出现了。他一直盘问我，‘文生居’庄园的科学研究和我的森林保育工作到底是怎么回事。我感到很奇怪，为什么他对这个问题那么有兴趣，直到一个卫兵送我一份第九个觉悟的摘录稿，我才知道原因。文稿是卫兵从西巴斯钦手下那儿偷出来的，刚刚翻译完成。它讲的是古老森林所具有的‘能’。”

“它到底怎么说？”我问菲尔。

菲尔停歇下来，仿佛在思索，于是杜普森又再次建议我们坐下来慢慢说。他带领我们到林中一块空地。空地中央铺着一方防水布，周遭景致十分优美。十二株大树围成一圈，直径约莫三十英尺。圆圈内生长着热带灌木，香气扑鼻，还有一种长柄的羊齿植物，浑身绿油油十分耀眼。我们面对面坐下来。

菲尔望着杜普森。杜普森望着我和桑杰士神父，说道：“第九个觉悟告诉我们，在下一个千年，人类经历有意识的进化后我们的文化会产生怎样的改变。根据它的描述，未来人类的生活方式和现在大不相同。例如，手稿预言，人类会自动减少人口的数目，让每一个人都能居住在地球上能量最丰沛、风景最优美的地区。值得注意的是，在未来的世界，这样的地区会愈来愈多，因为我们不再砍伐林木，森林得以成长、壮大，为人类蓄积丰富的‘能’。”

“根据第九个觉悟，”杜普森继续说，“到了下一个千年的中期，大部分人类将居住在古木参天、花园处处的小区，附近就是神奇的科技所构筑的都市。到了那个时候，生活必需品——食物、衣服和交通工具——将全部自动化，人人都可以享用。不必经由金钱交易，我们的需求就能完全得到满足。然而，也不会有人趁机放纵自己或养成好逸恶劳的习性。在直觉的指引下，人人都知道自己的职责，每一个人都能和谐地配合别人的行动。没有人会消耗比实际更多的资源，因为到了那个时候，我们再也不必为了保障自身的安全而巧取豪夺。在下一个千年，我们在人生中追求的将是另一种目标。”

杜普森歇口气又说：“根据手稿的预言，到了那个时候，我们的人生目的变成了追求自己身心的进化，在这种追求中我们获得深沉的喜悦和满足。我们遵循直觉的指引，看着我们的命运一点一点在眼前揭开，心中感到无比的喜悦。在第九个觉悟所呈现的世界中，人类的生活步调整个地缓慢下来，每个人都对随时可能出现的机缘巧遇保持高度的警觉和兴趣。这种邂逅在任何地点都可能发生——在森林中的一条羊肠小道上，在荒野中的一座横跨峡谷的桥梁上。各位，你们能想象人与人之间会有这种充满意义的邂逅吗？想想两个陌生人初次见面的情景吧。首先他们互相观察彼此的‘能场’，确定对方并无不良企图后，才开始分享各自的生活经验，从中发掘有意义的信息，心灵感到无比的喜悦。之后，两人各奔东西，继续他们的人生旅程，但这次邂逅却彻底改变了他们的生命。他们的生命会在一个新的层次上振动，往后一生，他们会以新的方式接触出现在生活中的其他人。"

在我们集体提供的"能"的激励下，杜普森口若悬河，滔滔不绝地讲述人类的新文化。他说的那一套，听起来还挺有说服力。我个人就相信，他所描绘的那个未来世界是可以实现的。可是，我也知道，在人类历史中，古往今来不断有梦想家出现，向世人描绘这样的一个世界。然而至今人类还找不到一条可行的途径，在地球上创造这样的乌托邦。

尽管我已经接触过手稿预言的前八个觉悟，但看看现实生活中一般人所表现的行为，我实在不敢相信人类会到达第九个觉悟所描述的境界。趁着杜普森停下来歇口气，我提出了疑问。

杜普森望着我，笑了笑，开始解释："根据手稿的预言，人类追求真理的天性终将把我们带到那个境界。要了解这个过程，最好的方法也许是，在心中想象下一个千年的人类世界，就像我们前来秘鲁时在飞机上一块儿想象这一千年的人类生活那般。记得吗，仿佛在短短的一生中，你就经历过了整整一千年来的生活？"

杜普森向其他两人简略地说明了程序，然后继续说："请大家想象一下在这一千年中人类社会发生了什么事。中古世纪时，我们居住在一个由神职人员主导的、善恶分明的简单世界。到了文艺复兴时期，我们开始挣脱宗教的束缚。我们知道，人类在宇宙中的处境比神职人员告诉我们的要深沉复杂。我们想知道全部的真相。因此我们发展科学，希望通过科学了解人类的真实处境。可是，当科学不能立刻提供我们急着想要的答案时，我们就决定安居下来，专心于物质生产，把现代工作伦理转变成一种偏执的行为，结果使我们的生活变得世俗化，而神秘的事物也全都被逐出这个世界。然而，现在我们总算看清了这种偏执行为所代表的意义。我们发现，人类花了五个世纪的时间创造物质财富，真正的目的是为另一种生活方式做准备，而这种新的生活方式将把神秘的事物带回我们的世界。这就是科学界现在带来的信息：人类生存在这个星球上，目的就是要进行有意识的进化。第九个觉悟告诉我们，只要人类学会推动自身的进化，在人生的旅途上追求一个又一个的真理，人类的整体文化就会以可预知的方式产生蜕变。”

说到这儿，杜普森停歇了下来，但没有人开腔。显然大伙儿都想听他说下去。

“当觉醒的人群达到决定性的数量，”杜普森继续说，“手稿预言的九个觉悟也开始影响全世界时，人类将经历一段时期的自我反省，痛切检讨以往的行为。我们会发现，大自然原来是那么美丽、充满灵气。在我们心目中，林木和山川都将变成伟大的圣殿，住着法力无边的神祇，值得我们崇仰和敬畏。我们会要求停止一切危害这个宝藏的经济活动。身受环境污染之苦的人，在追求自身进化的过程中，会凭着直觉找出方法，解决大自然遭受污染的问题。”

歇了口气，杜普森又说：“这就是第一波大转变的一部分。在这场巨变中，很多人将更换职业，因为当人们开始认清自我、了解自己在人生中的真正使命时，往往就会发现自己入错了行，必须改变工作，才能使心灵继续成长。根据手稿的预言，在这段时期，有些人一生中会改变好几次职业。”

“第二波文化大转变，”杜普森继续说，“将是商品生产的全面自动化。对执行这项任务的技术人员来说，自动化的最大功能是使经济运作更有效率。但是，等到他们的直觉变得更加明晰后，就会领悟自动化的真正功用是释放人类的时间，让每一个人都有工夫追求他的志趣。至于一般人，则依凭各自的直觉，选择各自的行业，希望有更多属于自己的闲暇时间。我们会发现，我们追求的真理和肩负的使命过于独特，不适合在寻常的工作场所进行。因此，我们会尽量减少上班的时间，以便追求我们的志趣。以往的一个全职工作，现在可以让两三个人来分摊。这种趋势，使那些因自动化而失业的人更容易找到兼职的工作。”

“但是，钱的问题呢？”我提出质疑，“我不相信会有人自愿减少他们的收入。”

“哦，我们的收入不会减少！”杜普森说，“根据手稿的预言，到了那个时候，我们可以利用我们的知识为别人提供咨询服务，而别人会以金钱回报。”

我差点儿笑出声来：“真的吗？”

杜普森微微一笑，眼睛直视着我：“手稿说，等到我们对宇宙中‘能’的运作方式有了更深的认识后，我们就会明了，每次我们施惠予人会产生怎样的结果。目前我们对‘施与’的看法，在精神上仍停留在狭窄的宗教什一税的观念。”

他把视线转移到桑杰士神父身上。“你一定知道，宗教上的什一税通常都被解释成一种谕令：每个人都必须将收入的十分之一缴给教会。这条教规背后有个观念，那就是不管施与什么，我们往往会获得许多倍的回报。然而，根据第九个觉悟的说法，施与实际上是宇宙共通的一个法则，它所扶助的不仅是教会，也包括每一个人。由于‘能’在宇宙中交互作用的关系，每次我们施与都会得到回报。记住，每回我们把自己的‘能’投到别人身上时，我们自己身上就会出现一个空洞，但是，只要我们跟宇宙的‘能’保持连结，这个空洞马上就会被填满。金钱的作用也一样。第九个觉悟提醒我们，一旦我们开始不停地付出，酬报就会源源不绝而来，远多过我们付出的。”

“提供我们精神知识的人，”他继续说，“应该获得我们的赠礼。有人在紧要关头出现在我们眼前，适时提供我们迫切需要的答案，我们应该给他金钱作为回报。在未来的社会，有些人就可以利用这种方式增加收入，不必再汲汲营营于日常俗务。等到有足够多的人投身这种精神经济活动，在下一个千年，我们就能够推动真正的文化转变。我们将度过寻找适当职业的阶段，迈入自由进化、以真知灼见换取金钱报偿的新境界。”

我看了看桑杰士神父。他听得津津有味，神采飞扬。

“是的，”他对杜普森说，“这个趋势我看得很清楚。如果每一个人都参与，那么我们就会不停地‘施’和‘受’，而人与人之间和这种互动的信息交换，就会变成每个人的新工作，变成我们新的经济取向。我们接触过的人，会付我们酬劳。在这种情况下，生活必需品的产销非得全面自动化不可，因为大家都忙着追求自己的志趣，没有工夫掌理和经营那些产销系统。我们会要求把物质生产自动化当做公共事业来经营。也许每个人都拥有一些股权。一旦这个理想实现，我们就能摆脱生产的工作，致力于扩展现在已经出现的信息时代。”话锋一转，桑杰士神父说：“目前，对我们来说，最重要的是我们已经看出人类要走的方向。以前我们不能挽救自然环境，不能把民主推广到世界各个角落，不能喂饱穷人。因为长久以来，我们一直无法扫除物资匮乏的阴影，也无法摆脱占有地球资源的欲望，所以我们就吝于施舍。那个时候，我们不能克服占有欲，是因为我们没有可资替代的另一种人生观，而现在我们有了！”他凝视着菲尔，问道：“我们不是需要价格更低廉的能源吗？”

“核子融合、超导体、人工智能……”菲尔说，“现在我们既然已经体会到自动化的必要，自动化技术的发展应该比一般人预料的更快。”

“对！”杜普森说，“最重要的是，我们已经体会到这种新的生活方式的意义。我们生存在这个星球上，目的不在建立个人的控制王国，而是追求身心的进化。一旦我们愿意为别人的真知灼见付出酬劳，转变就会开始。然后，随着愈来愈多经济部门自动化，货币总有一天会完全消失，到了那个时候我们就不再需要它。如果切实地遵循直觉的指引，我们就会只取所需，决不贪多。”

“而且，我们会领悟，”菲尔补充说，“地球上的自然区域必须受到培育和保护，因为它们是人类生命力的一大来源。”

菲尔发言时，我们都全神贯注地望着他。我们的专注使他大感振奋，也让他有点惊慌。

“手稿预言的九个觉悟，我没完全研读过。”他瞅着我说，“事实上，士兵帮助我逃出监狱时，我本来不想带走第九个觉悟一部分的翻译稿，但我想起上回遇见你时你告诉我这部手稿非常重要，我才改变主意，把它带在身边。但是，尽管我没读过其他几个觉悟，我也了解经济生产的自动化必须配合地球‘能场’的活动，维持一种和谐的关系。”

“我的兴趣一直是森林，尤其是它在海拔一万三千英尺以下的空间中所发挥的作用。现在回想起来，打童年时起，我就对森林产生浓厚的兴趣。”菲尔继续说，“根据第九个觉悟的预言，随着人类在精神上不断进化，总有一天，我们会自愿减少人口的数目——减少到地球养育得起的程度。那个时候，我们将生活在地球的自然能系统之内。农耕将全部自动化，除了我们用自己的‘能’栽培供自家食用的植物。建筑用的木材取自特别指定的林区。这一来，地球上的其他树木就能自由自在地茁壮成长，变成气势磅礴、能量丰沛的森林。有朝一日，地球表面上到处都会覆盖着这样的森林，而所有人类都将居住在接近这种力量的区域。想想看，到了那个时候，我们会居住在一个充满自然能的世界！”

“那将会提高每个人身上的能量。”我说。

“唔，会的。”桑杰士神父含含糊糊地应着，仿佛在思索能量的提高会带来什么后果。

大伙儿都等着听他的意见。

“那将会使人类进化的速度加快。”他终于开腔，“我们愈是敞开心胸，让宇宙的‘能’流进我们体内，宇宙就愈会制造神奇的机缘，把一些人引导进我们生活中，回答我们的人生问题。”他仿佛又陷入沉思中，“每次我们遵循直觉的指引，让神秘的机缘领导我们前进，我们个人能场的振动就会增加。”

“前进，上升。”他仿佛在自言自语，“如果人类的历史继续发展，那么……”

“我们就会继续追求层次愈来愈高的‘能’和振动。”杜普森帮他把话说完。

“对！一点也没错！”桑杰士神父说，“对不起，失陪几分钟。”他站起身，走进数码外的森林中，独自坐下来。

“第九个觉悟还说了些什么？”我问杜普森。

“我们不知道。”他说，“我们手头上这份翻译稿就到这里结束。你想看一看吗？”

他爬进他那辆卡车，拿下一个硬纸夹，里面夹着二十页打印稿。我浏览一遍，发现所有的重点杜普森和菲尔刚才都详实地讲述过了。读到最后一页时，我才明白为什么他们说这只是第九个觉悟的一部分。它结束得很突然，留下一个残缺的观念。它说，地球的转变将导致一个纯粹的精神文化产生，把人类提升到愈来愈高的振动层次，而这样的提升将促使某件事发生，但它没说那是什么事。

一个小时后，桑杰士神父站起身，向我走过来。我一直坐在林中空地那一圃奇花异草间，观赏它们那绮丽万端的“能场”。杜普森和菲尔站在吉普车后面聊天。

“我觉得我们应该去伊奎多斯镇。”神父说。

“路上不是有兵吗？”我说。

“我觉得我们应该冒这个险，”神父说，“我有个强烈的预感，如果我们现在出发，我们闯得过去。”

我答应跟着他的直觉走。于是我们走到吉普车旁，把我们的决定告诉杜普森和菲尔。

他们都表示赞同。杜普森说：“我们也在商量下一步该怎么走。我想，我们会直接去塞莱斯廷废墟。也许我们能帮助抢救第九个觉悟的其余部分。”

向他们两位道别后，我们又驱车北上。

“你在想什么啊？”静默了好一会儿之后，我问桑杰士神父。

神父把车速放慢，转头望着我说：“我在想西巴斯钦枢机这个人，也在想你说过的话：如果有人能让他了解手稿预言的真正意义，他就不会再打压它。”

听桑杰士神父这么一说，我心中顿时浮现起待会儿跟西巴斯钦见面的情景。他站在金碧辉煌的接待厅里，俯视着我们。那一刻，只要他下一道命令，第九个觉悟的文稿就会化为灰烬。在这危急关头，我和桑杰士神父都拼命规劝他，设法让他了解手稿预言的真谛。

这一幕情景在我心中消失时，我发现桑杰士神父正望着我，满面笑容。

“你看到什么啦？”他问道。

“我只是在想西巴斯钦这个人。”

“发生了什么事？”

“在预感中，我清楚地看到我们跟西巴斯钦碰面那一幕。他正要销毁手稿预言的最后一个觉悟，我们拼命劝说他。”

神父深深吸了一口气：“看来，第九个觉悟能不能保全，就看我们两个啰。”

想到自己肩负如此重大的任务，我不禁感到一阵畏缩：“见面后，我们该对他说些什么呢？”

“我也不知道。”神父说，“不管怎样，我们都必须说服他用正面的眼光看待这部手稿，设法让他了解，手稿的预言整个来说，不但不会否定教会所代表的真理，反而会使它更加明晰、更具说服力。我相信，这就是第九个觉悟其余部分的主题。”

接下来的一个小时，我们没再开腔。车子一路行驶，看不到任何过往的车辆。我不禁回想起抵达秘鲁后发生在我身上的那些事情。我知道，手稿预言的那些觉悟，已经在我心灵中融合成一个整体的意识。在第一个觉悟指引下，我对生命中的神秘机缘保持高度的警觉。我知道，我们的整个文化现在又开始重视人生的这种奥秘，而我们正在塑造一个新的世界观——正如第二个觉悟所指出的。第三和第四个觉悟则告诉我：宇宙实际上是一个庞大的“能”系统，而人类社会的纷争冲突，就是“能”的短缺和争夺所造成的。第五个觉悟显示，我们可以从一个更高的来源获取这种“能”，以结束人间的纷争冲突。我本身已经学到了这个诀窍，并且落实在日常生活中。第六个觉悟要求我们扬弃自童年以来一再表演的“控制戏”，以便找到真正的自我。这个觉悟也深深铭刻在我心上。在第七个觉悟中，这些真正的自我通过问题、直觉和答案，展开自身的心灵进化。投身进神奇的进化洪流中，是人生最大的快乐。至于第八个觉悟，则教导我们如何以新的方式和别人交往，如何帮助别人发掘他们的优点，发挥他们的长处。这个觉悟是促使神秘的机缘不断发生、人生的答案源源而来的最大关键。

所有八个觉悟已经在我心中融合成一个整体的意识，充满警觉，也充满期待。剩下来的就是第九个觉悟——告诉我们人类的进化会把我们带到怎样的一个境界。我们已经找到这个觉悟的一部分。但其余的呢？

桑杰士神父把车子开到路旁停下来。

“西巴斯钦枢机的传道会就在四英里外。”他说，“我想我们应该先商量一下。”

“好啊。”

“我不知道后果会怎样，但我主张硬闯。”

“这个传道会，地方有多大？”

“很大！”神父说，“西巴斯钦经营这个传道会已经二十年了。他选择这个地方作为传教的据点，因为他觉得这儿乡下的印第安人缺乏照顾。现在，他所办的学校，学生来自秘鲁各个角落。在首都利玛的教会总部，西巴斯钦枢机担任重要的行政职务，但他最关怀的还是这儿的传教事业。他的心一直在这个传道会。”

他深深看了我一眼：“切记，随时保持警觉。说不定我们要互相帮助哦。”

说完，桑杰士神父继续驱车赶路。一连好几英里，我们没遇到一个人，然后我们看见马路右边停放着两辆军用吉普车。我们经过时，车上的士兵紧紧盯着我们。

“唔，”桑杰士神父说，“他们知道我们来了。”

再过去一英里，就是传道会的大门。两扇大铁门后面是一条铺上柏油的车道。我们抵达时，大门敞开着，一辆吉普车和四个士兵挡住我们的去路。士兵打了个手势，要我们停下。其中一个手里拿着短波无线电对讲机，正在讲话。

一个士兵走上前来。桑杰士神父堆出满脸笑容，说道：“我是桑杰士神父，来看西巴斯钦枢机。”

士兵打量了神父好几眼，然后又往我身上瞄了瞄。他转过身子，走向手拿对讲机的那个士兵。两个人一边交谈一边向我们望过来。过了几分钟，士兵走回来，要我们开着车子跟着他们。

在吉普车引导下，我们沿着林荫夹道的车路行驶了数百码，来到传道会会馆。教堂是一栋石板砌成的建筑物，十分宏伟，依我猜，容得下一千多人同时做礼拜。教堂两边各有一栋四层楼建筑物，看起来像教学大楼。

“这个地方挺壮观的嘛！”我说。

“是很壮观，”神父说，“可是，人都到哪里去了？”

我望望教堂四周的步道和小径，果然是空荡荡的。

“西巴斯钦枢机在这儿办的学校非常有名，”神父说，“怎么看不到一个学生呢？”

士兵把我们带到教堂大门前，要求我们下车，跟他们进去，态度虽然彬彬有礼，语气却十分坚定。走上水泥台阶时，我看见好几辆军车停放在附近一栋建筑后面，车旁站着三四十个直挺挺的士兵。进入教堂后，士兵带领我们穿过圣殿，走进一个小房间。我们全身上下都被彻底搜查了一遍，然后士兵就要我们等候。他们离开房间时，把房间也锁上了。

“西巴斯钦的办公室在哪里？”我问道。

“在里头，教堂的后面。”桑杰士神父答道。

房门突然打开了。在好几个士兵簇拥下，枢机主教西巴斯钦出现在我们眼前。他的个子十分高大挺拔。

“你来这儿干什么？”西巴斯钦枢机问桑杰士神父。

“想跟你谈谈。”神父说。

“谈什么？”

“手稿预言的第九个觉悟。”

“没什么好谈的。没有人知道它的下落。”

“我们知道你已经找到了它。”

西巴斯钦眼睛一睁。“我不允许这个觉悟流传出去，”他说，“因为它讲的不是真理。”

“你怎么知道它讲的不是真理呢？”桑杰士神父质问，“你可能误解了。让我读一读吧。”

西巴斯钦枢机瞅了神父一眼，脸色柔和了下来：“以前在处理这类问题时，你总是认为我的决定是正确的。”

“我知道，”桑杰士神父说，“你是我的恩师、楷模，我的传道会就是仿照你的传道会建立的。”

“这部手稿被发现前，你一直很尊敬我。”西巴斯钦枢机说，“难道你不明白，这玩意儿会把我们教会搞得四分五裂？对你的所作所为，我睁一只眼闭一只眼，甚至在发现你教学生阅读那些觉悟后，我也装着不知道。可是，我决不会允许这份文件把我们教会辛辛苦苦建立起来的基业给毁了。”

一个士兵走过来，有事向西巴斯钦枢机报告。西巴斯钦瞄了桑杰士神父一眼，转身走到廊上。我们看得见他们的身影，但听不到他们的谈话。士兵带来的消息显然震惊了西巴斯钦。他挥挥手，带走了所有的士兵，只留下一个监视我们。

那个士兵走进房间，靠在墙上，一脸困惑不安的模样。他看起来年纪不过二十岁左右。

“发生了什么事？”桑杰士神父问他。

小伙子不做声，只摇了摇头。

“跟手稿有关系？第九个觉悟？”神父又问道。

小伙子脸上露出惊讶的神色。“你怎么知道第九个觉悟？”他怯怯地问道。

“我们来这儿，就是想保全它。”神父说。

“我也希望它保存下来。”年轻的士兵说。

“你读过这部手稿吗？”我问他。

“没读过，”他说，“但听很多人提起。他们说，这部手稿的预言赋予宗教新生命。”

突然，教堂外面传来一阵枪声。

“发生了什么事？”桑杰士神父问道。

士兵一动也不动，只管呆呆站着。

神父轻轻拍了拍他的胳膊：“请帮助我们吧。”

小伙子走到房门口，望望外面的走廊，说道：“有人闯进教堂，把第九个觉悟的复印本偷走一份。他们现在还躲在教堂附近。”

又一阵枪声响起。

“我们得想个法子救他们！”桑杰士神父对年轻的士兵说。

小伙子吓呆了。

“为了全人类着想，我们不能不帮帮他们啊！”神父恳求道。

士兵点点头。他建议我们先躲到一个僻静的地点，再想办法救那些人。在他的带领下，我们走下房间外面的走廊，爬上两道阶梯，走进一条横跨整座教堂的宽阔回廊。

“西巴斯钦枢机的办公室就在下面，”小伙子说，“离这儿两层楼。”

突然，我们听见邻近一条走廊响起一阵杂沓的脚步声，正朝我们这边跑过来。神父和士兵走在我前面，一听到脚步声，立刻俯下身子跑进右边一个房间里。我来不及跟进去，只好跑进隔壁的房间，关上房门。

原来这是一间教室，里面摆满书桌，还有一个讲台和橱柜。我跑向橱柜，发现它没上锁，就一头钻了进去，躲藏在一只只箱子和发霉了好几年的夹克之间。我尽可能把自己隐藏起来，但我心里有数，只要有人打开橱柜探头一看，我就只好束手就擒。我一动也不动，连大气也不敢喘一下。“咿呀”一声，房门打开了。我听见好几个人走进教室，在书桌间来来回回走动着。其中一个朝橱柜走过来，但不知为什么却中途停下脚步，转身走开。这伙人操着西班牙语，叽里呱啦不知道在谈些什么。忽然，声音停歇了，教室又恢复宁静。

我等了十分钟，才静悄悄地打开橱柜的门，探头一望。整间教室空空荡荡不见一个人影。我走到门口，没听到外面有任何人声，就窜了出来，一头钻进神父和士兵躲藏的那个房间，却发现它原来是一条走道，并不是房间。我竖起耳朵听了听。四周静悄悄的没半点声息。我靠在墙上，心里感到一阵恐慌。我压低嗓门，呼唤着桑杰士神父的名字。没有回应。楼上只剩下我孤零零一个人。一时间，我只觉得头晕眼花，心乱如麻。

我深深吸了一口气，尽力使自己镇定下来。我必须保持清醒的神智，设法提高我身上的能量。我挣扎了好几分钟，终于集中心神，开始观赏走廊上的一景一物，试图把心中的爱投射出去。这一来，我心中感觉舒畅多了。我又想到西巴斯钦枢机。这会儿如果他在办公室，桑杰士神父也一定在那儿。

楼梯口就在走廊尽头。我走下两道阶梯，来到第一层楼。从楼梯口门上的窗子望出去，只见走廊上空荡荡的，没有一个人影。我把门打开，走下长廊，不知道该到哪个房间去找。

突然，我听见前面一个房间传出桑杰士神父的声音。房门半开着。西巴斯钦枢机的咆哮声传了出来。我走近门口时，里面一个士兵倏地窜了出来，把来复枪枪口指住我的心窝，喝令我走进房间，靠墙站住。桑杰士神父望了我一眼，伸出一只手摸了摸腹部。西巴斯钦枢机摇摇头，脸上流露出嫌恶的神情。帮助我们脱逃的那个年轻士兵却不见人影。

我知道桑杰士神父用手触摸腹部，一定是在暗示什么。也许他需要“能”。于是，我趁着他说话的时候，全神贯注地凝视他的脸庞，把自己的“能”传送给他，提升他的自我。结果，我发现他的“能场”扩充了。

“你不能扼杀真理，”桑杰士神父说，“老百姓有知道的权利。”

西巴斯钦枢机不屑地望着桑杰士神父：“这些所谓的觉悟违背了《圣经》的教训。它们不可能是真的。”

“它们真的违背《圣经》吗？它们不是帮助我们了解《圣经》的意义吗？”神父质问。

“我们早就了解《圣经》的意义了，”枢机说，“已经了解了好几百年。难道你忘了你所受的训练，忘了你那些年的苦修？”

“我没忘记，”神父说，“但我也知道，那些觉悟能够帮助我们扩展精神领域。它们……”

“这是根据谁的说法？”枢机咆哮起来，“这部手稿的作者到底是谁呢？古时候美洲印第安民族某个不信基督的玛雅人，不知道从谁那儿学会了中东的阿拉姆语，然后就写了这部玩意儿，对不对？这些人知道什么？他们相信神秘的‘能’。他们是原始人。第九个觉悟是在一座废墟找到的。玛雅人管这个废墟叫‘塞莱斯廷神殿’，意思就是‘天国神殿’。这种原始文化真的了解什么叫‘天国’吗？”

枢机喘回一口气，继续说：“他们的文化有没有流传下来呢？没有嘛！没有人知道玛雅人后来发生了什么事。这个民族莫名其妙就从地球上消失了。而你居然要我们相信这部手稿的预言？这部手稿的作者口口声声说，人类是宇宙的主宰，人类控制世界上的一切变革。事实上，我们没这个能耐。上帝才是主宰。人类面临的真正问题只有一个：要不要接受《圣经》的指引以赢取我们的救赎？”

“让我们想一想，”桑杰士神父说，“接受指引、赢取救赎到底指的是什么？究竟要通过什么程序才能获得救赎呢？手稿很明确地把程序告诉我们——如何身体力行，提升我们的精神生活，和宇宙的‘能’保持连结，最后达到救赎的境界。第八和第九个觉悟也告诉我们，如果人人都这么做，世界大同就会实现。不是吗？”

西巴斯钦枢机摇摇头，走开了，过了一会儿又转过身来望着桑杰士神父，目光如炬：“你连第九个觉悟都还没看见过。”

“我看见过一部分。”

“哪里看见的？”

“我们来这儿之前，有人把第九个觉悟的一部分讲述给我们听。几分钟之前，我又读了另一部分。”

“什么？谁让你读的？”西巴斯钦大吃一惊。

桑杰士神父走到这位年长的教士身旁，对他说：“枢机阁下，全国人民都希望早日看到手稿预言的最后一个觉悟。它赋予其他觉悟深远的意义。它揭示人类的命运。它告诉我们什么才是真正的精神意识！”

“我们早就知道什么是精神意识，桑杰士神父。”

“真的吗？我不相信，”桑杰士神父说，“我们花了好几个世纪讨论它，想象它，口口声声说我们相信它的存在。但是，我们一直把它当做抽象的、需要我们用理智来相信的东西。我们要求人们追求这个境界，为的是避免灾祸，并不是为了修身养性。手稿向我们显示，一旦我们能够真诚相爱，在进化的路途上互相扶持，携手迈进，就能大大提升我们的精神意识。”

“进化！进化！你到底在胡诌什么，桑杰士神父？你一向是反对进化论的呀。你让什么东西迷了心窍啦？”

桑杰士神父从容地说：“不错，我是反对过进化论，因为它想取代上帝——它在解释宇宙的本质时，完全漠视上帝的存在。但是，现在我已经领悟，真理是科学和宗教世界观的结合。我们面对的真理是：进化是上帝创造的现象，而上帝现在仍然参与宇宙的进化。”

“这个世界并没有进化这回事！”西巴斯钦枢机大声抗辩，“上帝创造这个世界，如此而已。”

桑杰士神父瞄了我一眼，但我只管静静听着，并没有表示意见。

“枢机阁下，”神父继续说，“手稿所描述的世代进化，指的是人类理解能力的演进——朝更高层次的精神意识和能量振动不断地推进。每一个世代吸纳更多的‘能’、累积更多的真理，然后传递给下一代，而下一代又再加以扩充，往前推展一步。”

“胡扯！”西巴斯钦枢机说，“提升精神意识只有一个方法，那就是遵从《圣经》中树立的典范。”

“一点也没错！”桑杰士神父说，“问题是，哪一种典范？《圣经》中的故事，讲的不就是人们如何学会在内心中吸取上帝的‘能’和意志吗？在《旧约》里，早期的先知引导人们所做的，不就是这件事吗？对上帝的‘能’的吸纳，不是在一个木匠的儿子身上达到顶点，以至于我们说上帝自己降临了人间吗？”桑杰士神父歇口气，继续说：“《新约》的故事，讲的不就是一群人心中被注满了某种‘能’，使他们的心灵发生重大的蜕变吗？耶稣自己不是说过，他所做的事我们都能做，甚至做得更多更好吗？以前，我们从没认真看待过这个观念。直到现在，我们才开始了解耶稣说这句话的意思，才知道他究竟想把我们带到哪里去。手稿不但阐明了耶稣的意旨，也告诉我们如何落实他的信念！”

西巴斯钦枢机气得满面涨红。他摔开脸去，不再理会桑杰士神父。谈话中断了下来。这时一位高级军官匆匆走进房间，向枢机报告说，他们已经发现擅自闯入教堂的人。

“瞧！”军官指了指窗外，“他们就在那儿！”

我们看见，三四百码外有两个人影奔跑过一块空地，朝森林跑去。空地边缘有一队士兵，正举起枪准备开火。

军官站在窗口，转过身来一面望着西巴斯钦枢机，一面举起手里拿着的无线电对讲机。

“如果他们躲进树林里，”军官说，“要找他们可就难了。请求枢机阁下准许我下令开枪。”

我望着那两个逃跑的身影，终于认出他们是谁。

“那是威尔和茱莉亚！”我叫了起来。

桑杰士神父走到西巴斯钦枢机跟前：“看在上帝分上，不要为了这部手稿杀人！”

军官不肯罢休：“枢机阁下如果想阻止这部手稿流传出去，就请准许我下令开枪。”

我整个人僵住了。

“枢机阁下，请相信我，”桑杰士神父说，“那部手稿不会摧毁你建立的基业，也不会破坏你一生奉行的信念。千万不要为了它杀害这些人。”

西巴斯钦摇摇头。“相信你……”他在办公桌后面坐了下来，望着那个军官说，“不准开枪射杀任何人！告诉你手下的士兵，活捉他们。”

军官点点头，走出房间。桑杰士神父说：“谢谢！你做出了正确的抉择。”

“我不会杀人，”西巴斯钦枢机说，“但我也不会改变心意。这部手稿是一个诅咒。它会摧毁我们精神权威的根基。它会诱惑老百姓，使他们相信他们可以主宰自己的精神命运。它会破坏教会的纪律，使我们无法再吸收信徒。当魔鬼主持的狂欢仪式来临时，老百姓会发现他们心灵空虚。”他狠狠瞪了桑杰士神父一眼，“这会儿，好几千个士兵正开拔到这里来。我不管你和你的同伙干什么，总之，我决不允许第九个觉悟离开秘鲁。现在，滚出我的传道会去吧！”

我们驱车离去时，听见远处有好几十辆军车驶过来。

“他为什么放我们走？”我问道。

“我想，大概是因为他觉得把我们留下来也没什么用处，”桑杰士神父说，“反正我们也不能对他怎样。我不晓得真正的原因是什么。”我们互相望了一眼，他又说：“你知道，我们并没有说服他改变心意。”

我也感到很困惑。这意味着什么呢？也许，我们来这儿的目的根本不是劝说西巴斯钦，而是拖延他的行动。

我回头瞄了神父一眼。他聚精会神，一面开车一面查看马路两旁，搜寻威尔和茱莉亚的踪影。我们决定沿着他们逃跑的方向来回查看一遍，但到现在还没发现任何踪迹。车子一路行驶，我的心悠悠晃晃飘荡到了塞莱斯廷废墟上。我想象废墟的模样：层层叠叠的开挖地点，上面散布着考古学家的帐篷，背后幽然矗立着一座座金字塔形的建筑物。

“看来他们不会躲藏在树林里，”桑杰士神父说，“说不定他们已经开车逃走了。我们得决定上哪儿去找他们。”

“我觉得，我们应该去塞莱斯廷废墟走一趟。”

神父瞅着我：“看来也只好这样啰！反正也没别的地方可以去。”

他掉转车头往西边开去。

“这座废墟，到底是怎么回事？”我问道。

“就像茱莉亚说的，当初兴建这些神殿的是两个不同的文化。首先是玛雅人，他们在这儿建立一个光辉灿烂的文明，虽然他们的神殿大部分兴建在更北的地方，也就是今天墨西哥东南部的犹加敦半岛上。奇怪的是，大约在公元前 600 年左右，他们的文明突然整个地消失了，考古学家至今还找不出原因。印加人后来在同一个地点上建立另一个文明。”

“依你看，玛雅人发生了什么事？”

神父瞄了我一眼：“我不知道。”

我们沉默了好几分钟，忽然我想起神父曾告诉西巴斯钦枢机，他阅读过第九个觉悟的其余部分。

“你怎么找到第九个觉悟的其余部分呢？”我问道。

“帮助我们逃走的那个年轻士兵，知道第九个觉悟的另一部分藏在什么地方。我们分散后，他带我去另一个房间，把手稿拿给我看。第九个觉悟的主要内容，菲尔和杜普森都告诉我们了，这部分只补充几个观念，我就利用这些观念跟西巴斯钦枢机辩论。”

“它到底怎么说？”

“它说，手稿会帮助许多宗教阐明它们的教义，实践它们的理想。它说，世界上的宗教都有一个共同的目标，那就是帮助人类建立他们跟更高层次的能源之间的关系。所有宗教都要求人们认知内在的上帝，而这种认知能够满足我们，充实我们的心灵。

宗教之所以堕落，是因为教会指派上层教士向老百姓阐述上帝的意旨，而不让老百姓在自己内心中追寻上帝。”桑杰士神父歇了口气，继续说，“手稿预言，在人类历史的某一个阶段，会有一个人出现——他知道如何连结上帝的能源，理解上帝的意旨。他为世人树立一个永恒的典范，证明这种连结是可能的。”神父望了我一眼，又说：“这不就是耶稣所做的吗？他不是一再增加他的能量，增强他的振动，直到他的身体轻盈到可以……”神父突然打住了他的话，仿佛陷入沉思中。

“你在想什么呀？”我问道。

神父露出一脸困惑的神情：“我不知道。那个士兵的稿本到这里就中断了。它说，这个人肩负开路先锋的使命，让后世的人追随他的足迹前进。可是，它并没有告诉我们这条路会通往何方。”

接下来的十五分钟，我们都没再开腔。车子在静默中行驶。我设法在心中激起预感，看看下一步会发生什么事，但此刻我内心却是一片空白。预感是不能强求的。

“我们来到废墟啦！”桑杰士神父说。

前面，在马路左边的森林中，我看得见三座巨大的金字塔形建筑物。停车后，上前一看，我发现这三座金字塔都是用切割的岩石砌成的，它们之间保持同等的距离，约莫一百英尺，中间是一块铺着平滑石板的空地。金字塔的地基被考古人员开挖了好几个坑洞。

“瞧，那边！”神父指了指最远的那一座金字塔。

有一个人孤零零地坐在金字塔前。我们往那儿走去时，我发觉自己身上的能量逐渐增加。一走到广场中央，我骤然感到身上的“能”汹涌澎湃了起来。我看了看桑杰士神父。他扬起一道眉毛。走近金字塔时，我们发现那个人原来是茱莉亚。她盘着腿坐在金字塔前，膝头上放着一份文件。

“茱莉亚！”神父大声呼唤。

茱莉亚回过头来，站起身。她的脸庞焕发着明亮的光彩。

“威尔在哪里啊？”我问道。

茱莉亚伸手往右边一指。那儿，约莫一百码外，可不就是威尔！他整个人沐浴在落日回光中，闪闪发光。

“他在干什么？”我问道。

“在读第九个觉悟呀！”茱莉亚一面回答，一面把手里拿着的文件伸到我们面前来。神父告诉茱莉亚，我们已经读过第九个觉悟的片段，也就是预言人类社会终将被有意识的进化改变的那一部分。

“可是，这样的进化会把我们带到哪里去呢？”桑杰士神父说出心中的疑问。

茱莉亚没有回答。她一直高举着手上的那份文件，仿佛要我们猜猜她的心意。

“答案到底是什么？”我问道。

神父伸过手来拍拍我的胳膊，仿佛提醒我要保持警觉，少安毋躁。

“第九个觉悟揭示人类的终极命运，”茱莉亚说，“它讲得明明白白。它一再强调，身为人类，我们是宇宙整个进化过程中的巅峰。它告诉我们，物质如何从一个脆弱的形式开始，逐渐增加它的复杂性，从一个化学元素进展到另一个元素，然后从一个物种进展到另一个物种，永远朝更高层次的振动进化。当原始人类出现时，我们无意识地继续推动这样的进化——我们征服别的部落，夺取他们的‘能’，使我们的文化往前迈进一步，然后反过来被别的部落征服，丧失我们的‘能’。这种物质冲突一直持续到人类发明民主制度。它虽不能终止纷争，却也将纷争从物质转移到精神的层次。”

“如今，”茱莉亚继续说，“我们正在把进化的整个程序带进我们的意识中。我们已经明了，人类整个历史的作用，就是为今天实现有意识的进化作准备。现在，我们可以有意识地增加我们的‘能’，体验人生中的种种机缘。这一来，人类进化的步伐就会加快，把我们的振动频率提升得更高。”

她踌躇了一会儿，望望我，又望望桑杰士神父，然后重复刚才说过的话：“我们的命运是不断提升我们的‘能’。随着我们的‘能’日益提升，我们体内的原子振动的频率也会增加。”

她又犹豫起来。

“你刚刚说的是什么意思？”我问道。

“意思是，”茱莉亚说，“我们的身体会变得愈来愈轻盈，愈来愈接近纯粹的精神境界。”

我望了望桑杰士神父。他正全神贯注地倾听茱莉亚说话。

“根据第九个觉悟的说法，”茱莉亚继续说，“人类不断地提高他们的振动频率，结果就会出现一个非常奇妙的现象。振动的频率一旦达到某种程度，一整群人就会突然‘消失’——对那些仍旧在比较低的层次上振动的人来说，他们变成了‘隐形人’，但这群人却知道他们的肉身仍然存在，只不过变得轻盈些。”

茱莉亚说话的当儿，我注意到她的脸庞和身体起了些许的变化。她的肉身吸取了她的“能场”特质，五官虽然仍旧清晰可见，但看起来却不再像寻常的肌肉和皮肤。她整个人仿佛变成了一团发自内在的、纯粹的光。

我看了看桑杰士神父。他也变了个模样，就像茱莉亚。惊讶之余，我发现周遭的一切景物也都变了个样子：眼前那三座金字塔、脚底下铺着的石板、四周围绕着的森林，连我自己那双手也不例外。一切变得无比的美丽，而那种美是我以前从没体验过的，连那天在山脊上也没感受到。

茱莉亚继续说：“当人们提升他们的振动，达到别人用肉眼看不见他们身形的程度时，那就显示，他们正在跨越今生和另一个世界之间的鸿沟——这另一个世界是我们生前栖息的地方，也是我们死后回归的所在。这种有意识的跨越，是耶稣基督为人类开启的道路。他打开心胸，吸纳宇宙的‘能’，使自己的身体变得轻盈得能在水面上行走。就在地上人间，他超越了死亡。他首先跨越鸿沟，把物质世界扩展成精神世界。他的一生为我们提供了一个典范：如果我们连结同样的能源，我们也能一步一步追随他的足迹。总有一天，每个人的振动都会提升到足以带着肉身走向天堂。”

这时，我发现威尔正朝我们缓缓走过来。他的动作看起来格外的优雅，仿佛在滑行似的。

“第九个觉悟预测，”茱莉亚接着说，“大多数人将在公元第三个千年期间达到这种振动层次，而且将形成一组一组，共同追求这个境界。但是，历史上有些文化已经攀上振动的最高峰。根据第九个觉悟的说法，玛雅人集体跨越了今生和来世的鸿沟。”

茱莉亚忽然停止发言。我们身后响起低沉的说话声。我仔细一听，他们讲的是西班牙语。好几十个士兵正走进废墟来，显然在搜寻我们的下落。奇怪，我一点也不感到害怕。士兵们继续朝我们走来，但诡异的是，他们仿佛没有发现我们的存在。

“他们看不见我们！”桑杰士神父说，“我们的振动频率太高！”

我再看看那些士兵。神父说的没错。他们在我们左边二三十英尺外的地方行走，根本不理睬我们。

突然，我们听见左边那座金字塔旁响起西班牙语叫喊声。最靠近我们的士兵停下脚步，往那个方向奔跑过去。

我凝神仔细瞧了瞧。一队士兵押着两个人走出森林来。我定睛一看，原来是菲尔和杜普森！看见他们落网，我大吃一惊，身上的能量陡然下降。我看了看桑杰士神父和茱莉亚。他们都焦急地望着那些士兵，神情显然非常不安。

“听着！”威尔的声音仿佛从对面响起，“别丧失你们的‘能’！”我听到也感受到他的呼唤，但他的声音听起来有点含混不清。

我们回头一看，只见威尔正快步朝我们走来。我们望着他。他仿佛又说了些什么，但这回却完全听不清楚了。我发现我没法子集中心神。威尔的身影逐渐变得模糊、扭曲，最后在我目瞪口呆的注视下，他整个人消失了。

茱莉亚回头望着我和桑杰士神父。她身上的能量似乎降低了，但她一点也不畏惧，仿佛刚才发生的那一幕厘清了她内心的一些疑惑。

“我们没法子保持振动，”她说，“恐惧会大大降低一个人的振动频率。”她望了望威尔消失的那个地点：“第九个觉悟告诉我们，尽管偶尔会有一两个人跨越今生和来世的鸿沟，但除非我们彻底消除恐惧，在任何情况下都保持足够的振动频率，否则人类是不会达到真正的极乐境界的。”

茱莉亚愈说愈激动：“你们还不明白吗？我们现在虽然还不能跨越，但我们有第九个觉悟帮助我们建立信心。第九个觉悟的作用，就是指引我们前进的方向。其他八个觉悟呈现出来的，是一个充满‘美’和‘能’的世界，在这样的世界中人类日渐增强跟这种美的关系，日益加深我们对这种美的欣赏。我们愈能欣赏美，进化的速度就会愈快。进化的速度愈快，我们的振动频率就会愈高。第九个觉悟告诉我们，总有一天，等到我们的认知和振动提升到一定的程度，天堂的大门就会为我们敞开。天堂已经存在于我们眼前，只是我们的肉眼现在还看不到。每当我们怀疑自己走的路，或感到迷失的时候，我们一定要记住进化的目标和生命的意义。我们生存在这个世界，目的就是要在地球上建立天堂。现在我们知道该怎么实现这个梦想……该从哪里着手做起。”

茱莉亚停歇了一会儿，又说：“第九个觉悟提到，还有第十个觉悟存在。我想它一定会揭露……”

她还没来得及把话讲完，一阵机关枪声响起，子弹打在我们脚旁的石板上，把整块石板都掀了起来。我们赶紧趴到地上，举起双手。士兵们一拥而上，没收了所有的文件，把我们分头押走。我们都没有吭声。

被捕后的头几个礼拜，我日日夜夜在恐惧中度过。一个接一个军官前来盘问我，要我告诉他们手稿的事，态度非常凶恶。我感觉到自己身上的能量陡然下降了许多。

我只好装糊涂，声称自己不过是一个普通的观光客，对手稿的事一无所知。事实上，我真的不知道还有哪些教士私藏手稿的复印本，也不晓得这份文件在民间流传的情形。渐渐地，我这一招奏效了。那些军官拿我没办法，只好把我移交给文官处理。文官采取的是不同的方式。

这些官员口口声声说，我这趟秘鲁之旅简直就是疯狂的行为，因为根据他们的调查，那部手稿根本就不存在。他们说，那些所谓的“觉悟”其实是一小撮图谋不轨的教士捏造的，我上了这些人的当。我默默听着，不置一辞。

过了不久，官员们的态度变得几乎友善起来。大家开始把我当成这桩阴谋的无辜受害者。在他们眼中，我只不过是一个容易受骗的美国佬，读了太多冒险故事，结果糊里糊涂流落在异乡。

那阵子，我身上的能量已经降到很低的程度，没有力量抗御官员们的洗脑。幸好这个时候发生了一件事，才使得他们的阴谋没有得逞。我原本被拘禁在一座军营，突然，他们把我转送到利玛机场附近的拘留营——卡尔神父恰巧也被拘禁在那儿。这桩机缘使我恢复了些许信心。

那天我正在空旷的院子里散步，看见卡尔神父坐在长椅上读书。我慢慢踱到他跟前，极力压制内心的欣喜，以免引起营房内官员们的注意。我在卡尔神父身旁坐下来。他抬起头来看看我，咧开嘴巴笑了笑。

“我知道你会来！”他说。

“是吗？”

他放下手里的书。我看见他眼中闪烁着喜悦的光彩。

“我和柯斯度神父来到利玛后，”他解释说，“立刻遭到扣留，监禁在不同的地方。我一直被关在这儿。我不知道他们为什么扣留我，好像没什么事情发生。然后，我就开始想到你，日日夜夜在想。”他意味深长地看了我一眼：“所以我知道你早晚会出现的。”

“很高兴在这儿遇见你，”我说，“有没有人告诉你塞莱斯廷废墟发生的事？”

“有！”卡尔神父说，“我跟桑杰士神父谈了一下。他在这里被关了一天，然后才被带走。”

“他还好吗？他晓不晓得其他人的下落？他自己会不会被送进牢里？”我问道。

“他没有其他人的消息，至于桑杰士神父，我也不知道他的下场会怎样。政府的策略是，一步一步搜索出手稿的所有复印本，然后全部销毁。这样他们就可以告诉老百姓，这整个事件是一个大骗局。我想，我们这群人都会被彻底地抹黑，但谁也不知道他们最后会怎样整我们。”

“杜普森收藏的复印本呢？”我问道，“他不是把第一和第二个觉悟留在美国吗？”

“杜普森的复印本已经落入秘鲁政府手里，”卡尔神父说，“桑杰士神父告诉我，政府查出它们藏在什么地方，派特务把它们偷走。看来秘鲁特务还真活跃呢。一开始他们就盯上了杜普森，连你的朋友莎琳，他们都知道。”

“你是说，等到政府的行动结束，这个世界上就不会有任何手稿复印本留存下来？”

“那要等奇迹出现啰！”卡尔神父说。

我转开头去，感觉到身上刚恢复的能量又逐渐消失。

“你知道我们该怎么办，对不对？”卡尔神父问道。

我望着他，没吭声。

“我们每个人，”他说，“都应该牢牢记住手稿上面的话。你和桑杰士神父没能说服西巴斯钦枢机停止打压手稿。但是，你们的出现拖延了他的行动，使我们有时间研读第九个觉悟的内容。现在，我们必须把手稿的预言传播出去，而你应该负起这个使命。”

卡尔神父这番话使我感到一阵压力，像往常一样，我又想逃避了。我靠在椅背上，眼睛望着别的地方。卡尔神父看见我这副德性，忍不住笑了起来。就在这个时候，我们发现几位大使馆官员站在一间办公室的窗口，注视着我们。

“听好！”卡尔神父匆匆说，“从现在开始，手稿预言的那些觉悟必须在人们之间流通。大家听到信息后，如果觉得这些觉悟有道理，就马上传递给每一个愿意接受的人。和宇宙的‘能’连结，是我们人类一定要做、一定要期待的事，否则，整个人类又会回到以往的习气上，以控制别人、剥削地球为乐。旧习不改，人类也就完了。我们每个人都必须尽自己的力量，把这个信息传播出去。”

我看到两位官员离开营房，朝我们走过来。

“还有一件事！”卡尔神父低声说。

“什么？”我问道。

“桑杰士神父告诉我，茱莉亚提到第十个觉悟。它还没被找到，也没有人知道它的下落。”

两位官员已经走近我们。

“我想，”卡尔神父继续说，“他们准备释放你了。你也许是惟一能去寻找第十个觉悟的人。”

两位官员打断我们的谈话，把我押回营房。卡尔神父脸上绽出笑容，挥了挥手，又说了几句话，但我没有留心听。卡尔神父一提到第十个觉悟，我心中就不由自主地思念起莎琳来。我为什么会突然想起她？她跟第十个觉悟究竟有什么关系？

两位官员吩咐我收拾行囊，然后把我带到美国大使馆门前，叫我钻进一辆官用轿车。接着他们就把我带到机场，一路押着我走上登机处。这时其中一位官员微微一笑，透过厚厚的眼镜打量起我来。

他拿出一本护照和一张到美国的飞机票，递到我手里，脸上的笑容渐渐消失了。然后，他操着秘鲁腔很重的英语告诉我：千万千万别再回到秘鲁来。